第20・21回

京都検定

JN121084

20回3級>>全100問

21回1級・2級・3級>>全263問

CONTENTS

002	京都検定　試験概要
003	第20回京都検定　試験実施結果
005	第21回京都検定　試験実施結果
007	第20回 3 級の問題と解答・解説
107	第21回 3 級の問題と解答・解説
207	第21回 2 級の問題と解答・解説
305	第21回 1 級の問題と解答例・解説
348	メ　モ
353	問題・解答　用語索引

本書の内容と表記について

・漢字表記や送り仮名については「記者ハンドブック新聞用字用語集
　第14版」（共同通信社発行）および「京都新聞社校閲基準」に準拠し
　ています。

・人名、地名など固有名詞については、一般的に通用している名称や読
　み仮名を採用しています。

・出典によって固有名詞の読み仮名が異なる場合は、可能な限り（　）
　内に併記しています。

・人物の後に記載している年代は基本的に生没年を示しています。

・設問の選択肢で解説の必要がないものは省略しています。

・社寺、施設などの解説や読み仮名については、可能な限り当該団体の
　説明に基づいています。

・試験問題の表記については、原則として原文の通り掲載しています。

試 験 概 要

要旨

京都・観光文化検定試験（通称：京都検定）は、京都の文化、歴史の継承と観光の振興、人材育成に寄与することを目的として実施される「京都学」の検定試験です。

主催：京都商工会議所
後援：国土交通省近畿運輸局・京都府・京都市・京都府教育委員会・京都市教育委員会・（公財）大学コンソーシアム京都
協力：文化庁 地域文化創生本部

実施予定日	7月第2日曜日・12月第2日曜日（7月は3級のみ）
受験資格	学歴・年齢・性別・国籍等の制限はありません。 ※但し、受験票等の郵便物を日本国内で受け取ることができ、京都商工会議所が指定する誠験会場で受験可能な方 ※1級受験は2級合格者に限ります
出題範囲	歴史、史跡、神社、寺院、建築、庭園、美術、伝統工芸、伝統文化、花街、祭と行事、京料理、京菓子、ならわし、ことばと伝説、地名、自然、観光 等、京都に関すること全般
程度 京都の歴史・文化 などについて	3級 基本的な知識レベル　　70%以上の正解をもって合格 2級 やや高度な知識レベル　70%以上の正解をもって合格 1級 高度な知識レベル　　　80%以上の正解をもって合格 　　（1級試験の70%以上80%未満の正解をもって準1級に認定）
受験科 （税込） 3級と2級は 併願可	3級　3,850円 2級　4,950円 1級　7,700円
試験会場	京都市内および東京都内（7月は京都市内のみ）
お問い 合わせ	京都商工会議所　会員部　検定事業課 TEL：075-341-9765（9：00〜17：00　土日祝休） 〒600-8565 京都市下京区四条通室町東入 京都経済センター E-mail：kyotokentei@kyo.or.jp URL ：https://www.kyotokentei.ne.jp/

試験実施結果　　第20回京都検定

第20回京都・観光文化検定試験（通称：京都検定）は令和4年7月10日に実施され、下記の結果となりました。
合格基準は、3級は70%以上の正解率です。

受験級	受験申込数	受験者数	合格者数	合格率	最高点	平均点／満点
3級	1,850	1,646	1,292	78.5%	99	79.2／100

※申込者の89.0%が受験

■ 男女比率 （申込者数）

男性 **49.3**% （912名）　女性 **50.7**% （937名）

■ 年代別合格率 （受験者数・合格者数）

年代	3級		
	受験者数	合格者数	合格率
～19	259	66	25.5%
20～29	260	203	78.1%
30～39	189	153	81.0%
40～49	268	243	90.7%
50～59	365	334	91.5%
60～69	230	221	96.1%
70～79	63	62	98.4%
80～	12	10	83.3%

※最年長合格者…84歳
最年少合格者…8歳

■ 申込者 （都道府県別・地方別）

千葉 1%
奈良 1%
神奈川 2%
東京 3%
愛知 3%
兵庫 3%
滋賀 5%
大阪 13%
その他 5%
京都 64%
受験申込者数 1,850人のうち

近畿	1,605	北陸	11
関東	123	北海道	3
中部	80	四国	3
中国	14	東北	0
九州	11	沖縄	0

■ 職業別合格率 （受験者数・合格者数）

3級

	高校生・中学生・小学生	大学生・短大生・専門学校生	ホテル・旅館	旅行会社・ガイド	教育・情報サービス	サービス業その他	小売業	卸売業	建設業・不動産	製造業	運輸・通信業	飲食業	金融・保険業	電気・ガス・水道業	公務員	その他の業種	主婦・無職・その他	合計
受験者数	244	71	112	89	33	89	67	15	55	86	71	18	251	13	67	127	238	1646
合格者数	53	57	77	82	31	77	61	15	49	80	63	16	210	11	63	118	229	1292
合格率(%)	21.7	80.3	68.8	92.1	93.9	86.5	91.0	100.0	89.1	93.0	88.7	88.9	83.7	84.6	94.0	92.9	96.2	78.5

試験実施結果　第21回京都検定

第21回京都・観光文化検定試験（通称：京都検定）は令和4年12月11日に実施され、下記の結果となりました。

合格基準は、2・3級は70%以上、1級は80%以上の正解率です。

1級内の（　）の値は、準1級認定の数値です。

受験級	受験申込者	受験者数	合格者数	合格率	最高点	平均点／満点
1級(準1級)	913	850	85(100)	10.0%(11.8%)	146	74.7／150
2級	2,400	2,131	640	30.0%	97	60.5／100
3級	2,136	1,880	1,548	82.3%	100	81.1／100
合計	5,449	4,861	2,373	－	－	－

※申込者の89.2%が受験

■ 男女比率 （申込者数）

男性 **56.4**%　（3,073名）　女性 **43.6**%　（2,376名）

■ 年代別合格率 （受験者数・合格者数）

年代	1級(準1級)			2級			3級		
	受験者数	合格者数	合格率	受験者数	合格者数	合格率	受験者数	合格者数	合格率
～19	1	0(0)	0.0%(0.0%)	27	3	11.1%	184	82	44.6%
20～29	15	1(0)	6.7%(0.0%)	215	38	17.7%	352	248	70.5%
30～39	38	5(4)	13.2%(10.5%)	196	40	20.4%	257	202	78.6%
40～49	76	5(7)	6.6%(9.2%)	343	85	24.8%	301	262	87.0%
50～59	208	20(20)	9.6%(9.6%)	610	162	26.6%	414	390	94.2%
60～69	324	34(43)	10.5%(13.3%)	523	218	41.7%	277	273	98.6%
70～79	161	17(23)	10.6%(14.3%)	194	89	45.9%	75	71	94.7%
80～	27	3(3)	11.1%(11.1%)	23	5	21.7%	20	20	100.0%

※最年長合格者…94歳（3級）

最年少合格者…9歳（2・3級）

■ 申込者 （都道府県別・地方別）

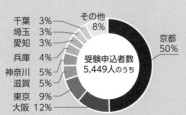

千葉 3%　その他 8%
埼玉 3%
愛知 3%
兵庫 4%
神奈川 5%
滋賀 5%
東京 9%
大阪 12%
京都 50%

受験申込者数 5,449人のうち

近畿	3,937	北陸	37
関東	1,072	東北	31
中部	250	四国	21
中国	41	北海道	20
九州	38	沖縄	2

■ 職業別合格率 （受験者数・合格者数）

1級（準1級）

	高校生・中学生・小学生	大学生・短大生・専門学校生	ホテル・旅館	旅行会社・ガイド	教育・情報サービス	サービス業その他	小売業	卸売業	建設業・不動産	製造業	運輸・通信業	金融・保険業	飲食業	電気・ガス・水道業	公務員	その他の業種	主婦・無職・その他	合計
受験者数	1	3	24	45	35	49	30	12	29	45	38	6	31	4	63	108	327	850
合格者数	0 (0)	0 (0)	1 (4)	5 (7)	3 (3)	7 (4)	3 (1)	0 (1)	2 (1)	4 (5)	0 (3)	0 (0)	3 (5)	1 (0)	5 (7)	12 (10)	39 (49)	85 (100)
合格率(%)	0.0 (0.0)	0.0 (0.0)	4.2 (16.7)	11.1 (15.6)	8.6 (8.6)	14.3 (8.2)	10.0 (3.3)	0.0 (8.3)	6.9 (3.4)	8.9 (11.1)	0.0 (7.9)	0.0 (0.0)	9.7 (16.1)	25.0 (0.0)	7.9 (11.1)	11.1 (9.3)	11.9 (15.0)	10.0 (11.8)

2級

	高校生・中学生・小学生	大学生・短大生・専門学校生	ホテル・旅館	旅行会社・ガイド	教育・情報サービス	サービス業その他	小売業	卸売業	建設業・不動産	製造業	運輸・通信業	金融・保険業	飲食業	電気・ガス・水道業	公務員	その他の業種	主婦・無職・その他	合計
受験者数	12	80	106	103	85	154	80	37	84	148	145	16	140	16	158	293	474	2131
合格者数	1	17	26	26	23	29	21	10	25	44	26	3	35	3	47	91	213	640
合格率(%)	8.3	21.3	24.5	25.2	27.1	18.8	26.3	27.0	29.8	29.7	17.9	18.8	25.0	18.8	29.7	31.1	44.9	30.0

3級

	高校生・中学生・小学生	大学生・短大生・専門学校生	ホテル・旅館	旅行会社・ガイド	教育・情報サービス	サービス業その他	小売業	卸売業	建設業・不動産	製造業	運輸・通信業	金融・保険業	飲食業	電気・ガス・水道業	公務員	その他の業種	主婦・無職・その他	合計
受験者数	166	110	103	94	54	99	61	22	52	118	101	9	258	37	125	197	274	1880
合格者数	67	91	67	76	53	84	57	20	47	114	91	8	197	31	111	170	264	1548
合格率(%)	40.4	82.7	65.0	80.9	98.1	84.8	93.4	90.9	90.4	96.6	90.1	88.9	76.4	83.8	88.8	86.3	96.4	82.3

第20回
問題と解答・解説
100問

3級

問1

平安京は四神相応の地に造られたといわれるが、北に配されるのはどれか。

ア 青竜 　　イ 白虎

ウ 朱雀 　　エ 玄武

北に配されるのは**玄武**（げんぶ）である。四神は中国古代に発祥した天の四方を司る霊獣のことで、北は玄武、東は**青龍**（せいりょう）、南は**朱雀**（しゅじゃく）、西は**白虎**（びゃっこ）とされる＝イラストはイメージ＝。

秦・漢の頃より起こった風水思想では、都城・住居・墳墓などを営むに際し、山脈・丘陵・水流などの地形を観察し、陰陽五行や四神（方位）を考え合わせ、最も吉相と考えられる場所を選んだ。地形観察には、地形を四神の形態になぞらえ、地相をみた（相地）。古代の都城建設に際し、陰陽師が地相をみたことは史料に散見する。

四神相応の地とは、北は大岩、東は大川、南は大池（湖）など窪地、西は大道に囲まれた地形をいい、平安京にその地形をあてはめるなら、北は船岡山、東は鴨川、南は巨椋池（おぐら）、西は山陰道とされる。東西南北は前後左右に言い換えられる場合もあり、前後は南北、左右は東西に対応する。

四神思想の伝来は早く、奈良県明日香村のキトラ古墳の石室内には、それぞれ対応する方位に合わせて、東壁に青龍、南壁に朱雀、西壁に白虎、北壁に玄武が描かれている。

1 解答

エ 玄武

問
2

延暦13年（794）、長岡京から平安京に都を遷した天皇は誰か。

⑦ 宇多天皇　　　　⑪ 醍醐天皇

⑩ 桓武天皇　　　　⑪ 村上天皇

桓武天皇（737〜806）である。桓武天皇は、第五十代天皇。光仁天皇第一皇子、母は高野新笠。天応元年（781）、父の譲位を受けて即位。延暦3年（784）、平城京から新都の長岡京に遷った。翌4年の藤原種継暗殺事件に関連して皇太子の早良親王を廃し、以後、天皇は移送中に死んだ早良親王の怨霊に悩まされる。さらに洪水被害が度重なり、長岡京を廃して、同13年（794）に平安京に遷都した。天皇は、東北地方への征夷を行い、坂上田村麻呂らにより成功した。しかし造都と征夷のため民は疲弊した。同24年（805）、天皇は藤原緒嗣の意見から、軍事遠征と造都を中止した。延暦25年（806）に70歳で崩御。

宇多天皇（867〜931）は、第五十九代天皇。光孝天皇の第七皇子。母は班子（ナカコとも）女王。天皇親政を目指し、菅原道真を起用した。

醍醐天皇（885〜930）は、第六十代天皇。宇多天皇の第一皇子。母は、内大臣藤原高藤女の胤子（タネコとも）。**村上天皇**（926〜67）は、第六十二代天皇。醍醐天皇の第十四皇子。母は藤原基経女穏子（ヤスコとも）。醍醐・村上両天皇の治世には摂政・関白がほとんど置かれず親政が行われたことから「延喜・天暦の治」という。

2 解答

⑩ 桓武天皇

1 歴史・史跡に関する記述について、最も適当なものをア〜エから選びなさい。

問 **3**

院政期に白河の地に創建された法勝寺を含む、名称に共通点のある6つの寺院を総称して何と呼ぶか。

ア 四円寺　　イ 京都五山
ウ 六勝寺　　エ 洛中法華二十一ヵ本山

　六勝寺（リクショウジとも）である。院政期に山城国愛宕郡の白河の地（京都市左京区）は、景勝地として貴族たちの別業が多く営まれた。白河天皇の御願寺である法勝寺、堀河天皇の尊勝寺、鳥羽天皇御願の最勝寺、鳥羽天皇皇后待賢門院璋子（タマコとも）御願の円勝寺、崇徳天皇御願の成勝寺、近衛天皇御願の延勝寺の六寺が、寺号に「勝」という字をもつことから、六勝寺と総称している。いずれも受領たちの成功（官職等を得るため財貨を納めること）によって造営された。中心伽藍は金堂で、塔や五大堂、薬師堂など密教的色彩が強い伽藍構成であった。

　四円寺は、平安時代中期に洛西仁和寺の周辺に営まれた4つの御願寺の総称。いずれも円の字を冠することからの呼称。

　京都五山は、京都所在の臨済宗五大寺の称。1386年、足利義満によって天龍寺・相国寺・建仁寺・東福寺・万寿寺の五寺が決定され、別に南禅寺を上位とした。

　洛中法華二十一ヵ本山は、天文法華の乱以前に京都市内（洛中）にあった法華宗系の21の本山。

3 解答

ウ 六勝寺

問 4

平安末期、平清盛により鳥羽殿へ幽閉された時期もあったが、五代の天皇にわたって三十数年間、院政を行い、源頼朝に「日本一の大天狗」と言わしめたとも伝わる法皇は誰か。

ア 花山法皇　　　イ 鳥羽法皇

ウ 後白河法皇　　エ 後宇多法皇

後白河法皇（1127〜92）である。第七十七代天皇である後白河天皇は、鳥羽天皇の第四皇子で母は待賢門院璋子（タマコとも）。久寿2年（1155）即位。保元3年（1158）譲位し、天皇五代、34年の間、院政を行った。在位中に保元の乱があり、また平氏政権から鎌倉幕府の確立に至る変動期にもあたる中、朝廷の威信保持に努めた。仏教に深く帰依したほか、今様を好んだことでも知られる。『梁塵秘抄』を撰集。

花山法皇（968〜1008）は、第六十五代天皇。冷泉天皇の第一皇子。母は藤原伊尹女の懐子。17歳で即位したが、有力な後見はなく、在位わずか2年足らずで元慶寺に入って出家し退位した。

鳥羽法皇（1103〜56）は、第七十四代天皇。堀河天皇第一皇子。母は藤原苡子（シゲコとも）。父の死により5歳で即位。白河法皇の没後、三天皇28年間に院政を行った。

後宇多法皇（1267〜1324）は、第九十一代天皇。亀山天皇第二皇子。母は藤原佶子。大覚寺統の天皇。譲位後に持明院統からの天皇が続いたので幕府に抗議し、子の後二条天皇の即位を実現。中世日本の賢帝として知られる。

4 解答

ウ 後白河法皇

問
5

室町時代、三代将軍足利義満の北山殿（金閣寺）に倣い、八代将軍足利義政が築いた、現在の慈照寺（銀閣寺）の前身となる別荘はどれか。

ア 西八条殿　　　イ 東山殿

ウ 聚楽第　　　　エ 法住寺殿

　室町幕府の第八代将軍足利義政は、文明5年（1473）に嫡子の義尚に将軍職を譲った後、同14年（1482）に東山の山麓に新しい邸宅である**東山殿**の建設を始めた。延徳2年（1490）の義政の死後にこの邸宅は寺院に改められた。これが慈照寺である。現在、義政時代の建物として、仏堂である観音殿と彼の持仏堂としての東求堂が残っており、観音殿が「銀閣」と通称されたことから、この寺も「銀閣寺」と呼ばれるようになった。ただし、観音殿の建物に銀箔が貼られていたというわけではない。

　西八条殿は平安時代末期、平清盛をはじめとする平家の邸宅群であり、現在の梅小路公園のあたりに存在した。

　聚楽第（ジュラクダイとも）は、関白に就任した豊臣秀吉が京都の拠点として築いた城である。

　法住寺殿は平安時代末期の後白河法皇の院御所で、現在の三十三間堂や新熊野神社はその一部であった。

5 解答

イ 東山殿

安土桃山時代、短冊型の町割や御土居の建設など、近代の京都につながる都市改造を実施した人物は誰か。

ア 織田信長　　　イ 豊臣秀吉

ウ 徳川家康　　　エ 徳川家光

豊臣秀吉（1537〜98）である。豊臣秀吉は天正15年（1587）ごろから京都の都市景観を改造し始める。聚楽第（ジュラクダイとも）の建設や新町割の設定、御土居建設、寺町の設定である。設問にある短冊形の町割は、平安京以来の正方形の町割を縦半分にして、細長い短冊形の町割にしたことで、碁盤の目の京都のイメージとは異なった景観を生み出した。御土居は京都の周囲に築いた大きな土塁のことで、京都を鴨川の水害から守るためのものという説、あるいは城郭構造の一部だという説など諸説がある。そのほとんどは市街地に起伏として残るが、大きな土盛りの一部は史跡（9カ所）になって残っている。もう一つ近代京都につながるのは寺町の設定で、寺院群を一角に集めた。寺町には今も寺院が多く残る。

織田信長（1534〜82）は戦国時代の武将。足利義昭のために二条御所（旧二条城）を建設した。**徳川家康**（1542〜1616）は戦国時代の武将。現在の二条城を建てた。**徳川家光**（1604〜51）は家康の孫。寛永11年（1634）に上洛を果たす。「御代替の御上洛」という。二条城を大改築した。

6 解答

イ 豊臣秀吉

問
7

安土桃山時代に城下町として整備され、徳川家康が銀貨の鋳造所である銀座を開き、江戸時代には水運も発展した、酒どころとしても知られる場所はどこか。

ア 伏見　　　　　イ 福知山

ウ 亀山　　　　　エ 宮津

伏見である。伏見は、安土桃山時代に伏見城の城下町として整備された。また徳川政権が慶長6年（1601）に銀貨鋳造所を造ったのが「銀座」の始まりである。今も銀座町の地名が残り、大手筋通の角に「伏見銀座跡」の石碑が立てられている。慶長13年（1608）には京都銀座として洛中に移転した。駿府に銀座が造られるのは慶長11年であるから、「銀座」という地名は京都発祥である。江戸時代の伏見は淀川を軸とした港町・宿場町であった。伏見へ集められた品は、高瀬川を通り京都へ運ばれた。伏見の名前を「伏水」ともいうことからも分かるように、水が豊富な地域で、酒造りには好条件であった。

福知山は京都府西北部、中丹地域に位置する。名前は明智光秀が福知山城を造ったことに始まる。

亀山は現在の亀岡市の旧名。光秀が丹波統治のため、丹波亀山城を築き、城下町も形成した。

宮津は京都府北部、丹後地域にある。宮（神社）に近接する津（港）という意味であるという。

7 解答

ア 伏見

1 歴史・史跡に関する記述について、最も適当なものをア～エから選びなさい。

問8

幕末の京都で、過激派浪士の取り締まりなど、治安維持に務めた壬生などを屯所とする組織は何か。

ア 海援隊　　　イ 陸援隊

ウ 新選組　　　エ 天誅組

　新選組は文久3年（1863）に結成された佐幕派の治安維持部隊。当初は、壬生浪士組と呼ばれる幕府主導の攘夷を目指した有志の集団で、京都守護職・松平容保（会津藩主）の配下（預かり）になる。初期は芹沢鴨などの水戸派が実権を握っていたが、近藤勇や土方歳三などの近藤派に粛清された。

　元治元年（1864）6月、京都三条小橋の旅籠・池田屋を襲撃し、反幕府派を鎮圧する。慶応3年（1867）6月、新選組の全員が幕臣に取り立てられ、局長の近藤勇は将軍に御目見えできる身分になった。

　海援隊は、坂本龍馬が慶応3年に土佐藩の外郭団体として結成した浪士隊で、海運や貿易、出版事業などを行った。

　陸援隊は、中岡慎太郎が慶応3年に土佐藩の外郭団体として結成したスパイ活動などを行う浪士による武力集団。

　天誅組（天忠組）は反幕府派の武装集団で、文久3年8月に大和五條で挙兵したが、翌月に鎮圧された。

8 解答

ウ 新選組

問9

槇村正直が沈滞する町に活気を取り戻すため、寺町の寺院境内地を整理して拓いた通りが、今年（2022）で誕生150年を迎える。修学旅行生をはじめ老若男女幅広い世代に親しまれる繁華街のある通りはどれか。

ア 室町通 　　　　**イ** 新京極通

ウ 千本通 　　　　**エ** 木屋町通

　京都府第二代知事の槇村正直（まきむらまさなお）は、事実上、都が東京に遷り沈滞する京都の復興を目指し、近代化政策を次々に打ち出した。京都勧業場、舎密局（せいみきょく）を開設して産業の振興を図り、「番組小学校」や女子教育機関「女紅場（にょこうば）」を創設して教育環境の充実に道筋をつけ、市街地開発では寺町の寺院敷地を収用し、三条―四条間に新たな街路を開通させた。それが今も京都指折りの繁華街として栄える**新京極通**（しんきょうごく）で、その強引な手法は批判も生んだが、槇村が進めた近代化の産物は今も京都の各所に残る。

　室町通は烏丸通からすぐ西の通りで、江戸時代以降、繊維関係の店が並ぶ問屋街として発展した。**千本通**は鷹峯から伏見区納所（のうそ）まで続く南北の通りで、二条以南、九条までは平安京のメインストリート・朱雀大路（すざく）と重なる。**木屋町通**は慶長16年（1611）に、高瀬川の開削に伴って開通、高瀬舟を利用する材木商の店が建ち並んだことからその名が付いた。

9 解答

イ 新京極通

1 歴史・史跡に関する記述について、最も適当なものをア〜エから選びなさい。

問 10

京都府の殖産興業政策などに呼応し、明治8年（1875）に木屋町二条で教育用理化学器械の製造を開始した人物は誰か。

ア 村井吉兵衛　　**イ** 田中源太郎

ウ 島津源蔵　　**エ** 明石博高

20回3級

21回3級

21回2級

21回1級

　木屋町二条で仏具の製造販売業を営んでいた初代**島津源蔵**（1839〜94）は、隣接地にできた勧業場や舎密局の事業を手伝ううち、ドイツ人技師ワグネルの指導で理化学器械の知識、技術を習得。明治8年（1875）に同地で、理化学器械の製造を始めた。現在に至る島津製作所の創業で、後を継いだ長男の二代島津源蔵（1869〜1951）＝写真＝は、自ら発明も手がけて医療用機器や蓄電池などの分野にも進出、社業発展の礎を固めた。今も創業の地に建つ記念館には同社の歩みを記す文献・資料が展示され、京都の地に刻まれた日本の近代科学技術発展の足跡に触れることができる。

　村井吉兵衛（1864〜1926）は日本初の両切りたばこ販売で財をなし、煙草王と呼ばれた実業家。**田中源太郎**（1853〜1922）は京都商工銀行頭取や衆議院議員を歴任、京都―園部間の鉄道敷設に尽力した。**明石博高**（1839〜1910）は京都府に出仕して舎密局開設に参画、京の殖産興業に力を尽くした。

10 解答

ウ 島津源蔵

2 神社・寺院に関する記述について、最も適当なものをア～エから選びなさい。

問
11

境内に霊泉「亀の井」がある松尾大社は特に何
の神として親しまれているか。

ア 髪　　　　　　　　イ 学問

ウ 酒　　　　　　　　エ 薬

　松尾大社は京都屈指の古社の一つ。古くから**酒**の神として
信仰を集める。酒の醸造時に、境内の霊泉「亀の井」から湧き
出る水を混ぜると酒が腐らないと伝えられる。渡来人の秦氏
の総氏神として崇敬され、代々秦氏が神職を務めた。優れた
醸造技術を持っていた秦氏との関連から、中世以降「日本第
一酒造神」として信仰を集めている。

　日本で唯一の**髪**を祀った神社として有名なのは御髪神社。
理容・美容にたずさわる仕事の始祖で、藤原鎌足の末孫にあ
たる藤原采女亮政之公を祀る。境内には髪を納祭する髪塚が
あり、現在でも理髪業者の信仰があつい。

　学問の神として広く知られるのは菅原道真を祭神として祀
る北野天満宮。全国に約12,000社ある天満宮・天神社の総本
社で、古くから「北野の天神さま」として親しまれている。

　京都市中京区の二条通の両替町通と室町通の間で、**薬**の神
を祀っているのが「薬祖神祠」。毎年11月には、「薬祖神祭」が
開催され、神薬を奉納している。

11 解答

ウ 酒

問
12

かつて金売吉次の屋敷があったといわれ、牛若丸（源義経）が奥州に出発する時に道中の安全を祈念したという故事にちなみ、旅行の安全を願う信仰がある神社はどこか。

ア 三宅八幡宮

イ 首途八幡宮

ウ 若宮八幡宮

エ 御所八幡宮

大内裏の北東にあるため、**首途八幡宮**は王城鎮護の神とされた。もとの名は「内野八幡宮」と呼ばれ、宇佐神宮の八幡大神を勧請したのが始まりとされている。

三宅八幡宮は「虫八幡」とも呼ばれ、子どもの守り神として、また虫退治の神社としても広く信仰されている神社。

若宮八幡宮社は源氏一族や武士からあつく信仰され、室町時代には歴代将軍の崇敬を集めたが、応仁・文明の乱によって荒廃し、慶長10年（1605）に現在の地に移された。窯元や陶磁器店が集まる五条坂にあることから、陶祖神も祀られている。8月の五条坂陶器まつりでは、若宮八幡宮社の祭礼が行われる。

京都市中京区にある**御所八幡宮**は、足利尊氏が邸内の守護神として勧請したと伝えられ、この名で呼ばれている。特に安産と幼児の守り神として有名で、三宅八幡宮とならんで「虫八幡」と呼ばれ、信仰を集めている。

12 解答

イ 首途八幡宮

問13

宇治七名水の一つで、宇治上神社境内に湧き出ている名水は何か。

ア 菊水若水　　　イ 桐原水

ウ 御香水　　　　エ 醍醐水

　宇治七名水がこの名で呼ばれるようになったのは、茶道が盛んになり茶の水として使用されるようになった中世の末もしくは近世初めのことと言われている。しかし、現在も湧出しているのは**桐原水**のみである。

　曲水の宴や早春の京都を彩るしだれ梅で有名な城南宮の鳥居の手前にある手水舎（てみずしゃ）の水が**菊水若水**（きくすいわかみず）。この水を飲むとあらゆる病気が治るとされた。江戸時代の文献には、法皇の歯痛が治癒したという記録がある。また奈良・東大寺で毎年3月に行われるお水取りのお香水は、若狭の遠敷川からこの菊水若水の下を通って、二月堂の若狭井に達すると伝えられている。

　御香宮神社の**御香水**（ごこうすい）は、明治以降涸れていたのを昭和57年（1982）に復元。昭和60年、環境庁（現環境省）より京都市内で唯一、名水百選に認定された。

　醍醐寺の歴史は聖宝理源大師（しょうぼうりげんだいし）が上醍醐で霊泉を見出したことから始まったと言われている。この泉の水が**醍醐水**であり、今も涸れることなく湧き出している。

13 解答

イ 桐原水

2 神社・寺院に関する記述について、最も適当なものを**ア**〜**エ**から選びなさい。

問
14

富岡鉄斎が宮司を務めたことでも知られ、境内に芸能の神を祀る芸能神社があることから芸能芸術の向上を祈願する人が訪れる神社はどれか。

ア 野宮神社　　　**イ** 梅宮大社

ウ 車折神社　　　**エ** 蚕の社

3級

21回3級

21回2級

21回1級

車折神社という社名の由来は、後嵯峨天皇が牛車でこの神社の前を通ろうとした際、急に牛が動かなくなり、車の轅が折れたことからという。

京都市右京区嵯峨にある**野宮神社**は、縁結びと安産の神様としてあつく信仰される。伊勢神宮の斎宮に選ばれた皇女がここに籠り、精進潔斎して身を清める習わしがあったとされる。斎王の一行が伊勢の斎宮に向かう旅を再現した斎宮行列が毎年秋に開催されている。

同じく右京区にある**梅宮大社**は酒造の神。祭神である檀林皇后（橘嘉智子）が参拝して子をもうけたことから、子授・安産の神社としても有名。

太秦にある**蚕の社**の境内にある元糺の池に建つ三柱鳥居は京都三珍鳥居の一つ。三方がいずれも正面になるように柱が三角形に組み合わされている。

14 解答

ウ 車折神社

021

2 神社・寺院に関する記述について、最も適当なものをア〜エから選びなさい。

問
15

鎌倉時代に造られた「一日造立仏」であることが昨年（2021）判明した十一面観音立像があり、早良親王が幽閉されたことでも知られるボタンの名所の寺院はどこか。

ア 三室戸寺　　　イ 法金剛院

ウ 廬山寺　　　　エ 乙訓寺

　乙訓寺は、推古天皇の勅願で聖徳太子が建立したと伝わる古刹。長岡京造宮使・藤原種継の暗殺に関与を疑われた早良親王はここに幽閉された後、淡路島に配流される途中で、断食して死に至った。空海の入寺で真言宗寺院となり、禅宗に改宗した時期もあったが、江戸時代に徳川綱吉の生母・桂昌院らの寄進により護持僧隆光が真言寺院として再興した。近年はボタンの名所として多くの参拝者を集める。加えて直近の話題は、所蔵する十一面観音立像が令和2〜3（2020〜21）年度の解体調査で鎌倉時代作の「一日造立仏」と判明したこと。一日造立仏の確認は全国3例目で、令和4年度の文化審議会答申で、重文への指定が決まった。

　他の選択肢も花で有名な寺院で、西国三十三所観音霊場第十番札所の三室戸寺は春から初夏を彩るツツジ、アジサイの名所、関西花の寺第十三番霊場の法金剛院は「ハスの寺」、紫式部ゆかりの廬山寺は境内の「源氏庭」に清楚なキキョウの花が咲き競う。

15 解答

エ 乙訓寺

2 神社・寺院に関する記述について、最も適当なものを ア～エ から選びなさい。

問
16

中国からの渡来僧で今年（2022）大遠忌を迎える隠元隆琦が創建し、明代の形式を伝える伽藍がある宇治の寺院はどこか。

ア 閑臥庵　　　　**イ** 海宝寺

ウ 石峰寺　　　　**エ** 萬福寺

　日本の僧らの招きで承応3年（1654）、弟子20人とともに来日した隠元隆琦は、教義伝道を果たせば3年で帰国の予定だったが、信奉者の強い慰留と、時の将軍・徳川家綱の深い帰依により日本永住を決意。家綱から宇治の地を提供され、故郷福州の寺と同じ黄檗山**萬福寺**として開創。伽藍の築造は延宝7年（1679）までにほぼ完成し、元禄年間（1688～1704）には30余の塔頭を有する大寺院の威容を整えた。中国・明代の形式を伝える伽藍は異国情緒にあふれ、本山や塔頭で供される普茶料理の味わいとともに、訪れる者をひと味違った禅文化の世界に誘ってくれる。

　選択肢にある他3カ寺も黄檗宗寺院で、**海宝寺**は萬福寺の第十三世竺庵浄印が興した。**石峰寺**は黄檗宗萬福寺第六世の千呆が宝永年間（1704～11）に創建、境内に伊藤若冲が彫らせた五百羅漢像や、若冲の墓がある。**閑臥庵**は後水尾天皇が貴船の鎮宅霊符神を大宮御所真北に移したのが始まりで、「鎮宅さん」の通称で知られる。

16 解答

エ 萬福寺

問
17

醍醐寺三宝院の庭園にある、歴代の武将に引き継がれた「天下の名石」といわれる石は何か。

ア 藤戸石

イ 恋占いの石

ウ へそ石

エ おもかる石

　醍醐寺三宝院の庭園にある天下の名石といえば**藤戸石**。源平の藤戸合戦にちなむ「浮洲岩」と言われた石で、謡曲「藤戸」にも登場する。この謡曲を聴いた室町幕府第三代将軍足利義満が京へ運び、第八代将軍義政が東山殿（慈照寺）の庭に移したとされる。後に細川管領邸にあったのを織田信長が第十五代将軍義昭のために造営中の二条御所（旧二条城）に運び、信長の死後、豊臣秀吉が聚楽第（ジュラクダイとも）に置いていたが三宝院に移した。秀吉は三宝院の庭を作庭するにあたって現地を訪れ、自ら縄張りをした。藤戸石は庭の東西のほぼ中央に置かれ、表書院の上段の間から座って見ると、庭が最も映える要として配置されている。

　恋占いの石は、清水寺境内にある恋愛成就の神社として知られる地主神社にある。**へそ石**は、六角堂（頂法寺）本堂前にあり京都の中心を表すと言われる。**おもかる石**は、伏見稲荷大社の奥社奉拝所にあって、持ち上げてみて予想より軽ければ願い事がかなうと言われている。

17 解答

ア 藤戸石

問
18

洛西にある寺院で、西行が植えたと伝わる西行桜で知られる通称「花の寺」はどこか。

ア 勝持寺

イ 金蔵寺

ウ 正法寺

エ 十輪寺

20回3級

21回3級

21回2級

21回1級

　京都市西京区大原野に伽藍を構え、通称「花の寺」として知られる**勝持寺**は白鳳時代に役行者が創建、延暦10年（791）に桓武天皇の勅を得て堂塔伽藍が再建されたと伝わる。西行が保延6年（1140）、ここで出家して法名円位（後に西行）を名乗り、草庵を結んだとの伝承が残り、鐘楼堂横に西行自ら植えたとされる枝垂れの「西行桜」（現在は三代目）が、今も美しい花を咲かせる。境内にはほかにもソメイヨシノなど約100本の桜が植えられ、花見シーズンには多くの参拝者でにぎわう。

　選択肢に並ぶ他のいずれも洛西にある寺院で、**金蔵寺**は小塩山中腹にあり、養老2年（718）、元正天皇の勅願で創建されたという古刹。**正法寺**は西京区大原野にある真言宗東寺派の別格本山で、鑑真和上の高弟・智威大徳が天平勝宝6年（754）に隠居所とした春日禅房が始まりとされる。同じく大原野にある**十輪寺**は、在原業平が晩年を過ごした地とされ、業平の墓とされる宝篋印塔や、かつての恋人に塩を焼く煙で思いを伝えたという塩竈跡など、ゆかりの旧跡がある。

18 解答

ア 勝持寺

問 19

とんち話で有名な人物が再興し、晩年を過ごした京田辺市にある寺院で、毎年1月にその人物にちなんで善哉（ぜんざい）の接待がある寺院はどこか。

ア 雪舟寺　　　　　イ 小町寺

ウ 和泉式部寺　　　エ 一休寺

　一休寺は、正式名を酬恩庵（しゅうおんあん）といい、南浦紹明（なんぽじょうみょう）が正応年間（1288〜93）に開いた妙勝禅寺を始まりとする。一時の荒廃を経て康正2年（1456）、一休宗純（そうじゅん）がこの地に草庵を営んで再興、寺名も「師恩に酬いる」の意を込めて「酬恩庵」と名付けた。一休はこの地で生涯を送り、文明13年（1481）に没して後、ここが廟所（びょうしょ）となった。平成17年（2005）から毎年1月最終日曜日に実施している善哉（ぜんざい）奉納は、1年の誓いを絵馬に記して奉納、その後、一椀の善哉が振る舞われて、一人一人の願いの後押しをしようとの趣向。一休が大徳寺で餅の入った小豆汁をごちそうになり、「善哉此汁（よきかなこのしる）」と言ったことからこれを「善哉」と呼ぶようになったとの故事にちなむ催しで、同寺恒例の人気行事として親しまれている。

　他も通称名で呼ばれる寺で、**雪舟寺**（せっしゅう）は、雪舟作とされる鶴亀の庭で知られる東福寺塔頭の芬陀院（ふんだいん）。**小町寺**（こまち）は、小野小町の墓所と伝わる左京区静市の補陀洛寺（ふだらくじ）。**和泉式部寺**（いずみしきぶ）は、中京区新京極の誠心院（せいしんいん）で、式部の墓とされる宝篋印塔（ほうきょういんとう）が立つ。

19 解答

エ 一休寺

2 神社・寺院に関する記述について、最も適当なものをア～エから選びなさい。

問
20

宇治川の戦いで敗れた源頼政が、「扇の芝」で
自害したと伝わる寺院はどこか。

ア 平等院 　　　　イ 本能寺

ウ 壬生寺 　　　　エ 金戒光明寺

20
回
3
級

21
回
3
級

21
回
2
級

21
回
1
級

　鵺退治の武勇伝で名を馳せ、平家全盛の時代に源氏一門で唯一従三位に叙せられていた源頼政は治承4年（1180）、後白河法皇第二皇子の以仁王の令旨を奉じて平家打倒に立ち上がるも、武運つたなく宇治川の戦いで敗れ、平知盛の追撃を逃れて、**平等院**の庭園内にある「扇の芝」で自害して果てた。「埋木の　はなさく事も　なかりしに　身のなるはてぞ　かなしかりける」の一首が辞世の歌として伝わる。頼政関連の史跡は、「扇の芝」が横に立つ石碑で事蹟を紹介しているほか、平等院子院の最勝院には頼政の墓とされる宝篋印塔が立ち、駒札も設置されている。

　他の3カ寺もそれぞれ歴史の舞台として知られる場所で、**本能寺**は明智光秀の襲撃を受けた織田信長最期の地。**壬生寺**は壬生に屯所を置いた新選組が訓練場に使ったという新選組ゆかりの地。**金戒光明寺**は京都守護職を務めた会津藩主・松平容保の本陣が置かれたところで、幕末の京都に足跡を残した先人たちの夢の跡を今に伝えている。

20 解答

ア 平等院

3 建築・庭園・美術に関する記述について、最も適当なものをア～エから
選びなさい。

「お東さん」と親しまれる真宗大谷派の本山で、
世界最大級の木造建築である御影堂や、高さで
は日本一の木造楼門（二重門）といわれる御影堂
門がある寺院はどれか。

ア 東本願寺　　　　　イ 西本願寺

ウ 興正寺　　　　　　エ 佛光寺

親鸞の真影を安置する**東本願寺**の御影堂は、建築面積にお
いて世界最大級の木造建築であり、御影堂門は日本一の大き
さとされる二重門である。

現在の御影堂は元治元年（1864）火災後、棟梁・伊藤平左衛
門により明治13年（1880）以来17年をかけて明治28年に再建さ
れた。面積においては東大寺大仏殿をしのいで日本最大の仏
堂で、その規模は平面積約2900平方メートルである。御影堂
が現在のような大規模建築となったのは、江戸時代初期の明
暦4年（1658）の改築時とされる。二重仏堂、入母屋造、本瓦
葺、組物は上層三手先、下層は出組及び二手先とし、和様を
基調としている。伝統様式・技法による木造建築の集大成を
示す。近年では、平成16年（2004）3月から平成21年12月にか
けて、大規模修復が行われた。

21 解答

ア 東本願寺

3 建築・庭園・美術に関する記述について、最も適当なものをア〜エから
選びなさい。

問
22

京町家の家屋を泥はねなどから守るために設け
られているものはどれか。

ア 火袋
イ 犬矢来
ウ バッタリ床几
エ 通り庭

京都の伝統的な町家形式を表屋造といい、通りに面して表
屋（ミセ棟）、奥に居住棟を配置し、その間を玄関棟で接続す
る。その外観は、通りに面した出格子・通り庇・**犬矢来**など
表構えに意匠を凝らしている。

犬矢来は、塀や建物の腰を泥はねなどから保護するために、
竹などを曲げて造った囲いのこと。

バッタリ床几は、見世の間の正面・軒下において柱の外側
に軸吊りされている縁台のことで、揚げ見世の俗称である。
縁台の幅は半間にして長さ1間または2間。縁側の台の脚は
外側のみにつけられ、縁台を捲り上げた時に、脚が台の裏に
納まるように軸吊りとしている。

通り庭は、表入口から裏口まで通り抜けになっている土間
状の通路こと。鰻の寝床とも呼ばれる京町家のように、奥に
細長い町家の動線、採光、通風などを確保するための通路で、
ミセ庭、玄関庭、走り庭などから構成される。

22 解答

イ 犬矢来

3 建築・庭園・美術に関する記述について、最も適当なものを**ア〜エ**から
選びなさい。

問
23

明治20年代以降、中京郵便局や日本銀行京都
支店（現京都府京都文化博物館別館）などの煉瓦
造洋風建築がいち早く建ち並んだ通りはどれ
か。

ア 夷川通　　　　　　**イ** 錦小路通

ウ 三条通　　　　　　**エ** 木津屋橋通

三条通は、東海道五十三次の始・終点でもあったことから、
明治時代以降もメインストリートとなり、煉瓦造の洋風建築
が立ち並んでいた。改修を受けながらも現存する赤煉瓦造の
建築物は、旧日本銀行京都支店（京都文化博物館別館）や中京
郵便局（日本郵便株式会社中京支店）、旧第一勧業銀行京都支
店（みずほ銀行京都中央支店 レプリカ再建）、家邊徳時計店店
舗などである。

京都文化博物館別館は、辰野金吾、長野宇平治による設計で、
明治39年（1906）に竣工した。赤煉瓦に白い花崗岩を装飾的に
あしらった「辰野式」の意匠である。みずほ銀行京都中央支店
も同じく辰野によるが、当時の建物は平成11年（1999）に取り
壊され、同15年に新たに再生された。

三条通には赤煉瓦造以外にも、旧西村貿易店社屋（文椿ビ
ルヂング）、旧毎日新聞社京都支局（1928ビル）、旧日本生命
京都支店（日本生命京都三条ビル旧棟）、旧不動貯金銀行京都
支店（SACRAビル）など近代の洋風建築が現存している。

23 解答

ウ 三条通

3 建築・庭園・美術に関する記述について、最も適当なものを**ア**〜**エ**から
選びなさい。

問
24

平安初期の庭園様式を今に伝える大覚寺の大沢
池にあった、藤原公任の和歌「…名こそ流れて
…」でも知られる滝はどれか。

ア 青女の滝　　**イ** 名古曽滝

ウ 音無の滝　　**エ** 空也の滝

20回3級

21回3級

21回2級

21回1級

　平安時代初期に嵯峨天皇（786〜842）が造営した離宮、嵯峨
院の庭園の園池が現在の大沢池であり、**名古曽滝**はそこにあっ
た滝である。嵯峨院は貞観18年（876）に嵯峨天皇の皇女正子（セ
イシとも）内親王により大覚寺となった。北方の上嵯峨山中
より流れ出る谷川から水を引き込んで造られたのが大沢池で、
池の北部には西に天神島、東に菊ヶ島を配する。池の北方約
100メートルに名古曽滝跡として残る滝石組がある。
　『拾遺和歌集』にある「滝の音は絶えて久しくなりぬれど名
こそ流れてなほ聞こえけれ」と名古曽の滝を詠んだのは、平
安時代の貴族・藤原公任である。この歌にあるように平安時
代中期にはすでに水は枯れていたことがわかる。「大沢池　附
名古曽滝跡」という名称で大正11年（1922）に国の名勝に指定
された。
　青女の滝は法金剛院、**音無の滝**は来迎院の奥、**空也の滝**は
京都市右京区嵯峨清滝月ノ輪町の愛宕山麓にある滝。

24 解答

イ 名古曽滝

問 25

桂離宮や修学院離宮などに代表される、舟遊びやそぞろ歩きなどを楽しむ庭の形式を何というか。

ア 書院造庭園　　　　イ 浄土庭園

ウ 枯山水庭園　　　　エ 回遊式庭園

　日本庭園の様式は、池庭・枯山水・露地に大別される。池庭は池（流れを含む）をともなった庭園の総称で、枯山水は、水を用いず石や植栽で山水を表現する日本固有の庭園様式で、成立は室町時代の中頃である。露地とは、待合から茶室に至るまでの屋外空間にしつらえられた庭。

　回遊式庭園はこの３つの様式を総合したものである。基本的には「広い敷地に大きな池を中心として、築山・平場などをしつらえ、御殿や茶室・四阿などの建物を随所に配し、それらを園路が結ぶ」といった空間構成である。主として、江戸時代に造営された桂離宮や修学院離宮といった宮廷庭園、小石川後楽園や六義園などの大名庭園などを指す。公家や大名・僧侶など、一定の教養や共通認識を持つものたちの社交の場としての機能があり、西湖堤や八ツ橋など、さまざまな庭景は和漢の教養をもとに見立てられており、回遊式庭園は空間構成だけではなく構成要素のあり方も重要である。

25 解答

エ 回遊式庭園

3 建築・庭園・美術に関する記述について、最も適当なものを **ア**～**エ** から
選びなさい。

問
26

夢窓疎石が作庭し、嵐山と亀山を借景とした曹
源池庭園がある世界遺産の寺院はどこか。

ア 金地院   **イ** 天龍寺

ウ 神泉苑   **エ** 大仙院

　遠景の嵐山と、近景の亀山を借景とした天龍寺庭園＝写真＝
は、夢窓疎石による作庭で、康永3年（1344）に庭園が完成し
たという記述が残されている。**天龍寺**は右京区嵯峨天龍寺芒
ノ馬場町に所在する臨済宗天龍寺派の大本山。暦応2年(1339)
に後醍醐天皇の菩提を弔うために創建された寺院で、夢窓疎
石を開山とする。庭園は大方丈西側の曹源池を中心としたも
ので、曹源池と龍門瀑、その前方に架かる三連の石橋と前面
の池中立石という一帯のデザインは日本庭園屈指の傑作と評
される。

　夢窓疎石は、禅の修業と作庭を同一レベルにおき、残山剰
水という考え方を作庭に取り入れた。残山剰水とは、風景を
画面の一角に寄せて描き、画面に余白を多く残す方法である。
疎石の作庭は、石組み主体の立体的な空間構成が特徴で、庭
園の意匠・手法に新機軸を開き、室町時代以降の作庭に大き
な影響を及ぼした。

26 解答

イ 天龍寺

3 建築・庭園・美術に関する記述について、最も適当なものをア〜エから
選びなさい。

問
27

中世の肖像画を代表する「伝源頼朝像」（国宝）
を所蔵する高雄の寺院はどこか。

ア 青蓮院　　　　イ 上品蓮台寺

ウ 神護寺　　　　エ 永観堂

　わが国の肖像画史上の傑作とされる「伝源頼朝像」＝写真左
＝を所蔵するのは京都市右京区高雄の名刹、**神護寺**。鎌倉時
代末期に編纂された『神護寺略記』の仙洞院の項に後白河法皇
像とともに源頼朝像や平重盛像、藤原光能像、平業房像が安
置されていた記述があるという。後白河法皇像は写しのみで、
神護寺の寺宝として今に伝わるのは源頼朝像、平重盛像、藤
原光能像の３幅。いずれも黒色の束帯に帯剣し笏をとって上
畳に正座する。肖像画の名品として国宝指定されている。

　天台宗の門跡寺院の**青蓮院**が所蔵する国宝絵画は「青不動」
の呼び名でも知られる不動明王二童子像が有名。

　真言宗智山派の**上品蓮台寺**が所蔵する国宝絵画は、奈良時
代につくられた「絵因果経」が名高い。釈尊の過去世での出家、
修行と現世での成道などを絵で表した名品。

　浄土宗西山禅林寺派総本山の**永観堂**所蔵の国宝絵画といえ
ば、阿弥陀如来が来迎する様子を描いた「山越阿弥陀図」が名
高い。

27 解答

ウ 神護寺

3 建築・庭園・美術に関する記述について、最も適当なものをア〜エから
　選びなさい。

問28

妙心寺の法堂の天井には、狩野探幽の筆による
「雲龍図」が描かれている。どの方角から龍を
見ても必ず自分をにらんでいるように見えるこ
とから、何と呼ばれるか。

ア 鳴き龍　　　　　　イ 阿吽の龍

ウ 双龍図　　　　　　エ 八方にらみの龍

　妙心寺法堂の天井画「雲龍図」は、円相の外にある款記から
明暦2年（1656）、狩野探幽55歳のときの制作。禅宗寺院の法
堂の天井画の龍の多くが円相内に雲を描かず龍だけ描くこと
が多かった中で、探幽は渦巻く黒雲中に仏法を守護する龍が
出現するさまを描いて空間に奥行きを与える新しい意図を示
したという。巨龍の目は円相のほぼ中心部の位置にあり、天
から降りてくるようにも空へ昇って行くようにも見え、どの
角度からも目が合い、見上げる人をにらんでいるようにも見
えることから「**八方にらみの龍**」とも呼ばれる。
　相国寺の現在の法堂は慶長10年（1605）の再建。天井画の龍
は桃山時代の狩野光信の筆による「蟠龍図」。下で手を打つと
共鳴で龍が鳴くように聞こえるため「**鳴き龍**」とも呼ばれる。
　建仁寺法堂の天井画は、創建800年記念事業として奉納され
たもの。日本画家の小泉淳作の作品である。2匹の巨龍が絡
み合う「**双龍図**」で、口を開けた阿形と口を結んだ吽形相を見
せることから**阿吽の龍**とも呼ばれている。

28 解答

エ 八方にらみの龍

3 建築・庭園・美術に関する記述について、最も適当なものを<u>ア</u>～<u>エ</u>から選びなさい。

問 **29**

運慶の四男・康勝は六波羅蜜寺が所蔵する「空也上人立像」を彫った。一心に阿弥陀の名号を唱える空也の口から飛び出している造形物は何か。

ア 薬師仏　　　　　イ 阿弥陀仏

ウ 風神・雷神　　　エ 地蔵菩薩

空也は平安時代中期の僧。諸国を巡歴し民衆の中で活動。市聖と呼ばれたように慈悲慈善の行いを尽くし、南無阿弥陀仏を唱えて救済する口称念仏の祖となり阿弥陀聖とも呼ばれた。鎌倉時代初期に康勝が彫った空也上人像＝写真＝は、生前の空也の姿を写実性豊かに表現した鎌倉時代の肖像彫刻の傑作（重文）。空也の口から出ているのは**阿弥陀仏**の小造形で「南無阿弥陀仏」の6字の名号の化仏。

薬師仏は薬師如来のこと。左手に薬壺を捧げ持ち、東方浄瑠璃世界の教主で衆生を病苦から救い、災難を除くなどの功徳がある。

風神・雷神は風を司る神と雷を司る神。日本では俵屋宗達の国宝「風神雷神図屏風」（建仁寺蔵）に代表されるように裸形の鬼姿で対に描かれることが多い。

地蔵菩薩は苦しむ民衆を救い、迷いを教化、解放するという菩薩。近世には民間信仰で多くの石像が造られた。

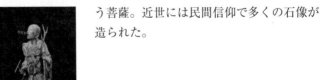

29 解答

イ 阿弥陀仏

③ 建築・庭園・美術に関する記述について、最も適当なものをア～エから
選びなさい。

問
30

寛永の三筆に数えられる能書家としても知ら
れ、俵屋宗達の版下絵と融合した謡曲本を角倉
素庵と協力し、出版した人物は誰か。

ア 本阿弥光悦 　　**イ** 三条小鍛冶宗近

ウ 宮崎友禅斎 　　**エ** 野々村仁清

正解は**本阿弥光悦**（1558～1637）。刀剣の研ぎや鑑定に優れ
た本阿弥家の分家に生まれ、近衛信尹、松花堂昭乗とともに
寛永の三筆として知られる能書家であり、優れた美的センス
で陶芸、漆芸などにも名品を残した。趣味豊かな教養人で、
角倉素庵らとともに豪華なひらがな活字の謡曲本など美しい
嵯峨本を刊行。芸術ディレクター的な才能を生かして俵屋宗
達を見出し、宗達の金銀泥絵の下絵に自らの書をしたためた
美しい装飾料紙の和歌集などを世に出し、琳派的な美の様式
の先駆となった。元和元年（1615）に徳川家康から洛北・鷹峯
の地を与えられ、一族郎党や工匠を集めて芸術家村を開いた
ことでも知られる。

三条小鍛冶宗近は生没年など不詳だが、平安時代に京の三
条に刀鍛冶の名工として活躍。三条派の中心的存在。東京国
立博物館所蔵の国宝「三日月宗近」は日本刀の美を確立した代
表作。

宮崎友禅斎（1654～1736、生没年不詳とも）は江戸時代初期
から中期の京都の工匠。友禅染の創始者として知られている。

野々村仁清（生没年不詳）は丹波の出身。京都に出て陶工と
なり、仁和寺の門前に窯を構え、仁清の商標で優美華麗な加
飾の焼き物を造り京焼の大成者となった。

30 解答

ア 本阿弥光悦

問
31

棗をはじめとした茶道具などの高級品に使われることが多い、経済産業大臣指定の伝統的工芸品はどれか。

ア 京印章　　　　　イ 京刃物

ウ 京うちわ　　　　エ 京漆器

　茶道具などに使われることが多い経済産業大臣指定の伝統工芸品は**京漆器**＝写真＝。漆工芸品は古代からあり、日本で伝えられている最古のものは法隆寺の「玉虫厨子」だ。京都でも高台寺の「蒔絵調度類」（重文）は特に有名。京漆器は、木地づくりから地固め、布着せ、地付け、錆付けなど多くの工程を経た上で、さらに塗りと研ぎが繰り返され、品によってはきらびやかな蒔絵や螺鈿などで加飾される。江戸時代には本阿弥光悦や尾形光琳らが蒔絵の意匠に腕を振るった。今では京漆器の需要は茶道具や食器、調度品など多岐にわたっている。

　京印章は、中国・漢の時代の重厚な作風を受け継ぎ、江戸時代に入ると庶民にまで広まり、印判師が京都に誕生し、人数も増えていった。**京刃物**については、平安時代から数々の名工を輩出しており、刀剣から料理包丁まで多種多様な刃物を制作する。**京うちわ**は、豪華なものは御所団扇といわれ、かつて深草名物として有名であった。

31 解答

エ 京漆器

問
32

明治初期に日本の窯業界を指導し、京都でも京焼・清水焼などの技術革新を促したドイツ人は誰か。

ア ブルーノ・タウト
イ ウィリアム・メレル・ヴォーリズ
ウ ワグネル
エ ジョサイア・コンドル

ドイツの化学者・ゴットフリード・**ワグネル**（1831〜1892）は、明治時代初期に窯業の技術指導をするなど日本の工業教育に貢献した人物。明治元年（1868）に来日し、佐賀・有田で近代的な製陶方法を指導したのをはじめ、内務省や農商務省で技術指導をし、東京大学の前身の大学南校、大学東校の教師も務めた。京都府にも招かれ、京都舎密局（せい み きょく）で、陶磁器、七宝釉薬、石けん、ガラスなどの製造を指導。舎密局内に自ら設計して薪・石炭を使う陶器窯を築き、五条坂には陶器実験工場を建設するなど京焼・清水焼の技術革新に尽くした。京都医学校（京都府立医科大学の前身）でも理化学を教えた。左京区岡崎に顕彰碑が建っている。

ブルーノ・タウト（1880〜1938）（ドイツ）、**ウィリアム・メレル・ヴォーリズ**（1880〜1964）（アメリカ）、**ジョサイア・コンドル**（1852〜1920）（イギリス）は、いずれも日本文化への造詣が深い著名な建築家で、日本に長く住み各地で多くの有名建築物を手掛けている。

32 解答

ウ ワグネル

問 33

わが国はじめての勅撰和歌集である『古今和歌集』編纂の中心になったとされ、その仮名序を記した人物は誰か。

ア 紀貫之　　　イ 大友黒主

ウ 文屋康秀　　エ 凡河内躬恒

紀貫之（？〜945）である。紀貫之は、平安時代前期の歌人、歌学者。三十六歌仙の一人。加賀介、土佐守などを歴任し、木工権頭に至る。醍醐天皇の勅命により、紀友則、凡河内躬恒、壬生忠岑とともに『古今和歌集』の撰者として活躍。その仮名序を執筆する。歌風は理知的で技巧に優れ、心と詞の調和、花実兼備を説いて古今調を作りだした。漢詩文の素養が深く、『土左日記』は仮名文日記文学の先駆とされる。

大友黒主は、平安時代前期の歌人。生没年不詳。六歌仙の一人。近江国大友郷の人。歌は『古今和歌集』などに見える。伝説的要素が強い。

文屋康秀は、平安時代初期の歌人。生没年・系譜未詳。六歌仙の一人。山城大掾などを経て、元慶3年（879）に縫殿助となる。『古今和歌集』に3首、『後撰和歌集』に1首入っている。小野小町と交流があったと伝えられる。

凡河内躬恒（生没年不詳）は、平安時代中期の歌人で三十六歌仙の一人。歌集に『躬恒集』がある。

33 解答

ア 紀貫之

4 芸術・文化に関する記述について、最も適当なものをア～エから選びなさい。

問
34

武野紹鷗に師事して、村田珠光が創始した草庵の茶を習得し、また大徳寺で禅を学び茶の湯を大成した、今年（2022）生誕500年を迎えた人物は誰か。

ア 高遊外
イ 千利休
ウ 金森宗和
エ 小川可進

　京都と茶は縁が深い。どこよりも先駆けて花開いた文化の一つに茶が挙げられる。道具や設えが創案され定型が普及し、所作や作法も洗練され、多様な展開を見せてきた。高級嗜好品の茶がそこに寄り添う。ただ、その詳細となると案外確実な史料や根拠は乏しく、名を馳せた茶人の事績が、多くの逸話をつなぎ合わせるようにして取り沙汰されることになる。

　選択肢の各人を若い方からみると、**小川可進**（かしん）（1786～1855）は煎茶道小川流の始祖、茶の入れ方からして最上級の玉露またはそれに準じた優品の香が漂う。売茶翁（ばいさおう）こと**高遊外**（こうゆうがい）（1675～1763）は、洛中洛外の人出でにぎわう名所に独特の出で立ちで出没し、茶を振る舞った。煎茶文化の隆盛に貢献した人物として知られる。もともと武家の出である**金森宗和**（かなもりそうわ）（1584～1656）は、公家をはじめ多方面との交流を通して、上品で繊細な茶風を確立し、その趣向は大徳寺や金閣寺の茶室に反映された。生誕500年は、言わずもがなの**千利休**（1522～91）、今日まで伝えられる彼の本物を見抜く力には学ぶものが多い。

34 解答

イ 千利休

4 芸術・文化に関する記述について、最も適当なものをア～エから選びなさい。

問35

華道・池坊の家元が代々住職を兼ね、境内に「いけばな発祥の地」のモニュメントがある寺院はどこか。

ア	嵯峨釈迦堂	イ	真如堂
ウ	革堂	エ	六角堂

　六角堂は天台系の単立寺院で、正式には頂法寺という。西国三十三所観音霊場の第十八番札所で、本尊は聖徳太子の念持仏と伝えられる如意輪観音坐像。「いけばな発祥の地」のモニュメントは、通称の由来でもある六角形の本堂の北西にある。周辺には、室町時代（16世紀前半）にいけばなの理論をまとめた『池坊専応口伝』のモニュメントや、江戸時代（17世紀前半）の池坊専好（二代）による立花を復元したモニュメントもあり、いけばなの歴史を感じることができる。

　嵯峨釈迦堂は浄土宗の寺院で、正式には清凉寺という。本尊は、平安時代に中国からもたらされた釈迦如来立像（国宝）。

　真如堂は天台宗の寺院で、正式には真正極楽寺という。本尊は阿弥陀如来立像（重文）で、秋の紅葉の美しさでも知られる。

　革堂は天台宗の寺院で、正式には行願寺という。開山の行円が鹿の革（皮）をまとっていたと伝えられる。本尊は千手観音立像で、西国三十三所観音霊場の第十九番札所。

35 解答

エ 六角堂

4 芸術・文化に関する記述について、最も適当なものを**ア**〜**エ**から選びなさい。

問 36

現存最古の能舞台である北能舞台（国宝）があり、重要文化財の南能舞台では毎年5月の親鸞聖人降誕会で祝賀能が催されるところはどこか。

ア 八坂神社   **イ** 西本願寺

ウ 二条城   **エ** 平安神宮

20回3級 21回3級 21回2級 21回1級

　現存最古の能舞台が国宝に指定されているのは、**西本願寺**にある北能舞台である。また、親鸞聖人降誕会が行われるのは浄土真宗の寺院であり、ここに並ぶ選択肢の中では西本願寺がそれだと分かる。西本願寺には、国宝の北能舞台と南能舞台（重文）があり、他に室内能舞台も、白書院と対面所にある。北能舞台には、天正9年（1581）の銘があったとされている。

　八坂神社の能舞台では1月3日、かるた始め式が行われるのが習わしだ。新年の華やぎに包まれ、平安装束での百人一首の手合わせが熱気を帯びる。

　平安神宮では6月1日と2日の2日間、特設能舞台が設置され、初夏の風物詩ともいえる京都薪能が行われる。これは京都市と京都能楽会が共催するもので、70年以上の歴史をもつ。

36 解答

イ 西本願寺

問
37

室町時代に成立した滑稽なセリフ劇で、京都では主に、江戸時代には和泉流、明治時代以降は茂山家が活躍している芸能は何か。

ア 狂言　　　　　　イ 雅楽

ウ 歌舞伎　　　　　エ 能

　室町時代に成立した滑稽なセリフ劇、というところで、伝統芸能のうちの**狂言**だと気づきたい。あるいは、明治時代以降は茂山家が活躍、と茂山家の名前が出れば、狂言に間違いない。狂言の世界で唯一、京都に本拠を置く茂山家は、大蔵流の一門。御所に天皇があった江戸時代、御所に参勤して京流と呼ばれたのは和泉流だったが、江戸時代後期から大蔵流の茂山家が台頭した。

　能では金剛流が唯一、京都に本拠を置く。そのために、能では金剛家、狂言では茂山家として、京都検定の出題回数が非常に多く、必ずチェックしておきたい分野である。

　歌舞伎はもとは京・大坂が上方歌舞伎の中心を成してきたが、現在は歌舞伎役者も多くが東京に集中している。

　雅楽は宮内庁や寺社などで古典音楽の伝統を継承しており、京都では神社を中心にさまざまな雅楽会が活動している。

37 解答

ア 狂言

4 芸術・文化に関する記述について、最も適当なものをア～エから選びなさい。

問38

師走の到来を告げる風物詩で、南座に役者看板を掲げることを何というか。

ア 事始め

イ 初釜

ウ 剣鉾差し

エ まねき上げ

師走の吉例顔見世興行（きちれいかおみせ）は、京都の年中行事の一つとされており、京都で暮らす人達にとても身近な行事となっている。

顔見世は、歌舞伎発祥といわれる京都において、江戸時代より興行界の正月とされ、役者名を書いた看板が正面に掲げられる「**まねき上げ**」＝写真＝は師走の訪れを告げる風物詩として街の人々に親しまれている。そして、舞台の幕が上がると、東西の名優たちが京都に揃い、南座界隈から祇園にかけては、歩くだけでも華やいだ雰囲気を味わえる。

事始め（ことはじ）は12月13日。おもに花街で正月準備を始める日。**初釜**（がま）は茶道の世界の新年行事。**剣鉾差し**（けんほこさ）は、10月に行われる粟田祭（たまつり）の神幸祭（しんこうさい）に登場する。神輿渡御（みこしとぎょ）の露払い（つゆはら）として、祇園祭山鉾の原形とみられている。

令和4年吉例顔見世興行より

38 解答

エ まねき上げ

問
39

アニメ「舞妓さんちのまかないさん」の舞台にもなっている舞妓の住まいで、子方屋や置屋とも呼ばれる裏方は、何と呼ばれているか。

ア お座敷　　　　　イ 歌舞練場

ウ 屋形　　　　　　エ 女紅場

　『舞妓さんちのまかないさん』とは、Eテレ（教育テレビジョン）で放送されていたアニメ番組。舞妓を目指して京都の花街にやってきた女の子が、「置屋（**屋形**）」のまかない料理を調理する「まかないさん」となる物語である。

　舞妓としての修業を始めるのは、中学校卒業以降。置屋に住み込み、行儀作法や花街言葉、舞踊などを学ぶ。この期間を「仕込み」といい、その後、舞妓の「見習い」を経て、舞妓として正式に「見世（店）出し」する。舞妓の間は置屋で暮らし、衣裳代や生活費などは置屋により負担される。

　置屋が舞妓の生活の場なら、お茶屋は舞妓の仕事の場。お茶屋の「**お座敷**」の宴席で、舞踊などを披露し客をもてなす。花街における「**女紅場**」とは、芸舞妓の養成学校。舞踊や長唄、三味線、茶道や華道などの技芸を磨く。「**歌舞練場**」は花街にあるホール（劇場）。主に芸妓舞妓による舞踊公演、仕事始めにあたる「始業式」などの式典、稽古の場として使われる。

39 解答

ウ 屋形

問
40

明治5年（1872）に第1回京都博覧会の附博覧（つけはくらん）として始まり、今も祇園甲部歌舞会が4月に行っている舞踊公演は何か。

ア 都をどり   イ 京おどり

ウ 鴨川をどり   エ 北野をどり

　祇園甲部の**都をどり**が創始されたのは明治5年（1872）。事実上の東京遷都からの京都再興を期して開かれた「第一回京都博覧会」の附博覧として、祇園新橋小堀の松の家にて上演。万亭（現在の一力亭）九代目当主・杉浦治郎右衛門と京舞井上流家元・三世井上八千代が、芸妓舞妓による群舞を中心とする舞踊公演のスタイルを考案し、現在に受け継がれている。

　毎年4月に、主として祇園甲部歌舞練場（かぶれんじょう）で上演されていたが、平成28年（2016）より歌舞練場が耐震改修のために休館し、京都芸術劇場春秋座や南座を会場としてきた。令和5年（2023）の第149回都をどりは、工事を終えた歌舞練場にて柿落し（こけら）公演として開幕。演題は『新華舞台祇園繁栄』（あらたなるはなぶたいぎおんのさかえ）。

　先斗町（ぽんとちょう）の**鴨川をどり**も明治5年の京都博覧会の折に始まる。宮川町の**京おどり**は昭和25年（1950）、上七軒（かみしちけん）の**北野をどり**は昭和27年に初演された。4カ所の舞踊公演は春に開催されるため、総称して「春のをどり」と呼ばれる。

40 解答

ア 都をどり

問
41

2月8日と12月8日に法輪寺で行われる、コンニャクにあるものを刺して供養する行事は何か。

ア 数珠供養　　　　イ 筆供養

ウ 針供養　　　　エ 人形供養

　針供養＝写真＝が2月8日と12月8日の年2回行われるのは、「嵯峨の虚空蔵さん」として親しまれる西京区嵐山の法輪寺。針供養は、裁縫や手芸の上達を祈願する行事で、奈良時代、女性天皇である元明天皇が同寺を裁縫上達の祈願所とし、平安時代に清和天皇が針を納める堂を建立したことから始まったとされている。法要が終わると、本堂祭壇前に置かれた大きなコンニャクに、参列者が五色の糸が付いた約27センチの長い針を次々と刺し、針への感謝と技の上達を願う。この日は本堂前に設置された御針納箱に使い古した針を納めることができ、僧侶が古い針の供養をした後、織姫が奈良時代の衣装で舞を奉納する。

　数珠（珠数）供養は11月23日、比叡山延暦寺別院の赤山禅院で、**筆供養**も同じ日に「筆の寺」として知られる東福寺塔頭の正覚庵で、**人形供養祭**は10月14日に「人形の寺」と呼ばれる尼門跡寺院の宝鏡寺でそれぞれ営まれる。

41 解答

ウ 針供養

5 祭りと行事に関する記述について、最も適当なものをア～エから選びなさい。

問42

2月23日に特大鏡餅を持ち上げる「餅上げ力奉納」が有名な五大力尊仁王会が行われ、4月第2日曜日に豊太閤花見行列が開催される社寺はどこか。

ア 平野神社　　　イ 鞍馬寺

ウ 醍醐寺　　　　エ 常照寺

　特大の鏡餅を持ち上げる「餅上げ力奉納」や華麗な「豊太閤花見行列」が行われるのは**醍醐寺**。餅上げ力奉納は、2月23日に営まれる「五大力さん」の名で親しまれている「五大力尊仁王会」に付随した行事。醍醐寺では、平安時代初期に醍醐天皇が同寺開山の聖宝理源大師に不動明王を中心に五大明王を祀るよう命じたことから不動明王信仰が始まったとされる。餅上げは先の大戦直後に信者が米を持ち寄って餅を作り供えたのが始まり。男性は150キロ、女性は90キロの餅を持ち上げ、無病息災と身体堅固を祈る。豊太閤花見行列は、豊臣秀吉が行った有名な「醍醐の花見」にちなんで、毎年4月第2日曜日に催される。
　平野神社は平城京から移されたと言われる古社で桜の名所。**鞍馬寺**は花供養や竹伐り会式などでも有名。**常照寺**は吉野太夫ゆかりの寺で、吉野桜や吉野の赤門などで知られる。

42 解答

ウ 醍醐寺

問
43

京都三大奇祭の一つで、「花鎮めのまつり」として知られる、疫病退散を願う今宮神社の摂社・疫社(えやみ)の祭礼はどれか。

ア やすらい祭　　イ 五月満月祭

ウ はねず踊り　　エ 鞍馬の火祭

　今宮神社摂社の疫社(えやみしゃ)の祭礼が**やすらい祭**＝写真＝で、国の重要無形民俗文化財に指定されている。桜の花が散る時に疫神や悪霊も飛び散るとされ、飛散した疫神や悪霊を桜などの春の花々で飾った大きな赤い花傘に送り込み鎮める祭り。「花鎮めのまつり」とも呼ばれる。京の三大奇祭の一つ。緋色の大袖様をまとった赤毛や黒毛の鬼たちが鉦(かね)や太鼓を打ち鳴らして花傘とともに氏子地区を練り歩く。花傘に入ると厄を逃れられるとも言い伝えられており、花傘がやって来ると人々は傘の下に入り、無病息災を願う。現在は毎年4月第2日曜日に行われている。

　五月満月祭(ウェサクさい)は、5月の満月の夜に行われる鞍馬寺の祭り。**はねず踊り**は、小野小町ゆかりの寺である随心院で深草少将百夜通い(ももよがよい)の悲恋伝説にちなんで少女が舞う踊り。**鞍馬の火祭**は、京都三大奇祭の一つで由岐(ゆき)神社の例祭。御所から勧請された由岐大明神を無数の松明で迎えたことに由来する。

43 解答

ア やすらい祭

問
44

京都三大祭の一つで、下鴨神社、上賀茂神社の
例祭である葵祭が行われる日はいつか。

ア 5月15日 　　　イ 7月17日

ウ 7月24日 　　　エ 10月22日

　京都の三大祭といえば、葵祭、祇園祭、時代祭を指す。京都の祭りと行事を語る時は、この三大祭が基本となる。検定試験対策としても、三大祭をしっかり抑えて理解することから始めたい。

　この問題で問われているのは、祭りの開催日である。三大祭だけでなく、京都の主要な祭りは開催日も頭に入れておこう。祭りの由来や内容に、季節は欠かせないからだ。

　葵祭＝写真＝は5月15日。5月を迎えると、前儀と呼ばれるさまざまな行事が、下鴨神社、上賀茂神社それぞれで行われる。

　7月17日と7月24日は、祇園祭の前祭・後祭の山鉾巡行日。祇園祭は7月1日に始まって、ひと月間続く祭りである。

　そして10月22日が時代祭。なお、この同じ日の夜が鞍馬の火祭であることも覚えておこう。

44 解答

ア 5月15日

問45

6月30日に多くの神社で行われる大祓の行事の一つで、茅の輪をくぐり、水無月を食べる習慣があるものは何か。

ア 祇園放生会　　　イ 竹伐り会式
ウ 大幣神事　　　　エ 夏越祓

　1年の半分にあたる6月30日。半年間に心身についた穢れを祓い、新たな半年を息災に過ごせるように祈願する行事が、**夏越祓**である。多くの神社では、茅で作った大きな輪「茅の輪」が境内に据えられる。参拝者は作法に従って茅の輪をくぐり厄除けを行う。

　京都ではこの日、水無月を食べる習慣がある。水無月とは外郎などの上に小豆をあしらい三角形に切った菓子。昔、旧暦の6月1日に宮中にて行われていた「氷の節会」にちなんでいて、節会に諸臣へ施された氷室の氷を表した意匠であり、小豆は悪魔祓いの意味合いを持つ。

　他に6月の行事としては、第1日曜日に祇園新橋巽橋畔に鎮座する辰巳大明神で行われる「**祇園放生会**」、20日に鞍馬寺で開催される勇壮な「**竹伐り会式**」、宇治市民に「**大幣さん**」と親しまれている縣神社の「**大幣神事**」などがある。

45 解答

エ 夏越祓

5 祭りと行事に関する記述について、最も適当なものをア～エから選びなさい。

問 46

祇園祭の山鉾巡行では、前祭の最後を船鉾が巡行する。船鉾と同じく神功皇后を御神体とし、後祭の最後を巡行する山鉾はどれか。

ア 長刀鉾　　　　イ 函谷鉾

ウ 橋弁慶山　　　エ 大船鉾

20回3級

21回3級

21回2級

21回1級

　祇園祭の前祭（さきまつり）では、山鉾巡行の最後尾を行くのは船鉾（ふねほこ）である。この船鉾は、神功皇后（じんぐうこうごう）が船で出陣する説話を表している。このとき皇后は懐妊していたことから、御神体に巻かれた岩田帯（いわたおび）は巡行後、安産のお守りとして授与されて人気を呼ぶ。

　前祭が出陣船鉾なら後祭（あとまつり）は凱旋（がいせん）船鉾だとして、同じ説話で同じく船をかたどった鉾が**大船鉾（おおふねほこ）**である。前祭の最後を船鉾が進むのに対して、こちらは後祭の最後尾を進む。大船鉾は平成26年（2014）に念願の再建復興を遂げた。これで前祭・後祭とも巡行の最後を担うのは、神功皇后を祀る船形の鉾となった。

　長刀鉾（なぎなたほこ）は唯一、生稚児（いきちご）や禿（かむろ）が乗り込む鉾で、前祭巡行の先頭を行くのが決まりとなっている。

　函谷鉾（かんこほこ）も同じく前祭でくじ取らず。先頭の長刀鉾に次いで山一番から始まる3基の山が続き、5番目を行くのが習わしだ。

　橋弁慶山（はしべんけいやま）は、前祭の先頭を行く長刀鉾に対し、後祭巡行の先頭を行く。これもくじ取らずである。

46 解答

エ 大船鉾

問 47

下鴨神社境内の糺の森で、文庫や雑誌、学術書、美術書など数多くの古書が販売される夏の恒例行事は何か。

ア おもしろ市　　　イ 手づくり市

ウ 陶器まつり　　　エ 古本まつり

　下鴨神社境内の糺の森で開催される**古本まつり**＝写真＝は、京都の古書店が運営する京都古書研究会によって運営され、京都・大阪を中心に多数の古書店が出店する。

　京都市東山区の五条坂一帯では、毎年8月に五条坂**陶器まつり**が開催され、京焼・清水焼に携わる事業者が出店し、掘り出し物を求めて多くの人が訪れる。

　豊臣秀吉ゆかりの神社、豊国神社では毎月「豊国さんの**おもしろ市**」が開催される。8日は古布、骨董が中心。18日には手作り品、リサイクル品などが主に出品される。また28日は手作り品中心のフリーマーケットとなっている。

　京都で開催される**手づくり市**の中で、規模が大きく有名なものには、毎月15日に左京区の百萬遍知恩寺の境内で開催される「百万遍さんの手づくり市」や、毎月第1土曜日に下京区七条通大宮の梅小路公園で開催される「梅小路公園手づくり市」などがある。

47 解答

エ 古本まつり

問 48

1月に行われる十日ゑびす大祭（初ゑびす）と対をなし、旧暦の9月20日（現在の10月20日）に二十日ゑびす大祭（ゑびす講）が行われる神社はどこか。

ア 恵美須神社

イ 御金神社

ウ 繁昌神社

エ 伏見稲荷大社

「十日ゑびす大祭」（初ゑびす）と「二十日ゑびす大祭」（ゑびす講）が行われるのは、商売繁盛の神様として名高い東山区の**恵美須神社**＝写真＝。同社は、平安時代末期に宋からの帰路、暴風雨にあった栄西（ヨウサイとも）禅師が恵美須神に救われたという故事にちなんで建仁寺創建時に境内に祀ったのが始まりとされる。応仁・文明の乱で焼失したが同所に再建され、商売繁盛とともに交通（海路）安全の神様として信仰を集めている。1月10日の初ゑびすは、招福祭から撤福祭までの5日間、参拝者が絶えない。10月20日のゑびす講は、江戸をはじめ全国で商売をして帰京した商人が恵美須神に感謝を捧げたのが行事として定着したとされ、境内でゑびす囃子が奏でられる。

御金神社は金属と鉱物の神を祀り、お金にまつわるご利益があるとされる。**繁昌神社**は京の弁財天とも言われ商売繁盛、**伏見稲荷大社**は五穀豊穣、商売繁盛、家内安全にご利益がある神社として有名。

48 解答

ア 恵美須神社

5 祭りと行事に関する記述について、最も適当なものをア～エから選びなさい。

問
49

「平安奠都千百年紀念祭」をきっかけにして始まった、盛大な時代風俗行列が進む時代祭が行われる神社はどこか。

ア 石清水八幡宮 　　イ 護王神社

ウ 建勲神社 　　エ 平安神宮

　解答は**平安神宮**である。平安神宮は明治28年（1895）に平安遷都1100年を記念して創建された神社。社殿は平安京朝堂院を模しており、平安京を造った桓武天皇と、京の都の最後の天皇となった孝明天皇を祀る。

　そして、平安神宮創建の奉祝行事として行われたのが「平安遷都（奠都）千百年紀念祭」で、翌年からは時代祭として継承されている。現在の時代祭で見られる時代風俗行列は、「平安遷都千百年紀念祭」の余興として行われたもので、市民の企画による。現在も京都市内の旧学区を単位とする、講社と呼ばれる市民組織がその運営の中心となっている。

　八幡市にある**石清水八幡宮**は、平安時代に九州の宇佐神宮から八幡神を勧請し、朝廷に崇敬されてきた。京都御所の西にある**護王神社**は、和気清麻呂、和気広虫らを祀り、御所の守護神となっている。**建勲**（ケンクンとも）**神社**は、織田信長・信忠を祀る神社で、北区紫野の船岡山山上にある。

49 解答

エ 平安神宮

問
50

12月20日朝、西本願寺と東本願寺には各地から僧侶や門徒が集まり、年末恒例の行事を行う。それは何か。

ア 報恩講

イ 終い天神

ウ お煤払い

エ 終い弘法

お煤払いは、西本願寺と東本願寺で12月20日に行われる師走の恒例行事で、京都の師走の風物詩となっている。僧侶や奉仕の門徒が御影堂などに溜まった１年分の埃を、仏と宗祖に報恩と感謝を込めて払う。敷きつめられている畳の上を一列になって割り竹で一斉に叩き、舞い上がった埃を後ろから大うちわであおいで建物の外へ出すのが定番の光景。新型コロナウイルス感染拡大防止のために、掃き掃除と雑巾拭きに変更した年もある。煤払いの始まりは平安時代までさかのぼり、宮中で厄払いの意味も込めた儀式として行われた。それが室町時代に社寺にも広がり、新年を迎えるために本殿や本堂を清める行事になったと言われている。

報恩講は、浄土真宗の宗祖・親鸞の祥月命日までの七昼夜に営まれる法要。**終い天神**は北野天満宮で、**終い弘法**は東寺でそれぞれ行われるその年最後の縁日。多くの露店でにぎわう。

50 解答

ウ お煤払い

問
51

茶事における一汁三菜を基本とし、茶道とともに発達した料理は何か。

ア 大饗料理　　　イ 懐石料理

ウ 精進料理　　　エ 本膳料理

　京料理の歴史を体系的にとらえると、いくつかのジャンルに分類することができる。最も古い料理様式は平安時代の「大饗料理」で、貴族の儀式料理として始まった。生物や干物などを切って卓に盛った料理を各人が取って、小皿に入った塩や酢、醤（ひしお）などの調味料をつけて食した。銘々膳が定着したのは、武家の饗応料理である「本膳料理」からだとされる。本膳料理の歴史的な意義の一つは、禅宗の寺院ですでに調理されていた「精進料理」にみられた出汁（だし）を、昆布と鰹節の出汁に完成させたことであろう。

　大饗料理と本膳料理は儀式性を重んじる豪華な料理であったのに対して、一期一会のもてなしの心と美味しさを追求し、わび茶の精神を受けて登場したのが懐石料理＝イラストはイメージ＝である。一汁三菜（飯・汁・三品の菜）を基本とし、適量の料理をそれぞれ食べる直前に供する。食材だけでなく器にも季節感や取り合わせを大切にした。「懐石」という文字を使うようになったのは近世になってからで、それまでは一般的に「会席」と記された。

51 解答

イ 懐石料理

6 京料理、京菓子に関する記述について、最も適当なものを ア 〜 エ から選びなさい。

問 52

「骨正月」と呼ばれ、正月料理に用意した鰤や鮭のアラで、おだい(大根)を食べる日はいつか。

ア 1月4日　　イ 1月7日

ウ 1月15日　　エ 1月20日

　京都の正月料理といえば、丸い小餅を用いた白味噌仕立ての雑煮、ごまめや数の子、たたき牛蒡の「三種の祝い肴」をはじめとするお節料理が定番。

　4日の鏡開きで下げた鏡餅は、すまし仕立ての雑煮にし、水菜あるいは壬生菜を添える。

　7日は春の七草（セリ・ナズナ・ゴギョウ・コハベラ・ホトケノザ・スズナ・スズシロ）を刻みいれた七草粥をいただく。粥に餅を加えることもある。七草粥は無病息災の願いが込められているとも言われ、小正月の15日にいただく小豆粥にも邪気祓いの祈りがある。藪入りの16日にぜんざいや鶏のすき焼きを食べることを習慣にしている家もある。

　ひと昔前までは20日を「骨正月」と呼び習わしていた。正月料理に用いた鰤や鮭の骨などのアラを料理に使うのである。鰤の骨と大根を炊き合わせた鰤大根、塩鮭の頭を加えた粕汁などに調理されていた。

52 解答

エ 1月20日

6 京料理、京菓子に関する記述について、最も適当なものをア～エから
選びなさい。

問 53

夏になると川沿いの料理屋や旅館が床を渓流に
張り出し、豊かな自然の中で川のせせらぎを聞
きながら食事を楽しむことができる川床料理が
有名な地域はどこか。

ア 美山　　　　　イ 水尾

ウ 伊根　　　　　エ 貴船

　京都市左京区の**貴船**は、貴船山と鞍馬山の狭間を流れる貴
船川沿いの山里。「京都の奥座敷」と呼ばれて、川の右岸には
料理旅館や料理屋が連なる。

　市街の北方にあたる渓流の地であるだけに、夏場は市街よ
りも気温が低くて避暑地としても人気がある。中でも貴船の
夏の風物詩として有名なのが川床＝写真＝。貴船川の真上に、
水しぶきが届くほどの低い位置に板床を設けて、川魚料理を
はじめとする献立を味わう。瀬音と川風に涼しさはいや増す。
貴船の川床は、天保年間（1830～44）創業の料理旅館・貴船ふ
じやが大正時代に貴船川に床几を置いたのが始まりと言われ
る。

　貴船川下流の鴨川納涼床は、二条大橋から五条大橋の区間、
鴨川の西岸を流れるみそそぎ川の上に高床を張り出す。桃山
時代に河原に床几を並べた「河原の夕涼み」をルーツとしてい
る。貴船、鴨川の納涼床の営業期間は5月から9月。

53 解答

エ 貴船

問
54

京都の夏の食材で、落とし、きゅうりの和え物、
つけ焼き、鍋、揚げ物、寿司などで楽しめる、
祇園祭に欠かせない魚は何か。

ア 鯉（こい）　　　　　　イ 鱧（はも）
ウ 鯛（たい）　　　　　　エ 鱈（たら）

　現在のように流通が発達していなかった時代、海から遠く
離れた京都では鮮魚の入手が困難であった。しかし生命力の
強い鱧（はも）＝イラストはイメージ＝は瀬戸内あたりから、鮮度を
保ったまま京都まで運ぶことが可能だった。鱧はきわめて小
骨の多い魚で、京都以外では見向きもされない魚だったらし
い。そこで都の料理人が編み出したと言われるのが「骨切り」
という調理法である。骨切りとは、骨が口にあたらないほど
細かく骨を切り刻む技術で、3センチ強の幅の身に24切れほ
どの包丁を入れるという。

　骨切りによって身に襞（ひだ）ができた鱧は、湯引きすることで牡
丹の花のように開いて、見た目も涼しげな「鱧落し」となる。
梅雨の季節を経た鱧は旨味が増し、祇園祭には欠かせない食
材。椀物、焼き物、揚げ物、寿司などさまざまな鱧料理が膳
を彩り、祇園祭を「鱧祭」の異名で呼ぶほど。

　昔から京都で重宝がられた魚には、琵琶湖の淡水魚、若狭
の一汐物の鯖（さば）やぐじ、北海の乾物の鱈（たら）や鰊（にしん）などがある。

54 解答

イ 鱧

6 京料理、京菓子に関する記述について、最も適当なものを**ア**〜**エ**から選びなさい。

問55

7月25日に鹿ヶ谷かぼちゃ供養が行われ、かぼちゃが振る舞われる寺院はどこか。

ア 安楽寺 　　　イ 千本釈迦堂
ウ 矢田寺 　　　エ 了徳寺

　野菜を供物とする行事がある。**安楽寺**＝写真＝の「中風まじない鹿ヶ谷かぼちゃ供養」もその一つ。寛政年間の始め（1790年頃）、当時の住職・真空益随上人が本尊の阿弥陀如来から「夏の土用の頃に、当地の鹿ヶ谷カボチャをふるまえば中風（脳疾患）にならない」と霊告を授かったことに始まる。以来、毎年7月25日を供養日と定めて、檀信徒により大釜で調理された鹿ヶ谷カボチャの煮物が参拝者にふるまわれている。

　矢田寺の「かぼちゃ供養」は例年12月23日に行われる。冬至にカボチャを食べると中風除けになるという民間伝承による行事で、本堂の前に供えられた特大のカボチャを撫でて無病息災を祈願する。カボチャの煮物の接待がある。

　12月7日8日の両日、大報恩寺（**千本釈迦堂**）で行われる「大根焚き」は成道会にちなんだ行事。12月9日と10日には、**了徳寺**にて報恩講「大根焚」が行われる。どちらの行事もダイコンの煮物が参拝者にふるまわれ、健康で災いのない一年を祈願する。

55 解答

ア 安楽寺

京料理、京菓子に関する記述について、最も適当なものをア〜エから
選びなさい。

問
56

棒鱈（ぼうだら）と炊き合わせた料理が定番の、海老の姿に
似ている京野菜は何か。

ア 賀茂なす　　　イ 堀川ごぼう

ウ えびいも　　　エ 聖護院かぶ

20回3級

21回3級

21回2級

21回1級

　京野菜には「京の伝統野菜」という分類がある。昭和63年
（1988）に京都府によって定義された野菜で、「明治以前に導
入されたもの」などの基準がある。現在、京の伝統野菜に準
ずる野菜も含めて、40品目が指定されている。

　京の伝統野菜の一つである**えびいも**は、安永年間（1772〜
81）に長崎から持ち帰られた芋の種を栽培したところ、海老
のようにわん曲した芋ができた。この形状からえびいもと名
付けられたとされる。肉質は緻密でねっとりしていて、独特
の食感と豊かな旨味がある。水でもどした棒鱈とえびいもを
炊いた「いもぼう」などに調理される。

　賀茂なすの起源は明らかではないが、貞享元年（1684）の文
献に記載されている。形は球状で、肉質がよく締まっていて
田楽に最適。**堀川ごぼう**は、江戸時代初期から栽培されてい
た。中心部が空洞になっており「射込み」料理に向く。**聖護院
かぶ**の栽培が始まったのは、享保年間（1716〜36）。千枚漬け
の材料としても知られる。全て京の伝統野菜である。

56 解答

ウ えびいも

問
57

東大路通と北大路通が交わる高野の交差点から
北は「ラーメン街道」とも呼ばれ、そこを中心
とする一帯にはラーメン店の人気店が数多くあ
ることで知られている。叡山電鉄の駅が最寄り
で、曼殊院や詩仙堂があることでも知られる地
域はどこか。

ア 一乗寺   イ 伏見

ウ 東向日   エ 宇治

　叡山電車叡山本線の一乗寺駅界隈は、多くのラーメン店が
しのぎを削るエリア。中でも、線路より西側の南北に走る東
大路通は関西有数のラーメン店激戦区で「一乗寺ラーメン街
道」と呼ばれている。北大路通から東大路通を北へ1キロ余
りの道沿いには老舗あるいは名店の本店などがずらりと立ち
並ぶ。叡山電車で1日乗車券とラーメン券がセットになった
「京都一乗寺らーめん切符」が販売されるなど、観光客にも注
目されている。

　一乗寺エリアの東部は比叡山西南麓に展開する高台で、天
台宗門跡寺院の曼殊院、石川丈山の山荘であった詩仙堂、芭蕉・
蕪村ゆかりの金福寺、印刷のルーツとなる圓光寺、交通安全
のご利益あらたかな狸谷山不動院、宮本武蔵と吉岡又七郎決
闘の地との伝説がある（諸説あり）一乗寺下り松の碑などが点
在する。

57 解答

ア 一乗寺

6 京料理、京菓子に関する記述について、最も適当なものをア〜エから
選びなさい。

問
58

祇園祭の役行者山にゆかりがあり、無病息災を
願い7月16日にのみ販売される菓子は何か。

ア かしわ餅　　　　**イ** 行者餅

ウ さくら餅　　　　**エ** ちご餅

　柏屋光貞によって、祇園祭の宵山の日（7月16日）にのみ販
売されている**行者餅**（ぎょうじゃもち）。文化3年（1806）に柏屋の四代目・利兵
衛が考案した歴史のあるお菓子である。利兵衛が山伏として
大峰山で修行していた折、夢の中で役行者のお告げを授かっ
た。時に都では疫病が流行しており、帰山後、利兵衛が霊夢
どおりのお菓子を調製し、祇園祭の山鉾・役行者山に供えて、
知人縁者に配ったところ、その者たちは疫病から免れたとい
う。行者餅は、2枚の白い餅と山椒を利かせた味噌餡を、クレー
プ状の焼き皮で折りたたみ、山伏の着る鈴懸（えんのぎょうじゃ）という麻衣に似
せて製菓される。

　稚児餅は、7月13日に行われる祇園祭の長刀鉾稚児社参（なぎなたほこ）・
久世駒形（くぜこまがた）稚児社参の際に、八坂神社の門前の中村楼により調
製されて神社に奉納。社参を終えた稚児にふるまわれる。13
日以降の祭の期間中には、一般にも提供される。稚児餅は串
刺しの餅に味噌を塗って炙ったもの。また稚児餅をヒントに
した「祇園ちご餅」という三條若狭屋製の菓子もある。

58 解答

イ 行者餅

065

6 京料理、京菓子に関する記述について、最も適当なものを**ア**〜**エ**から選びなさい。

問 59

豊臣秀吉に大茶湯（おおちゃのゆ）で賞賛された逸話が残る、薄い餅皮に餡を包んだ長五郎餅は、どの神社の門前名物か。

ア 今宮神社

イ 下鴨神社

ウ 上御霊神社

エ 北野天満宮

　長五郎餅は長五郎餅本舗が製菓する**北野天満宮**の門前菓子。その歴史は天正年間（1573〜92）にまでさかのぼる。北野天満宮の縁日に現れては、餅皮で包んだ餡餅を売る老人がいた。名を河内屋長五郎といった。天正15年（1587）10月1日、豊臣秀吉は北野天満宮の松原で大茶会「北野大茶湯（おおちゃの ゆ）」を催すこととし、身分に関係なく市中の人々に参加を呼びかけ、松原は多くの茶屋でひしめき合った。長五郎も茶店を設け、秀吉に餅を献上。秀吉は大層気に入り「長五郎餅」と名付けたと伝える。長五郎餅は、やわらかくて薄い羽二重餅で、こし餡玉をくるんだ上品な味わい。

　門前菓子とは社寺の門前に栄えた名物菓子のこと。**今宮神社**門前の一和とかざりやの「あぶり餅」、**下鴨神社**の亀屋粟義（あわよし）・加茂みたらし茶屋製「加茂みたらし団子」、**上御霊神社**（かみごりょう）の水田玉雲堂製「唐板」が有名。それぞれに長い歴史と伝統、健康への願いが込められている。

59 解答

エ 北野天満宮

6 京料理、京菓子に関する記述について、最も適当なものをア〜エから
選びなさい。

問
60

どらの上で秘伝の皮を焼いたことから名付けら
れ、東寺の「弘法さん」の日を含む毎月20日〜
22日の3日間しか販売されない京菓子は何か。

ア はなびら餅
イ 法螺貝餅
ウ 亥の子餅
エ どら焼

「どら焼」は笹屋伊織の代表銘菓である。笹屋伊織の創業は
享保元年(1716)。五代目当主・笹屋伊兵衛が東寺の僧侶から「副
食となる菓子を作ってほしい」との依頼を受けて考案した。
精進をかんがみて卵などの動物性食材は使用せず、秘伝のレ
シピで薄皮を焼き、この皮で円柱状に調えたこし餡をまるで
年輪を作るようにクルクルと巻き上げて調製する。鉄板の代
わりに、寺の銅鑼の上で焼かれたことから「どら焼」と名付け
られた。抗菌効果のある竹の皮で包まれたどら焼の姿には、
寺院ゆかりのお菓子としての趣がある。もともと一般には販
売されていなかったお菓子であるが、現在は弘法大師の命日
である「弘法さん」をはさむ、毎月20日、21日、22日に売り出
されている。

「はなびら餅」は初釜をはじめとする正月のお菓子、「法螺貝
餅」は節分に柏屋光貞で販売される厄除けのお菓子、「亥の子
餅」は旧暦10月にあたる亥の月、亥の日に食べるお菓子である。

60 解答

エ どら焼

7 ならわし、ことばと伝説、地名に関する記述について、最も適当なものを ア～エ から選びなさい。

南天は「難転」に通じることから、家の鬼門に植えるならわしがある。それは何のためか。

ア 厄除け・魔除け　　イ 五穀豊穣

ウ 合格祈願　　エ 安産

家の鬼門に、赤い実のなる南天を植える。これは、植物の南天が「難転」に通じるところから、**厄除け・魔除け**を願う風習とされてきたもの。同じく鬼門に植える植物では、ヒイラギがある。ヒイラギの葉の鋭いトゲが邪気を祓うとされている。節分にはヒイラギに鰯の頭を挿して門口に立て、鬼を退散させようとする風習が伝わっている。

京都の習わしとして家に植える植物では、他に万年青がある。引っ越しの際は、京都ではまず万年青を植えてから、新居に入居する習わしがあるほどで、これは家運隆盛を願ってのこと。青々とした葉に朱玉の実をつけ、いつまでも変わることのない万年青が、家内安全・家運隆盛のシンボルとされるのである。

安産を祈る風習としては岩田帯がある。これは科学的にも意味のある腹帯で、お産の軽い犬にあやかって妊娠5カ月目の戌の日にこの帯を巻く習わしがある。

61 解答

ア 厄除け・魔除け

問
62

お迎えした神様をほうきで掃き出すことになる
ので、正月にはある事をしないという風習があ
る。それは何か。

ア 掃除　　　　　イ 炊事

ウ 買い物　　　　エ 洗濯

20
回
3
級

21
回
3
級

21
回
2
級

21
回
1
級

　正月三が日は年神様を家にお迎えする神聖な日だから、神
様をほうきで掃き出すかのような**掃除**はしない。それだけで
なく、元旦早々からあたふたと**炊事**や**洗濯**をするものではな
い、というのが習わしだ。考えてみれば、これはせめて三が
日くらいは日常の家事から解放されたいと願う生活の知恵
だったのかもしれない。そのために年末に大掃除をし、**買い
物**をすませ、おせち料理を作り置きして、新年を厳かな気持
ちで、特別なハレの日として迎えることができたのだ。

62 解答

ア 掃除

問 63

京ことばで、作ってから数日経過した食べ物の
ことを何というか。

ア モッサイ イ アカンタレ

ウ ヒマセ エ ボロクソ

作ってから日数の経過した食べ物のことは、京ことばで「**ヒ
マセ**」という。「そのお菓子、ヒマセやし、ええことないわ」、「こ
のおかずヒマセやし、火をよう通してな」などと使われる。
語源は「日増し」なので分かりやすい。

「**モッサイ**」は野暮ったい。「この服、モッサイわあ」などと、
年齢を問わず、普段から頻繁に使われている。今に生きてい
る京ことばの一つと言えそうだ。

「**アカンタレ**」は、弱虫、意気地なし、ダメなやつ、といっ
た意味。京ことばというより、大阪も含めての上方ことばと
言えるだろう。

「**ボロクソ**」はひどく悪いさまを言う。「あんなにボロクソ言
われるやなんて、信じられへんわ」といった調子で、これも
上方ことばだろう。同じような意味で「ボロカス」ともいう。

63 解答

ウ ヒマセ

7 ならわし、ことばと伝説、地名に関する記述について、最も適当なものを
ア〜エから選びなさい。

問 64 京ことばで、いいかげんな、どっちつかずのとらえどころのない人の例に用いられる京の伝統野菜は何か。

ア くわい　　　　**イ** みょうが

ウ ねぎ　　　　　**エ** じゅんさい

「あの人は**じゅんさい**なお人やなあ」と言われないよう気をつけたい。「じゅんさいな」は京ことばで、いいかげんな、どっちつかずの、つかみどころのない、といった意味だから。このように京の野菜、それも伝統野菜を人に例える京ことばとする例は他に見当たらない。標準語から探せば「大根役者」が近いだろうか。

ジュンサイは、かつては京都の深泥池（ミドロガイケとも）の名物で、確かにぬるぬるとして箸でつまみにくい。しかし、北大路魯山人は「日本最高の美食に属するもの」と表現した。京都人には馴染みの食材だったゆえに、こういう表現につながったのか。

ジュンサイと同様に、京都府が定めた「京の伝統野菜」には、**くわい**、**みょうが**では京みょうが、**ねぎ**では九条ねぎが指定されている。

64 解答

エ じゅんさい

問65 三方を山で囲まれた盆地性気候のため、冬の寒さが厳しいことを何というか。

ア 東男に京女 　　イ 京の底冷え

ウ 鰻の寝床 　　エ 白川夜船

　選択肢には京都のことわざ、慣用句が並んでいる。気候に関する慣用表現で、なかでも冬の寒さが厳しいこと、といえば「**京の底冷え**」であることは分かるはず。

　とはいえ近年は、地球温暖化の影響だろうか、ひと昔前と比べると、洛北大原あたりでは冬の積雪・降雪がずいぶん減ったとも聞く。暖房器具の発達と相まって、「京の底冷え」の度合いも変わりつつあるようだ。

　「**東男に京女**」は、男性は気前の良い江戸の男がよく、女性は美人で優しく、しとやかな京女がよい、ということわざ。

　「**鰻の寝床**」は、京の町家のことをこう呼ぶ。間口は狭いが奥行きが深いのが特徴だ。

　「**白川夜船**（シラカワヨブネとも）」は、知ったかぶりをするたとえ。また、ぐっすり眠ることもこう言う。京へ行ったことのない人が、船など通れない京の白川を、船で通ったがぐっすり寝ていて分からなかったと答えたことによるとか。

65 解答

イ 京の底冷え

7 ならわし、ことばと伝説、地名に関する記述について、最も適当なものを
ア〜エから選びなさい。

問
66

了徳寺には、教えを説いた親鸞聖人に村人たち
が大根を炊いてもてなし、聖人はお礼として、
すすきの穂を筆として念仏を書き上げて去った
という伝説が残る。その寺にある塚は何か。

ア おかめ塚　　　　イ 人形塚

ウ 久志塚　　　　　エ すすき塚

　右京区鳴滝にある了徳寺には、親鸞聖人の遺徳をしのぶ**す
すき塚**がある。この塚の故事にちなんで毎年12月9日と10日
に「鳴滝の大根焚」が行われ、冬の風物詩となっている。門前
には「大根焚寺」と記された石碑が立つ。

　上京区の千本釈迦堂にある**おかめ塚**は、本堂を造った棟梁
の妻・おかめさんの内助の功と悲話を伝える。2月の節分には、
「おかめ福節分会」が行われる。

　上京区の宝鏡寺は歴代皇女が住職を務めた尼門跡寺院で、
皇室ゆかりの人形が多数伝わる。**人形塚**では、納められた人
形を供養する「人形供養祭」が行われている。

　東山区の安井金比羅宮では毎年9月第4月曜日に櫛祭が行
われ、境内の**久志塚**に使い古した櫛を納めて供養する。この
日は時代風俗行列が行われ、古代から現代の舞妓まで、地毛
で結った髪型と時代装束の女人行列が、華やかに祇園の街を
練り歩く。

66 解答

エ すすき塚

7 ならわし、ことばと伝説、地名に関する記述について、最も適当なものを
ア～エから選びなさい。

平忠盛が白河法皇の恐れた怪しげな物の正体を
見極め、出世の端緒となった「忠盛燈籠」があ
る祇園の神社はどこか。

ア 厳島神社　　　　　イ 八坂神社

ウ 若一神社　　　　　エ 新熊野神社

　八坂神社の御本殿東側にある**忠盛燈籠**は、平忠盛の武勇と
思慮の深さを伝える。白河法皇は、恩賞として忠盛に身籠っ
た寵姫・祇園女御を与えた。『平家物語』巻六の「祇園女御」
には、「清盛は忠盛が子にはあらず、まことには白河院の皇子
なり」とある。

　京都御苑内にある**厳島神社**は、平清盛が母・祇園女御と厳
島神社の神を祀ったのが始まり。社前の石鳥居は、京都三珍
鳥居の一つ。**若一神社**は、平清盛が建てた別邸「西八条殿」の
鎮守社である。熊野詣をした清盛は神託を受け、邸内の土中
から御神体を見つけ鎮守社とした。社に開運出世を祈ったと
ころ、翌年に太政大臣に任ぜられたことから開運出世の神と
して崇敬されている。永暦元年（1160）、後白河上皇が紀州熊
野の神を院御所・法住寺内に勧請し創建したのが、**新熊野神
社**である。上皇の命を受けた平清盛は、熊野の土砂や材木を
用いて社域や社殿を築き、那智の浜の青白の小石を敷いて霊
地熊野を再現したと伝わる。

67 解答

イ 八坂神社

7 ならわし、ことばと伝説、地名に関する記述について、最も適当なものを
ア～エから選びなさい。

問
68

東山三十六峰のうち、一般に比叡山から数えて
最後の36番目に当たるとされている山はどこ
か。

ア 稲荷山 　　　　　イ 北白川山

ウ 吉田山 　　　　　エ 南禅寺山

「ふとん着て寝たる姿や東山」と詠んだのは、江戸時代の俳
人、服部嵐雪。京都の景観のシンボルといえる東山の峰々を「東
山三十六峰」と呼び習わすことは、よく知られている。しかし、
その言葉はそれほど古いものではなく、江戸時代後期くらい
から登場したようだ。誰の言葉だとか、誰が使い始めたとか、
明確なものはない。どの峰を三十六峰と数えるかの確定もな
い。ただ一般には、比叡山から数え始めて南に進み、最後の
三十六峰目を伏見の**稲荷山**とする数え方は定着している。

北白川山は、一般的に呼ばれている東山三十六峰では9番
目に当たる。北から茶山、瓜生山、北白川山と続く。

大文字山のある如意ヶ岳は11番目に当たり、京都大学の東
にある**吉田山**が12番目、次に金戒光明寺がある紫雲山と続く。

南禅寺山は17番目。若王子山、南禅寺山、大日山と続き、
21番目以降に華頂山、円山、長楽寺山と続く。

68 解答

ア 稲荷山

問
69

街道に対して川が斜めに交差したため、橋も街道に対して斜めに架けられたことで名付けられた橋が伏見街道にある。その橋は何か。

ア 一文橋 　　イ 一条戻橋

ウ 流れ橋 　　エ 直違橋

　京都の難読地名として紹介されるのが**直違橋**（すじかいばし）。直違は、斜めに交差することをいう。ここでは伏見街道に対して、七瀬川が東北から西南方向へ流れて交差しているため、橋が斜めに架けられている。そこでこの名が生まれたのだろう。ちなみに大阪にも、かつて同じ読みの橋があったが、こちらは筋違橋と書いた。

　一文橋（いちもんばし）は西国街道（さいごく）に架かる橋で、こちらは京都の伝説としてよく取り上げられる。室町時代頃に日本最初の有料橋として、1回1文の通行料を取ったが、払わない人はその場で斬り捨てられた。そこで夜な夜な人魂（ひとだま）が飛んだという怖い伝説がある。

　一条戻橋（いちじょうもどりばし）は、平安時代の故事を伝える洛中の橋。婚礼の時にはこの橋を渡らないとか、出兵の時にはここから出発したとか、さまざまな思いが込められている。

　流れ橋は通称で、正式名は上津屋橋（こうづやばし）。木津川（きづがわ）に架かり、川が増水すると橋板が流れるよう設計されている。

69 解答

エ 直違橋

7 ならわし、ことばと伝説、地名に関する記述について、最も適当なものを
ア～エから選びなさい。

問 70

秦氏が朝廷に献上する絹を「うずたかく」積み
上げたことから名付けられたという説もある難
読地名で、時代劇の殺陣ショーや忍者体験など
を楽しめる映画村があることでも知られるとこ
ろはどこか。

ア 御陵

イ 太秦

ウ 化野

エ 神足

秦氏は**太秦**を本拠地とした。「うずまさ」の読みについて諸
説あるが、『日本書紀』雄略15年「秦酒公（はたのさけのきみ）が秦の民を賜ったので、
お礼に絹織物を奉献し朝庭（ちょうてい）に充分に積みあげたところ、禹豆（うず）
麻佐（まさ）の姓を賜った」という起源説がある＝写真は東映太秦映
画村＝。

御陵（みささぎ）は天智天皇山科陵にちなんだ地名。この陵は、文武天
皇３年（699）の完成とされる上円下方墳である。参道入り口
にある石造の日時計は、天智天皇が日本で初めて時計を作っ
たという故事にちなんで作られた。奥嵯峨の**化野（あだしの）**は古くから
の葬送地で、「あだし」とは「はかない」「無常」という意味が
ある。化野念仏寺は、弘法大師空海が無縁仏を弔った寺を前
身とし、無数の石塔・石仏にろうそくを灯す千灯供養で知ら
れる。**神足（こうたり）**は長岡京市の地名である。桓武天皇が「田村の池に
神が降り立ち、宮中を襲う悪霊を防がれた」夢を見たことから、
田村にこの神を祀る神足神社を建立
し、地名にもなった。

提供：東映太秦映画村

70 解答

イ 太秦

問
71

琵琶湖疏水事業は明治初期の京都の復興策として、第三代京都府知事に就任した( )によって実施された。

ア 長谷信篤　　イ 北垣国道

ウ 千田貞暁　　エ 中井弘

第三代京都府知事は北垣国道（きたがきくにみち）(1836〜1916)。明治2年(1869)の事実上の東京遷都により、京都の街は著しく衰え、人口も急減した。衰勢挽回へ打ち出された殖産興業と開化政策の一つが琵琶湖疏水だった。北垣は明治14年、知事に就任すると非常な熱意で計画を推進。工事の主任技師に工部大学校を卒業したばかりの田邉朔郎（たなべさくろう）を抜擢した。第一疏水は外国人の手を借りず、日本人だけで明治18年に着工、5年後に完成した。疏水を水力発電に応用して製造業を飛躍的に発展させ、京都再生の源とした功績は大きい。北垣は兵庫県の郷士出身で、攘夷派志士として長州藩に身を寄せ奇兵隊と行動を共にした。維新後は高知県令などを歴任。京都府知事から北海道庁長官に転じ、道内の鉄道網整備などに尽力した。

長谷信篤（ながたにのぶあつ）(1818〜1902)は公卿出身の初代京都府知事。千田貞暁（せんだ さだあき）(1836〜1908)は薩摩藩士出身の第四代京都府知事。中井弘（なか い ひろし）(1839〜94)は第五代京都府知事の任期中に病没した。滋賀県令に在任中、北垣の疏水計画に全面協力した。

疏水竣工130年を迎えた令和2年（2020）、琵琶湖疏水沿線地域が日本遺産に認定された。

71 解答

イ 北垣国道

8【公開テーマ問題】「琵琶湖疏水」について、(   )に入れる最も適当なものを ⑦〜⑤から選びなさい。

問 **72**

物資を載せた疏水船ごと車台に載せ、高低差の解消に利用された傾斜鉄道は(   )と呼ばれ、今は木造船と台車が復元展示され、お花見散策の名所として知られている。

⑦ 舎密局
⑥ 勧業場
⑨ ねじりまんぽ
⑤ インクライン

　傾斜鉄道は**インクライン**と呼ばれる。疏水の舟運機能を果たすため蹴上船溜から南禅寺船溜まで、落差約36メートルの間に長さ約582メートルの斜面を造成してレールを敷設。台車に疏水船を載せて昇降した。動力源は蹴上発電所の完成に伴い、当初から電力を利用。明治24年（1891）から昭和23年（1948）まで運用された。今は形態保存のため元の設備が復元されている。平成8年（1996）、国の史跡に指定された12の疏水関連施設の一つ。

　ねじりまんぽは、インクラインの下を潜って三条通から南禅寺方向へ抜けるトンネル。強度を上げるためにレンガを斜めに積んだとされ、うずを巻いているように見える。**舎密局**は、第二代京都府知事、槇村正直（まきむらまさなお）が勧業殖産政策の一環として明治3年に開設した。「舎密（せいみ）」は化学（きょく）のこと。理化学、工業技術の研究・教育機関となった。同じく翌年に**勧業場**が旧長州藩屋敷跡に建てられ、直営工場の開設や創業資金の貸与、技術伝習などを担当した。

72 解答

⑤ インクライン

問 73

京都市内に水を引く際に3本のトンネルが掘られたが、それぞれの出入口6ヶ所には扁額が掲げられている。この中で三條實美は、美しい景観を謳った(　　　)と揮毫した。

ア 吾唯足知

イ 山紫水明

ウ 楽百年之夢

エ 美哉山河

琵琶湖疏水には、各トンネル洞門の出入り口に、伊藤博文ら明治の元勲や皇族たちが揮毫した扁額（石額）が掲げられている。三条実美の扁額は、第一疏水第3トンネル西口にあり、刻字は「**美哉山河**」＝写真＝。「史記」にある「美哉山河之固…」が出典とされる。尊攘派公家として討幕運動の中心を担った実美は維新後、太政大臣や内大臣を務め、一時総理大臣も兼任した。

「**楽百年之夢**」は、第三代京都府知事・北垣国道が百年後の疏水に思いをはせ落款に使った文言。扁額は南禅寺船溜に注ぐ扇ダム放水路出口にあり、二十三代目京都市長、今川正彦の揮毫。「**吾唯足知**」は龍安寺の蹲踞にある4文字として知られる。「**山紫水明**」は、江戸時代後期の儒者・詩人の頼山陽が好んで用いた風光礼賛の表現。自ら営んだ東三本木（上京区）の書斎を「山紫水明處」（国指定史跡）と名付けた。

提供：京都市上下水道局

73 解答

エ 美哉山河

8【公開テーマ問題】「琵琶湖疏水」について、(　　　)に入れる最も適当なものを
ア～エ から選びなさい。

問
74

琵琶湖疏水は(　　　)境内にある水路閣を通っ
てその分線が哲学の道と並流し、聖護院や北白
川などを潤し、高低差に逆らって北流している。

ア 銀閣寺　　　　イ 法然院

ウ 南禅寺　　　　エ 永観堂

　琵琶湖疏水は、蹴上船溜付近にあり南禅寺船溜や蹴上発電
所へ落ちる本線と、北へ向かう疏水分線に分かれる。分線は
山麓に沿って流れ、やがて南禅寺境内の水路閣に達する。周
辺は歴史の古い社寺が数多く、水路閣は景観に配慮して、煉
瓦造りの半円アーチ式・古代ローマ風のデザインを採用（設
計は田邉朔郎）した。当時、「異質すぎる」と批判も出たが、
現在では周囲の歴史的景観によく溶け込み、平成8年（1996）
には国の史跡に指定された。

　分線の完成は明治23年（1890）。当初は本線として計画され
た。その水は今も沿川の**南禅寺**、**永観堂**などの社寺、東山に
散在する邸宅の庭園用水としても分配されている。冷泉通の
若王子橋付近で暗渠を抜け「哲学の道」に沿って北へ進み、**法
然院**の脇を経て**銀閣寺**の西側に出る。完成当初の分線は全長
が8.4キロメートルあり、白川通を渡ると下鴨から堀川へ通
じる地点まで達した。

74 解答

ウ 南禅寺

問
75

人気の観光船「びわこ疏水船」の乗下船場近く
にある「九条山浄水場ポンプ室」は「御所水道
ポンプ室」とも呼ばれ、防火水を(　　　)へ送
るための施設だった。

ア 京都御所　　　　イ 知恩院

ウ 西本願寺　　　　エ 東福寺

　御所水道ポンプ室＝写真＝は、琵琶湖疏水の水を**京都御所**
へ送るため明治45年（1912）、疏水第3トンネル西口下流の左
岸に宮内省が建設した。ネオ・ルネサンス様式の瀟洒な外観
を誇り、平屋建て地下2階。御所までは専用の水道管が敷設
された。計画は明治32年に田邉朔郎が立案。宮内省内匠寮内
匠頭として東宮御所（現在の迎賓館赤坂離宮）などを手がけた
片山東熊と、内匠寮技師の山本直三郎が設計に当たった。

　主目的は防火用水の供給で、緊急時にはポンプ室そばの大
日山貯水池から高圧送水する仕組みだった。戦後、大日山貯
水池が九条山浄水場に転用され、御所水道とポンプ室は京都
市に譲渡された。昭和29年（1954）、花火大会の火で御所内の
小御所を全焼した火事では、ポンプ室の御所防火用水のバル
ブが開かれ送水を行っている。平成4年（1992）に役目を終え
たが、建物は現存して令和2年（2020）、国の有形文化財に登
録された。

提供：京都市上下水道局

75 解答

ア 京都御所

⑧【公開テーマ問題】「琵琶湖疏水」について、(　　)に入れる最も適当なものを ア〜エ から選びなさい。

問76 日本で初めての水力発電所が琵琶湖疏水の付帯工事として(　　)に造られた。

ア 夷川

イ 墨染

ウ 蹴上

エ 清滝

　第1疏水が完成した翌年の明治24年（1891）、蹴上（けあげ）に造られた疏水との落差約36メートルを利用した水力発電所が送電を開始した。蹴上発電所（第1期）＝写真＝と呼ばれ、日本初の事業用水力発電所とされる。第1疏水利用の動力源には当初、水車を想定していた。工事主任技師の田邉朔郎（たなべさくろう）と、疏水水力調査委員の高木文平（たかぎぶんぺい）は明治21年（1888）、水力応用調査のため渡米。コロラド州アスペンの銀鉱山で水力発電の現場を見聞して、その将来性を確信した。帰国後に北垣国道（きたがきくにみち）知事らを説得して実現したのが蹴上発電所だった。最初の電力供給先は蹴上インクラインなど2カ所だけだったが、明治28年に送電を受けた市街電車が市内を走り始めると、電灯の普及も手伝って電力需要は急増。明治30年代からは疏水収入のおよそ8割を電力が占めるようになった。

　明治末年に第2疏水が完成すると、大正3年（1914）には、疏水の鴨川運河・**夷川**船溜に夷川発電所が、鴨川運河下流の伏見に**墨染**（すみぞめ）発電所（旧伏見発電所）が開設され送電を始めた。**清滝**には疏水系とは別の民営水力発電所が明治42年に開設された。

提供：京都市上下水道局・田邉家資料

76 解答

ウ 蹴上

8 【公開テーマ問題】「琵琶湖疏水」について、(　　　)に入れる最も適当なものを ア〜エ から選びなさい。

問 **77**

(　　　)は琵琶湖疏水第一疏水竣工100年を記念して建てられ、疏水建設に用いた図面や工事に使用された道具、岡崎地域のジオラマなどを展示している。

ア 琵琶湖疏水記念館　　イ 京都市京セラ美術館

ウ 京都市考古資料館　　エ 京都市歴史資料館

　琵琶湖疏水の南禅寺船溜に面した東側の一角に、平成元年（1989）、疏水竣工100年を記念して**琵琶湖疏水記念館**＝写真＝が開設された。「疏水の意義を広く伝え、先人の遺業を顕彰するとともに、発展する京都の活力の源となるのを願って」という趣旨で、京都市上下水道局が建設。2階建てのうち、1階と地下1階に展示室、2階にオーディオ・ビジュアルホールなどを備える。

　展示室ではジオラマやアーカイブ映像で疏水計画の歩みをたどり、工事主任技師の田邉朔郎をはじめ工事に携わった人々を紹介。使用された道具の鋤やカンテラ、犬釘など展示品は多岐に及ぶ。インクラインの50分の1模型もあり、台車に載った三十石船が坂を動く様子が再現されている。屋外展示として、蹴上発電所（第1期）で稼働していたペルトン式水車、スタンレー式発電機も見ることができる。入場は無料。

提供：京都市上下水道局

77 解答

ア 琵琶湖疏水記念館

8 【公開テーマ問題】「琵琶湖疏水」について、(　　　)に入れる最も適当なものを
ア～エから選びなさい。

問 **78**

琵琶湖疏水は庭園の水としても有効利用が図られた。特に山県有朋の別邸・無鄰菴の庭園造営をした(　　　)は、疏水の水を利用した多くの別荘庭園を手掛けた。

ア 中根金作　　　　　イ 加藤熊吉

ウ 小川治兵衞　　　　エ 佐野藤右衛門

　南禅寺界隈には第1疏水の完成後から、静穏な環境を好んで富豪の別邸が競うように建てられた。元勲・山県有朋（やまがたありとも）は明治27年（1894）、疏水のインクラインに近い場所に、別荘「無鄰菴（りんあん）」を建て、作庭を造園家の七代目**小川治兵衞**（1860～1933）に託した。治兵衞は京都の造園業「造園植治」（通称・植治）当主で、近代的日本庭園を得意とした。東山を借景にした無鄰菴の庭園＝写真＝には疏水からの水が導かれ、石組を設け水を三段の滝にして落とす工夫などが施されている。治兵衞は無鄰菴の仕事を評価され、平安神宮神苑、何有荘、對龍山荘（たいりゅう）、碧雲荘（へきうんそう）など疏水の水を利用した作庭で名声を高めていった。

　中根金作（なかねきんさく）（1917～1995）は足立美術館庭園や妙心寺塔頭の退蔵院の余香苑などを手がけた静岡出身の造園家。**加藤熊吉**（かとうくまきち）は昭和初期の京都の造園家で、建仁寺大雄苑などを残した。**佐野藤右衛門**（のとうえもん）は京都の植木職「植藤造園」の当主名。当16代（1928～）は桜守としても知られる。

©植彌加藤造園

78 解答

ウ 小川治兵衞

8 【公開テーマ問題】「琵琶湖疏水」について、(　　　)に入れる最も適当なものを
ア～エから選びなさい。

問 79

琵琶湖疏水工事の責任者である田邉朔郎と妻・
静子の眠る市営墓地は、疏水を見守るかのよう
に、東山三十六峰の(　　　)にある。

ア 若王子山　　　イ 大日山

ウ 清水山　　　　エ 地蔵山

田邉朔郎（1861～1944）が静子夫人と墓石を並べて眠る京都
市営墓地は、**大日山**（標高約326メートル）の麓にある。戒名
の「水力院釈了以居士」は、水利工事の先覚者、角倉了以にち
なんで朔郎が生前に望んで付けたと言われる。

　幕臣の子として江戸で生まれた朔郎は、15歳で工部大学校
（後の東京大学工学部）に入学した。卒業前の明治15年（1882）、
疏水計画の陳情に上京した京都府知事、北垣国道と出会う。
卒業論文「琵琶湖疏水工事計画」を仕上げたばかりだった。北
垣の招きで京都府に出仕。明治18年から始まった疏水工事で
は主任技師に抜擢され工事の総指揮を執った。竣工直後の明
治23年11月、北垣の長女静子と結婚している。疏水成功で名
声を得た後は、北垣と共に北海道の鉄道網敷設などに当たっ
た。京都帝国大学工科大学学長に就き、退官後も関門トンネ
ル計画などに参画した。墓地に向かう道の途中、蹴上インク
ライン広場には、図面を手にした若き朔郎の銅像が立つ。

79 解答

イ 大日山

8 【公開テーマ問題】「琵琶湖疏水」について、(　　　)に入れる最も適当なものを ア〜エ から選びなさい。

問
80

琵琶湖疏水によって生まれた電力を利用し、日本最初の市街電車の敷設を発案した(　　　)は、京都電気鉄道会社の初代社長で、京都商工会議所初代会長でも知られる。

ア 高木文平　　　　イ 山本覚馬

ウ 浜岡光哲　　　　エ 西村治兵衛

　第1疏水が完成して蹴上発電所が送電を始めて間もない明治27年（1894）、**高木文平**（たかぎぶんぺい）（1843〜1910）＝写真＝は京都電気鉄道会社の社長に就任。2年後の2月、塩小路通高倉—伏見下油掛町間に、疏水の電力を利用して日本初の市街（路面）電車を走らせた。疏水工事中の明治21年、高木は工事主任技師の田邉朔郎（たなべさくろう）と渡米。水力発電や路面電車を見聞して帰ると水力発電の重要性を各方面に進言した。出身は北桑田郡の代官で、実業界に転じて活躍し、初代の京都商工会議所会長を務めた。明治39年には宇治川電気会社の設立に参画して、「電気王」とも呼ばれた。京都府顧問として明治時代初期の殖産開化政策や同志社英学校創設に尽力した**山本覚馬**（やまもとかくま）（1828〜92）と、新聞や繊維事業などで成功した**濱岡光哲**（はまおかこうてつ）（ミツアキとも）（1853〜1936）は、共に京都商工会議所会長を務めた。**西村治兵衛**（にしむらじへえ）（1861〜1910）は老舗の呉服商当主で、京都商業会議所の二代目会頭。

80 解答

ア 高木文平

　　近年、参拝の記念として御朱印を集める姿を目にするように
なってきたが、もともとは参拝者が写経した証として授与され
るものであった。西国(　81　)所は観世音菩薩を巡礼する霊
場で、京都府には番外を含めて12ヶ所の札所寺院がある。そ
のうち、弁財天を祀る六波羅蜜寺と、寿老神を祀る行願寺、通
称(　82　)は都七福神の札所でも知られる。都七福神めぐり
は通年行われているが、宝船の描かれた色紙に7社寺の御朱印
をいただいていく姿は京都の新春の風景でもある。

　　新春といえば、京都十六社朱印めぐりも京都の人には親しま
れている。専用の台紙に御朱印をいただいて、全ての神社を巡
ると干支の置物が授与されるので、毎年巡る人も多い。十六社
のうち、菅原道真を祀る天満宮が2社含まれているが、キリシ
マツツジで知られる(　83　)のみ長岡京市にあり、残りの15
社は京都市域にある。

　　近年の御朱印ブームでは、紺紙に金色の字を記したものや、
イラストが添えられた華やかな御朱印を授与する寺院も増えて
きた。紺紙に金字のイメージは紺紙金字一切経などのように平
安時代以来のものであるが、六道珍皇寺では8月7日から10
日に行われる(　84　)で紺紙金字の御朱印が期間限定で授与
されている。

　　イラストを肉筆で書き添えた特別な御朱印を授与している寺
院に、本門法華宗大本山(　85　)の塔頭である圓常院や、臨
済宗妙心寺派の大本山妙心寺の塔頭で織田信長に仕えた滝川一
益や津田秀政にゆかりの寺院(　86　)などがある。いずれも
住職の個性の現れたものである。臨済宗の大本山で通天橋でも
知られる(　87　)の塔頭・勝林寺では、イラスト作家とのコ
ラボ御朱印や切り絵御朱印、御朱印のオンライン授与なども行
われている。

また、刀剣にゆかりのある４社を巡る京都刀剣御朱印めぐりも実施されている。粟田口吉光の作と伝える鎌倉時代の名刀「骨喰藤四郎」は（　88　）が所蔵しているが、その神社の祭神である豊臣秀吉ゆかりの刀である。

　初夏には（　89　）の名所であり、押し花朱印というイベント参加型の御朱印でも知られる柳谷観音楊谷寺は、空海ゆかりの独鈷水があり、古くから眼病平癒の霊水として信仰されている。

　また、（　90　）祭の楽しみ方の一つとして、山鉾の御朱印や、八坂神社での御霊会限定の御朱印なども知られている。祭や行事、季節など特定の時期に授与される御朱印を集めるのもまた一興である。

20回3級

21回3級

21回2級

21回1級

9 京都の御朱印めぐりに関する記述について、( )に入れる
最も適当なものを**ア**〜**エ**から選びなさい。

(81) **ア** 二十五   **イ** 三十三
    ウ 四十九   **エ** 八十八

(82) **ア** 松ヶ崎大黒天   **イ** 恵美須神社
    ウ 革堂   **エ** 萬福寺

(83) **ア** 吉祥院天満宮   **イ** 長岡天満宮
    ウ わら天神   **エ** 文子天満宮

(84) **ア** 六斎念仏   **イ** 六阿弥陀巡り
    ウ 六地蔵巡り   **エ** 六道まいり

(85) **ア** 妙顕寺   **イ** 妙覺寺
    ウ 妙蓮寺   **エ** 本法寺

(86) **ア** 長興院   **イ** 退蔵院
    ウ 東林院   **エ** 玉鳳院

(87) **ア** 東福寺   **イ** 建仁寺
    ウ 相国寺   **エ** 天龍寺

(88) **ア** 粟田神社   **イ** 建勲神社
    ウ 豊国神社   **エ** 藤森神社

(89) **ア** キキョウ   **イ** ツバキ
    ウ ハギ   **エ** アジサイ

(90) **ア** 葵   **イ** 祇園
    ウ 時代   **エ** 三船

(81) 解説

　わが国で観世音菩薩を巡礼する霊場として名高いのは西国三十三所観音霊場。奈良時代、大和長谷寺の開山徳道上人が閻魔大王のお告げから観音霊場参りを勧めたのが始まりとされ、草創1300年の歴史を持つ日本最古の巡礼路と言われる。近畿2府4県と岐阜県にある33カ所の観音信仰の霊場を巡る道のりは番外も含め1000キロメートルを超える。令和元年（2019）にはこの観音巡礼が「1300年つづく日本の終活の旅」として日本遺産に認定された。33の数字は観音経の中で観世音菩薩が33の姿に変身し、人々の心の悩みや苦しみを救うと説かれていることに由来する。今も多くの人が御朱印を求めて巡っている。

81 解答　イ 三十三

20回3級

21回3級

21回2級

21回1級

(82) 解説

　中京区の行願寺の通称は「革堂」。天台宗の寺院で西国三十三所観音霊場第十九番札所。三十三所中唯一の尼寺。境内に長寿を授けてくれる寿老神を祀る堂があり、「都七福神めぐり」の札所にもなっている。平安時代の行円上人が開山。上人は山中で射止めた鹿が子をはらんでいたことを知り痛く後悔。その鹿の皮を衣にして常にまとっていたことから「皮聖」と呼ばれ、革堂の名の由来になった。本尊は千手観世音菩薩。寛弘元年（1004）に行円が一条小川で、同寺を創建した際、賀茂の神木で自ら造ったと伝わる。洛陽三十三所観音霊場第四番札所でもある。

82 解答　ウ 革堂

(83) 解説

　解答は**長岡天満宮**。菅原道真が太宰府に左遷になった折に当地に立ち寄り名残り惜しんだことから、道真自作の木像を祀ったことに始まる。境内のキリシマツツジは推定樹齢約170年。長岡京市の天然記念物に指定されている。

　南区の**吉祥院天満宮**は承平4年（934）、道真の生誕地に朱雀天皇の勅命により創建された最初の天満宮である。

　わら天神の正式名は敷地神社。安産・子宝の神として信仰を集める。安産のお守りの本体は稲わらでできているため、わら天神と称されて親しまれている。

　文子天満宮は北野天満宮の前身であり、天神信仰発祥の神社とされている。

83 解答　　**イ**　長岡天満宮

(84) 解説

　六道珍皇寺は、時期などによってさまざまな御朱印を出しており、江戸時代の『都名所図会』がモチーフの「お盆風景朱印」が授与されるのは8月7日から10日までの「**六道まいり**」の期間。六道まいりは、盂蘭盆のお精霊迎えの行事で、先祖の霊が依り代にすると言われる高野槙を買い求め、水塔婆に先祖の戒名を記してもらい「迎え鐘」を鳴らすなど先祖を迎える準備をする。六道は仏教でいう6つの冥界のこと。同寺には閻魔像が祀られ、本堂裏には平安時代の公卿で歌人の小野篁がこの世とあの世を行き来したという「冥土通いの井戸」がある。

84 解答　　**エ**　六道まいり

(85) 解説

　本門法華宗の大本山**妙蓮寺**は、鎌倉時代の永仁2年（1294）に日像上人が創建し、応永年間に日慶上人が再興して現在の名になった。枯山水の庭は「十六羅漢の石庭」と言われ、豊臣秀吉から贈られたと伝わる臥牛石を中心に石が配置されている。徳川家康も愛でたという妙蓮寺椿も有名。妙蓮寺の塔頭の一つに寛永12年（1635）創建の圓常院がある。ガン封じのご利益で知られる赤球石霊験大明神などを祀る。季節ごとの花々や龍など温かみのある筆致のイラスト入り御朱印も参詣者の人気を集めている。

85 解答　　**ウ**　妙蓮寺

(86) 解説

　長興院は、織田信長の同族の津田小平次秀政の寺で、当初は先に亡くなった子どものために、信長の元で仕えていた滝川一益の子、九天宗瑞を開祖に暘谷庵を創建したが、秀政の死後、その戒名から現在の寺名に変更された。秀政は織田信長（滝川一益）、豊臣秀吉、徳川家康に仕え、大坂の陣従軍の後、茶人となり興庵と号し、91歳にて没した。多彩な図柄の墨絵御朱印がそろう寺としてファンを喜ばせている。

　他の選択肢も全て妙心寺の塔頭で、**退蔵院**は如拙筆の国宝水墨画「瓢鮎図」を所蔵、**東林院**は「沙羅双樹の寺」の呼び名で、**玉鳳院**は逸品「玉鳳院型手水鉢」で知られる人気の寺院だ。

86 解答　　**ア**　長興院

(87) 解説

　臨済宗の大本山で、紅葉見物の名所として名高い通天橋が
ある**東福寺**は、摂政・九條道家が同家菩提寺の創建を願い、
嘉禎2年（1236）に仏殿を建てたのが始まり。寺名は規模を東
大寺に、教行を興福寺にならおうとして名付けられた。京都
五山の第四位に列せられ、三門（国宝）をはじめ往時の威容を
しのばせる大伽藍が今も健在だ。多くの塔頭を有することで
も知られ、勝林寺の人気絵師とのコラボによる御朱印などそ
れぞれに工夫を凝らした趣向で参拝者を集めている。

　他の選択肢に並ぶ3寺も京都五山に名を連ねる名刹で、**建
仁寺**は第三位、**相国寺**（しょうこくじ）は第二位、**天龍寺**は第一位の座を占める。

87 解答　ア 東福寺

---

(88) 解説

　骨喰藤四郎（ほねばみとうしろう）を所蔵するのは**豊国神社**（とよくに）。慶長3年（1598）に没
した豊臣秀吉の遺体を東山の阿弥陀ケ峯に葬り、翌年には社
殿が創建され、朝廷から豊国大明神の神号を賜った。秀吉は
大坂城の蔵に天下の名刀を多数集めていた愛刀家としても知
られ、とりわけ粟田口派の刀匠藤四郎吉光が打った骨喰藤四
郎などの名刀を好み秘蔵していた。骨喰藤四郎は斬るまねを
しただけで相手の骨が砕けたという伝説を持つ。豊臣氏の滅
亡後、豊国神社も廃れたが明治に再興され、骨喰藤四郎は明
治22年（1889）に徳川宗家から奉納され、再び秀吉ゆかりの宝
物となった。権力者の手を渡ってきた来歴や刀身の精緻な彫
り物などで重文指定の名刀として名高い。

88 解答　ウ 豊国神社

(89) 解説

柳谷観音(楊谷寺)は大同元年(806)、清水寺を開創した一世住持・延鎮僧都により創建された。今に伝わる創建説話では、延鎮が夢のお告げに従って西山の地に至ると、柳が生い茂る渓谷の岩の上に生身の観音の姿が現れた。それが古来、眼病に霊験あらたかとされる十一面千手観音で、延鎮はその地に堂宇を建てて観音を祀り、楊谷寺と称した。以来、1200年余り、眼病平癒の祈願所として栄え、今も多くの人のあつい信仰を集めている。

また、初夏を彩る**アジサイ**の寺としても人気を集め、花をモチーフにした押し花朱印、花手水朱印など、体験参加型の御朱印も用意されていて、参拝者を喜ばせている。

89 解答　エ アジサイ

(90) 解説

「山鉾の御朱印」「八坂神社での御霊会限定の御朱印」という記述から、答えが**祇園**祭であることは容易に分かるはずだ。一つのテーマで記述が長文にわたるこの手の出題は、一見難しそうだが、周囲の文章がよいヒントとなって、答えを導き出してくれる。

選択肢に並ぶのは、京都の三大祭と、三大祭に次ぐ規模と人気を持つともいえる**三船祭**(5月第3日曜)。葵祭の斎王代のように、三船祭では清少納言に扮した女性が登場する。

90 解答　イ 祇園

10 夏の夜の京都に関する記述について、最も適当なものを**ア**～**エ**から
選びなさい。

<table>
<tr><td>問
91</td><td>夏の約1カ月間、七夕のライトアップが行われ、
7月7日の水まつりでも知られる、水の神様を
祀る神社はどこか。</td></tr>
</table>

ア 石清水八幡宮　　**イ** 御香宮神社

ウ 貴船神社　　**エ** 由岐神社

　貴船神社は、賀茂川の水源地にあたることから水の神である高龗神が祀られている。本宮社殿の前の石垣からは、貴船山の湧水が溢れ出している。

　石清水八幡宮は、京都府八幡市の男山に位置する。ここは木津川・宇治川・桂川が合流して淀川となる地点を挟んで天王山と対峙する交通の要所であり、古くから多くの戦の場となるなど、政治的に重要な拠点でもあった。毎年9月15日に開催される勅祭石清水祭は、賀茂祭および奈良・春日大社の春日祭とともに、日本三大勅祭のうちの一つである。

　京都市伏見区の**御香宮神社**は、御香水と呼ばれる名水で有名。この水を飲むと、どんな病気でも治ると言われている。また、幕末の鳥羽・伏見の戦いでは薩摩藩の本陣となった。

　由岐神社では毎年、時代祭と同じ10月22日に、燃え盛る松明を手に鞍馬の里を練り歩く「鞍馬の火祭」が行われる。これは日本三大火祭りの一つである。

91 解答

ウ 貴船神社

問
92

鮎などを獲る伝統的な漁法である鵜飼が行われ
るのは、嵐山を流れる大堰川ともうひとつはど
こか。

ア 木津川
イ 宇治川
ウ 高野川
エ 鴨川

　宇治川とは淀川の一部を呼ぶ通称。天ヶ瀬ダム上流部から
桂川・木津川合流部付近までが宇治川と呼ばれている。琵琶
湖を水源とする淀川は、上流部では瀬田川、中流部では宇治
川と呼ばれ、京都府・大阪府境界付近で桂川、木津川と合流
した後は淀川となり、大阪湾に注ぐ。

　木津川は三重、奈良の県境を南北に走る布引山脈を源流と
し、笠置、加茂を通って山城盆地を流れ、京都府・大阪府境
付近で宇治川、桂川と共に淀川に合流する。

　鴨川は京都市北西部の桟敷ケ岳付近を源流とし、出町柳付
近で高野川と合流してできた川である。高野川との合流点よ
り上流を「賀茂川」、下流を「鴨川」と表記することが多いが、
鴨川、賀茂川、加茂川など漢字表記は複数ある。

　高野川は、京都市左京区を流れる淀川水系の河川。京都市
左京区と滋賀県大津市の境である途中峠を発し、途中でいく
つかの支流と合流しながら、出町柳の賀茂大橋で、鴨川と合
流する。

92 解答

イ 宇治川

10 夏の夜の京都に関する記述について、最も適当なものをア〜エから
選びなさい。

問 93

7月1〜15日の夜に行われる千本ゑんま堂の
年中行事で、梶の葉祈願や、涼しげな風鈴の音
色で夕涼みを楽しめる催しはどれか。

ア 牛祭　　　　　　イ 花まつり

ウ 風祭り　　　　　エ 火祭

　風祭りが行われる千本ゑんま堂（引接寺）は「昼は朝廷、夜
は閻魔大王の冥官」として忠勤した小野篁が閻魔法王を初め
て降臨させたところといわれる。袖を翻している篁の立像の
姿は神通力を表している。夏には篁をしのぶ風祭りが催され
る。
　太秦牛祭は広隆寺桂宮院の伽藍神である大酒神社の祭礼で
ある。牡牛に乗った摩吒羅神と四天王という赤青の鬼が、高
張り提灯を持つ地元町内代表者らと祭列を組み練り歩き、最
後に祭文を読み上げ薬師堂に駆け込んで終わる。京都三大奇
祭の一つだが、近年は休止であることが多い。**花まつり**は釈
迦の生誕を祝う行事で、京都では、西本願寺、知恩院、壬生
寺など各々の寺院で盛大に行われる。お堂を花で飾り、釈迦
の立像に柄杓で甘茶をすくいかける。京都を代表する**火祭**は、
釈迦の入滅をしのぶ涅槃会行事として行われる清凉寺の嵯峨
お松明、お盆の祖霊送りである京都五山送り火、牛祭となら
ぶ京都三大奇祭の一つ由岐神社の鞍馬の火祭が挙げられる。

93 解答

ウ 風祭り

10 夏の夜の京都に関する記述について、最も適当なものを ア〜エ から選びなさい。

問 94

7月17日の神幸祭に渡御する八坂神社の3基の神輿のうち、中御座の神輿を鴨川の水で清める神事が7月10日と28日の夜に行われる。これは何か。

ア 神輿洗　　　　　**イ** 斎竹建て

ウ くじ取り式　　　**エ** 花傘巡行

20回 3級

21回 3級

21回 2級

21回 1級

　八坂神社の祭礼である祇園祭の本来の趣旨は、他の神社の例祭と同様に、神輿の渡御である。3基の神輿が御旅所へ向かうのが神幸祭で、1週間後に御旅所から八坂神社へ戻るのが還幸祭。そして、その神輿が動く前と後の2度、神輿を清めるのが**神輿洗**の神事で、中御座・東御座・西御座の神輿3基を代表して中御座の神輿だけがこれを行う。神輿は松明に先導され、八坂神社から四条大橋まで移動。この松明も神輿の通る道を清める意味があり、四条大橋では神職が神輿に鴨川の水を振りかけて清めの儀を行う。

　斎竹建ては、7月15日の早朝、四条麩屋町角に葉付きの青竹を建てる。山鉾巡行で、稚児が切る注連縄を張るための斎竹である。**くじ取り式**は7月2日の儀式。山鉾巡行の順番をくじを引いて決める。**花傘巡行**は、後祭の24日に行われる。

94 解答

ア 神輿洗

10 夏の夜の京都に関する記述について、最も適当なものをア～エから
選びなさい。

問95

7月の土用の丑の日の前後、池に足を浸して心身を清め、ロウソクを献灯し無病息災を祈願する御手洗祭が日中から夜まで行われる神社はどこか。

ア 八坂神社
イ 下鴨神社
ウ 松尾大社
エ 上賀茂神社

　御手洗祭（みたらしさい）は、**下鴨神社**境内にある末社・御手洗社の例祭。社殿前の御手洗池に湧出する冷たい水に足をつけることから「足つけ神事」とも呼ばれる＝写真＝。土用になると池の周辺や底から清水が湧き出ることから、鴨の七不思議とうたわれ、ここから湧き出す水の泡を象った団子が「みたらし団子」の発祥であるとされる。また、葵祭に先立つ斎王代（さいおうだい）の禊（みそぎ）の儀が行われるのも下鴨神社ではこの御手洗池である。

　毎年5月15日に行われる**上賀茂神社**と下鴨神社の例祭が葵祭。古くは賀茂祭と呼ばれていた。葵祭の名称は、社殿に葵（フタバアオイ）を飾り、祭に参加する人が葵を身につけるからだと言われている。

　松尾大社では毎年9月の第一日曜日に八朔祭（はっさくまつり）が開催される。八朔相撲、子ども神輿のお練り、空也上人が松尾大社の

神前で初めて披露したと言われる六斎念仏（ろくさいねんぶつ）などの行事が行われる。

95 解答

イ 下鴨神社

10 夏の夜の京都に関する記述について、最も適当なものを ア〜エ から
選びなさい。

問
96

7月の土用の丑の日の次の日曜または祝日に行われる本宮祭とその前日の宵宮祭で、美しい行灯画が飾られる、千本鳥居で有名な神社はどこか。

ア 城南宮

イ 藤森神社

ウ 乃木神社

エ 伏見稲荷大社

伏見稲荷大社 = 写真 = である。本宮祭は稲荷大神の恩恵に感謝する大祭で、全国の崇敬者が総本社に参拝する。前日の宵宮に行われる万灯神事のあと、境内にある数千もの提灯と石灯籠に火が灯される様子は圧巻である。

伏見区の**城南宮**は、王朝風俗を再現する曲水（きょくすい）の宴（うたげ）でも有名。平安時代の装束を身に着けた男女の歌人が、ゆるやかに流れる遣水（やりみず）のほとりで和歌を詠み、短冊に記す。和歌を書き終えた歌人はそれぞれ、童子が遣水に流す羽觴（うしょう）にのった盃の酒をいただく。また、方角にまつわる災いを除き工事・引越・家相などの安全・守護を祈願する方除（ほうよけ）の大社としても信仰があつい。

藤森神社（ふじのもり）は勝運と馬の神社として有名。毎年5月1日〜5日に行われる藤森祭は、菖蒲（しょうぶ）の節句の発祥とも言われる。祭のハイライトは、走る馬の上で技を競う駈馬（かけうま）神事で、京都市登録無形民俗文化財に指定されている。

乃木神社は、村野山人によって大正5年(1916)に創建された、明治時代の陸軍軍人・乃木希典命（のぎまれすけのみこと）とその妻の乃木静子命（のぎしずこのみこと）を祀

る神社。境内には創建当初から「勝水」という名水が湧き出ている。

96 解答

エ 伏見稲荷大社

問
97

3歳までの子どもを連れて登ると、その子どもは一生火難を免れるといわれ、7月31日の夜から翌朝にかけてお詣りすると千日分のご利益があるとされる千日詣りが行われる神社はどこか。

ア 吉田神社　　　イ 山國神社

ウ 愛宕神社　　　エ 鍬山神社

千日詣りが行われる**愛宕神社**は、古来、火伏の神様として信仰されてきた。京都の台所には、愛宕神社の「阿多古祀符・火迺要慎」と書かれた御札がよく祀られている。乾（西北）守護で霊山では最高峰級の愛宕山山頂付近にあり、お参りには険しい山道を登る。太郎坊天狗が棲む異界とされ、修験道の祖・役小角と白山修験道の祖・泰澄が開いた修験道の聖山でもある。

京都の伝統的な節分行事に四方参りがある。これは東北（鬼門）の**吉田神社**、南東の八坂神社、南西（裏鬼門）の壬生寺、北西の北野天満宮といった四方の4社寺にお参りする風習である。右京区京北鳥居町の**山國神社**は、山国郷が平安京造営の御杣御料地に定められた時に造営された。亀岡市の**鍬山神社**は和銅2年（709）に創祀された古社で、祭神・大己貴尊が、保津峡を拓き亀岡盆地を開拓したと伝わる。

97 解答

ウ 愛宕神社

夏の夜の京都に関する記述について、最も適当なものをア〜エから
選びなさい。

盂蘭盆に迎えられた「オショライサン」を送る
行事である五山の送り火が行われるのはいつ
か。

ア 7月17日　　イ 7月25日

ウ 8月7日　　エ 8月16日

　京都ではお盆の最終日である **8月16日** に、如意ヶ岳に「大」、
松ヶ崎西山（万灯籠山）に「妙」、松ヶ崎東山（大黒天山）に「法」、
西賀茂船山に「船形」、大北山（大文字山とも）に「左大文字」、
嵯峨鳥居本曼荼羅山に「鳥居形」という文字が点火され、お精
霊さんを冥土へ送る。

　7月17日 は、祇園祭の前祭が行われる。午前から山鉾巡行
が行われ、無形文化遺産である山鉾が街中を巡行する。夕刻
からは神幸祭が行われ、中御座、東御座、西御座の3基の神
輿が氏子区内を巡行して四条寺町の御旅所に渡御する。神輿
は24日（後祭）の還幸祭まで御旅所に駐輦される。**7月25日** は、
左京区の安楽寺で中風まじない鹿ヶ谷かぼちゃ供養が行われ
る。江戸時代の住職が「夏の土用に鹿ヶ谷のカボチャを食べ
ると中風にかからない」とのお告げを受け、カボチャを仏前
に供え炊いて供養したのが始まりという。旧暦の7月7日に
近い日に、冷泉家時雨亭文庫では乞巧奠が行われる。奈良時
代より宮中で行われていた星祭を受け継ぎ、祭壇が設えられ
牽牛と織女に供物が捧げられる。

98 解答

エ 8月16日

10 夏の夜の京都に関する記述について、最も適当なものをア～エから選びなさい。

問99

8月下旬に、洛北の山間部の花背や広河原などで集落の人々によって行われる火の祭礼は何か。

ア 蛇綱 (じゃづな)　　イ 松上げ

ウ 竹送り　　エ 百度打ち

8月下旬に洛北の山里の夜を彩る火の祭礼は、「松上げ(まつあげ)」の名で知られる。京都市北部から若狭地方（福井県）に広がる丹波山地の一帯で広く見られ、灯籠木(とろぎ)などと呼ばれる大きな柱の先端に取り付けられたカサをめがけ、集落の男たちが縄が付いた小型の松明(たいまつ)を投げ入れて着火させ、最後には燃え尽きたカサを引き倒して終幕を迎える。火伏せの愛宕信仰と結び付き、神仏習合の形を色濃く残した地域の民俗行事として、今に伝わっている。

蛇綱(じゃづな)は、宮津市今福地区に伝わる、無病息災や五穀豊穣を願う伝統行事。全長約5メートルのわらで作ったヘビが集落を練り歩き、家々の前で人々の頭をかんで福を授ける。竹送りは、東大寺二月堂のお水取りで籠松明(かごたいまつ)に使用する真竹を京田辺市普賢寺の竹林から伐り出して、奈良まで運んで寄進する伝統行事。戦後長らく途絶えていたが、昭和53年（1978）に復活した。百度打ちは、京丹後市間人岡成(たいざおがなり)地区で毎年2月と10月に行われる恒例行事。化粧まわしを着けた若者が町内を駆け巡り、無病息災・家内安全を祈願する。

99 解答

イ 松上げ

10 夏の夜の京都に関する記述について、最も適当なものをア～エから
選びなさい。

問
100

約8千体にも及ぶ無縁の石仏に灯明を灯して供
養する「千灯供養」が8月下旬の夜に行われる
寺院はどこか。

ア 化野念仏寺　　イ 六波羅蜜寺

ウ 壬生寺　　エ 千本閻魔堂

　毎年8月最終土曜と日曜、無縁の石仏に灯明を灯して供養
する「千灯供養(せんとうくよう)」＝写真＝が営まれる**化野念仏寺(あだしの)**。古くより葬
送の地だった同地に葬られた人々を追善するため、空海によ
り弘仁年間（810～24）に開創。当初は五智山如来寺(ごちざんにょらいじ)と称する
真言宗寺院だったが、法然が念仏道場としてより念仏寺とな
り、浄土宗に転じて今に至る。千灯供養は、京都五山送り火
や嵐山の万灯流しなどと共に、お盆行事の中でも人気の高い
催しで、独特の節回しの回向が続く中、闇にきらめく灯明の
火が人々を夢幻の世界に誘う。
　六波羅蜜寺(ろくはらみつじ)では8月8日～10日の萬燈会(まんとうえ)で、大の字形に灯
明を灯して先祖の霊を迎え、16日の送り萬燈会で精霊を送る。
壬生寺(みぶでら)ではお盆期間中、万灯供養会が営まれ、8月9日と16
日には六斎念仏の奉納がある。**千本ゑんま堂**（引接寺(いんじょうじ)）では、
8月7日～16日に京のお盆として知られる閻魔法王より授
かった法義、精霊迎え・送りの行事が行われ、宗旨宗派を問
わず多くの参拝者が訪れる。

100 解答

ア 化野念仏寺

問 1

延暦3年（784）に奈良の平城京から乙訓の地に
遷都された新都の名称はどれか。

ア 大津京　　　イ 恭仁京

ウ 長岡京　　　エ 平安京

長岡京である。長岡京は、桓武天皇によって奈良の平城京から山城国乙訓郡に遷都された都である。京域は、現在の京都府向日市、長岡京市、大山崎町、京都市の一部にあたる。東は桂川、西と北は丹波との国境の西山と北山山地、南は木津川・宇治川・桂川の三川が合流する淀川に画される。選地理由は水陸の便が挙げられる。また、天智系の天皇であった桓武天皇が天武系の天皇の都であった平城京を捨て、自ら都を造ろうとしたことが最大の理由と言われる。延暦4年（785）には宮城中枢部の建物はすでに完成していた。しかし9月に造営責任者の藤原種継が暗殺され、桓武天皇弟の早良親王が主犯とされ、乙訓寺に幽閉ののち淡路国に流される途中で憤死する事態が起こる。その後も造営は続いたが、天皇の近親者が不幸に見舞われ、早良親王の祟りと卜された。その後大雨による洪水など災害が続き、ついに延暦13年に**平安京**に都が遷された。

大津京は、天智天皇6年（667）に飛鳥から近江滋賀郡に遷都された都。

恭仁京は、天平12年（740）聖武天皇の勅命により、平城京から遷都された。

1 解答

ウ 長岡京

1 歴史・史跡に関する記述について、最も適当なものを**ア**〜**エ**から選びなさい。

問
2

今年 (2022) の干支「寅」にゆかりのある社寺は多い。「白虎おみくじ」が話題となり、古くは王城鎮護の神として「西の猛霊」と呼ばれ、都の西を守護してきた神社はどこか。

ア 八坂神社　　　　**イ** 松尾大社

ウ 伏見稲荷大社　　**エ** 貴船神社

　京都のメインストリート四条通の西端にある**松尾大社**(まつのお)は、大宝元年 (701) に秦忌寸都理(はたのいみきとり)が社殿を創建。松尾山磐座に坐す大山咋神(おおやまぐいのかみ)に加え市杵島姫命(いちきしまひめのみこと)を祀り、開拓神、洛西総氏神とした。葛野 (洛西) の秦氏が、桂川 (葛野川) に葛野大堰(かどのおおい)と洛西用水を築き流域を開拓。境内に「洛西用水竣工記念碑」とその用水路がある。日本第一酒造之神になった由縁を伝える霊泉・亀の井は、酒造家が酒の仕込み水に使う。

　四条通の東端・祇園にある**八坂神社**は、平安京の東を護ってきた。祇園祭は、主祭神・素戔嗚尊(すさのをのみこと)に疫病退散を祈願する祭礼である。本殿下には青龍(せいりゅう)が棲む龍穴(りゅうけつ)があると伝えられ、境内には御神水が湧く。洛南にある**伏見稲荷大社**の創建は、和銅4年 (711)、社記には秦伊呂具が三柱の神を伊奈利山の三ヶ峰に祀ったとある。洛北にある**貴船神社**は鴨川源流の神として水神を祀る。奥宮本殿下に龍穴があると伝わる。

2 解答

イ 松尾大社

問
3

平安京の中央を貫く、羅城門から真北に延びる
通りはどれか。

ア 皇嘉門大路　　イ 壬生大路

ウ 大宮大路　　エ 朱雀大路

　朱雀大路（スザクオオジとも）である。平安京の中央を南北
に縦貫するメインストリート。平安京の正門の羅城門と大内
裏正門の朱雀門を結ぶ。この道路を境に左京と右京に分かれ
る。左右の築地込みで28丈（約84メートル）、道路面は23丈4
尺（約70メートル）。一般の邸宅は道路に面して門を設けるこ
とができなかった。両側には左右京職、東西鴻臚館など重要
建物が配置され、路傍には柳が植樹されて京の中心道路にふ
さわしい景観を誇っていた。現在の千本通に該当する。
　皇嘉門大路は、平安京右京一坊の中央を南北に貫通する道
路。朱雀大路と西大宮大路の中間に位置し、朱雀大路を軸に
左京の壬生大路と対応する。大内裏外郭門の皇嘉門に通じる
ことからの命名。
　壬生大路は、平安京左京を南北に走る大路。幅10丈（約30メー
トル）。現在の壬生通に該当。美福門大路ともいう。
　大宮大路は、平安京左京を南北に走る大路。「大宮」は皇居
という意味で、大内裏の東面を通ることからの名称。

3 解答

エ 朱雀大路

1 歴史・史跡に関する記述について、最も適当なものをア〜エから選びなさい。

問4

平安末期に平氏一族の邸宅があり、承久の乱のちに鎌倉幕府が朝廷の監視や洛中の警護のために出先機関を置いた地はどこか。

ア 西院　　　　　イ 紫野

ウ 六波羅　　　　エ 嵯峨

20回3級

21回3級

21回2級

21回1級

　平安時代後期、伊勢国を地盤としていた武士の平正盛が京都に進出し、東山の西麓の**六波羅**の地に邸宅を構えた。その後、正盛の子の忠盛、さらにその子の清盛が出世の階段を駆け上がり、清盛は仁安2年（1167）には武士としては初めての従一位太政大臣に昇ることになり、六波羅もその拠点の一つとして整備された。平家滅亡後は六波羅の地は源頼朝に与えられてその京都邸となり、さらに承久の乱の後にはここに鎌倉幕府の出先機関である六波羅探題が置かれた。

　西院は平安京右京の一角で、この地名は平安時代前期の淳和上皇の離宮である淳和院（西院）に由来する。鎌倉時代以降には「さい」と発音されることが慣例となる。**紫野**は平安京の北郊で、淳和天皇の離宮の雲林院や今宮神社、鎌倉時代末期には大徳寺が建てられた。**嵯峨**は平安京の西郊で、平安時代前期に嵯峨上皇の離宮の嵯峨院（後に大覚寺）、鎌倉時代には後嵯峨上皇の亀山殿、室町時代には天龍寺が営まれた。

4 解答

ウ 六波羅

天正10年（1582）、本能寺を宿所として京都に滞在していたところを、家臣の明智光秀の急襲を受け、自害した尾張出身の戦国武将は誰か。

ア 朝倉義景　　イ 三好長慶

ウ 松永久秀　　エ 織田信長

織田信長（1534〜1582）である。信長は、織田信秀の子。永禄3年（1560）、桶狭間の戦いで今川義元を破る。徳川家康と同盟し、美濃を征服して岐阜を拠点とする。足利義昭を擁立して京都に入り室町幕府を再興。のち対立し、元亀4年（1573）義昭を追放して室町幕府を滅ぼす。浅井・朝倉連合軍との姉川の戦いで勝利、伊勢長島の一向一揆を鎮圧、武田軍との長篠の戦いにも勝利。天正4年（1576）近江に安土城を築いた。関所を廃し、楽市・楽座を行うなど統一政権樹立の基礎を固めた。

朝倉義景（1533〜1573）は戦国時代の武将。越前一乗谷城主。浅井長政と結んで織田信長に対抗したが、姉川の戦いで大敗。のち、信長に一乗谷を攻め落とされ、自刃した。

三好長慶（1522〜1564）は戦国時代の武将。管領細川晴元に従い和泉・河内の代官であったが、のち畿内・四国にわたって8カ国を支配。晩年は家臣松永久秀が台頭した。

松永久秀（1510〜1577）は戦国時代の武将。三好長慶に仕え、長慶死後、権勢の座についた。信長が入京すると従うが、のち足利義昭に与して攻められ、信貴山で自害した。

5 解答

エ 織田信長

1 歴史・史跡に関する記述について、最も適当なものを**ア**〜**エ**から選びなさい。

問
6

天正14年（1586）に着工された、豊臣秀吉が平安京の大内裏跡である内野に造営した壮大な邸宅は何か。

ア 淀城　　　　　**イ** 京都新城
ウ 花の御所　　　**エ** 聚楽第

20回3級 / 21回3級 / 21回2級 / 21回1級

聚楽第（じゅらくてい）（ジュラクダイとも）である。聚楽第は、天正14年（1586）正月から築城が開始され、秀吉は翌年9月に妙顕寺城からここに移った。天正16年には後陽成天皇の行幸があった。同19年には秀吉が豊臣氏氏長者・家督および関白職を甥の秀次に譲り、聚楽第は秀次の邸宅となった。翌20年には再度の後陽成天皇の行幸があった。秀次により、北の丸は増築された。ところが、文禄4年（1595）には、秀次は秀吉によって高野山へ押し込められ切腹させられた。そのため、秀吉は聚楽第を徹底的に破却した。周囲の城下には大名の屋敷地が立ち並んでいたとされ、現在跡地には黒田官兵衛や上杉景勝、千利休などの屋敷跡を示す石碑が建てられている。

淀城は、江戸時代に徳川秀忠の命により松平定綱が築いた城。
京都新城は、豊臣秀吉が秀次の聚楽第を破却した後、豊臣関白家の正式な邸宅として京都御所（禁裏）東南に構えた豊臣秀頼のための城郭風邸宅である。
花の御所は、足利義満が京都に建てた足利将軍家の邸宅の通称。

6 解答

エ 聚楽第

1 歴史・史跡に関する記述について、最も適当なものを**ア**～**エ**から選びなさい。

問
7
学問・文芸に造詣が深く、譲位後自ら計画・設計して修学院離宮を造営した江戸初期の天皇は誰か。

ア 霊元天皇 **イ** 後水尾天皇

ウ 明正天皇 **エ** 東山天皇

　学問・文芸に造詣が深く、譲位後自ら計画・設計して修学院離宮を造営した江戸時代初期の天皇は**後水尾天皇**（1596～1680）である。後水尾天皇は、第百八代天皇で、後陽成天皇の第三皇子。母は近衛前子（中和門院）。慶長16年（1611）、16歳で即位。徳川秀忠の娘和子を女御として迎え、3皇女・2皇子をもうけた。禁中並公家諸法度の制定・紫衣事件など幕府の朝廷に対する圧迫の不満や腫物のため、中宮和子所生の明正天皇に譲位。以後明正・後光明・後西・霊元天皇の4代にわたって院政を執る。宮廷文化や朝儀復興を行い、和歌、漢詩、書道、茶道などに長じた。延宝8年（1680）死去。85歳。墓所は京都市東山区の月輪陵。

　霊元天皇（1654～1732）は、第百十二代天皇で後水尾天皇の第十九皇子。

　明正天皇（1624～1696）は、第百九代天皇で、後水尾天皇の第二皇女。

　東山天皇（1675～1710）は、第百十三代天皇で、霊元天皇の第四皇子。

7 解答

イ 後水尾天皇

114　令和4年度　第21回京都検定　問題と解説

1 歴史・史跡に関する記述について、最も適当なものを**ア**〜**エ**から選びなさい。

<table>
<tr><td>問
8</td><td>幕末に京都の治安を守る役目を担った新選組
が、最初に屯所を置いたところはどこか。</td></tr>
</table>

ア 黒谷　　　　　**イ** 木屋町

ウ 伏見　　　　　**エ** 壬生

　江戸幕府によって集められた浪士組230余名は京都の治安維持と、上洛する第十四代将軍・徳川家茂の周辺警護のため文久3年（1863）2月、京都に到着した。三条大橋から京都に入り、**壬生**の郷士屋敷や寺などに分宿した。本部は新徳寺に置かれ、近藤勇らは八木源之丞の屋敷に泊まった。

　ところが浪士組の中心人物である清河八郎が朝廷に尊王攘夷を建策し、攘夷を命じられると、浪士組の大部分は江戸へ帰還することになった。この時、芹沢鴨などの水戸派や近藤勇の一派などは京都に残留し、壬生浪士組と呼ばれ、のちに新選組になった。約2年間、壬生の八木邸や前川荘司邸に屯所を置いたが、隊士数が増えたため元治2年（1865）3月、西本願寺の北集会所に屯所を移した。慶応3年（1867）6月には不動堂村（正しくは西九条村）に屯所を移転し、12月には廃止されたばかりの旧**伏見**奉行所に移った。

　新選組は京都守護職会津藩主松平容保の御預になったが、**黒谷**は会津藩の本陣が置かれた場所である。

8 解答

エ 壬生

115

問
9

慶応3年（1867）、最後の将軍徳川慶喜が朝廷に政権を返上する、大政奉還の舞台となった城はどこか。

ア 二条城　　　　イ 伏見城

ウ 八木城　　　　エ 田辺城

　江戸幕府の第十五代将軍・徳川慶喜は慶応3年（1867）10月13日、京都にいる10万石以上の藩の重役を**二条城**＝写真＝の大広間に招集し、約40藩50数名が集まった。

　そして老中の板倉勝静が政権奉還（大政奉還）についての朝廷への上表草案を大目付に配布させ、意見がある者は残るように伝えた。

　ほとんどの者はそのまま退出したが、薩摩・土佐・広島・岡山・宇和島の重役（薩摩の小松帯刀や土佐の後藤象二郎など）6人は慶喜に謁見して、その英断を賛美し、朝廷に奏上することを請うた。

　二条城は徳川家康が京都の守護と上洛時の宿所として造営した城で、慶長6年（1601）、西国の諸大名に築城を課し、同8年にほぼ完成した。大広間の一の間は上段の間、二の間は下段の間になっており、将軍が諸大名や公家と対面した格式の高い部屋である。

提供：京都市元離宮二条城事務所

9 解答

ア 二条城

問10

慶応3年（1867）、坂本龍馬が盟友の中岡慎太郎とともに襲撃され、殺害されたところはどこか。

ア 寺田屋 **イ** 池田屋

ウ 近江屋 **エ** 天満屋

近江屋（中京区河原町通蛸薬師下ル西側の跡地に石碑が建つ）は土佐藩御用達の醤油商。主人の井口新助は勤王の志士を援助していた。慶応3年（1867）11月、越前から帰ってきた龍馬は、近江屋の裏庭にあった土蔵に潜伏したという。刺客の襲撃に備えて、土蔵裏にあった称名寺（しょうみょうじ）の墓地から東隣に建つ土佐藩邸に逃げられるようにしていたという説がある。

しかし風邪気味だった龍馬は、母屋2階の8畳間に移った。ちなみに龍馬は11月に数度、幕府の若年寄格・永井尚志（なおゆき）と面談して意気投合、「幕府の重臣と志が同じ」と用心が疎かになった可能性がある。

同月15日、この日は来客の多い日で、中岡慎太郎も来ていた。その夜、十津川（とつかわ）郷士になりすました刺客（7〜9人）が近江屋を襲撃、龍馬らに斬りつけた。

龍馬は即死、もしくは16日に亡くなり、慎太郎は17日に絶命した。刺客は京都見廻組説でほぼ確定している。

10 解答

ウ 近江屋

問11

「御室桜」で知られ、裏山には四国八十八ヶ所
霊場の写し霊場がある寺院はどこか。

ア 醍醐寺　　　　　　　**イ** 仁和寺

ウ 高山寺　　　　　　　**エ** 大覚寺

　真言宗御室派総本山の**仁和寺**は、仁和4年（888）に宇多天皇が、父光孝天皇の遺志を継いで創建。自ら出家して御室（僧房）を建て、以来、代々の法親王が住職を務める門跡寺院として格式を誇った。一帯は「仁和寺御所跡」として国の史跡に指定され、遅咲きで知られる「御室桜」も国の名勝となっている。裏の成就山には四国八十八カ所霊場を縮小した巡拝コースがある。

　他の選択肢も真言宗寺院で、**醍醐寺**は聖宝理源大師が貞観16年（874）、醍醐山上に草庵を開いて観音像を祀ったのが始まりで、豊臣秀吉の「醍醐の花見」で知られる桜の名所だ。

　高山寺は建永元年（1206）、明恵が後鳥羽上皇から同地の寺を賜り、事実上の開創とした。今も、明恵の遺徳と晩秋の紅葉の美しさを味わいに、多くのファンが訪れる。

　大覚寺は嵯峨天皇離宮を起源とする皇室ゆかりの寺で、観月の名所として人気を誇る。

11 解答

イ 仁和寺

2 神社・寺院に関する記述について、最も適当なものを**ア**〜**エ**から選びなさい。

問
12

平安遷都ののちに、羅城門の東側に二大官寺として西寺と対称の位置に創建され、現存する木造の塔としては最も高い五重塔がある寺院はどこか。

ア 神護寺   **イ** 西明寺

ウ 三室戸寺   **エ** 東寺

　教王護国寺を正式名称とする**東寺**は、平安京造営に際して羅城門の東に、西側の西寺と対をなす二大官寺の一つとして創建。弘仁14年（823）、弘法大師空海に下賜されて真言密教の根本道場となり、天長2年（825）に講堂を建立、翌3年には五重塔建立を始めるなど伽藍を整え、王城鎮護の寺としての密教寺院となった。その後、盛衰を繰り返し、現在の伽藍は後の再建によるもので、現在の五代目の五重塔（国宝）は寛永21年（1644）のもの。基壇礎石上から最高部までの総高約55メートルは、現存する木造の塔の中で全国一の高さを誇っている。

　紅葉の名所として人気の**神護寺**は、高雄山に伽藍を構える真言宗寺院で、空海が住持を務めたとの記録も。高雄と並ぶ紅葉の名所・槇尾にある**西明寺**は天長年間（824〜34）、神護寺別院として開創された。宇治にある**三室戸寺**は西国三十三所観音霊場第十番札所で、アジサイやツツジの美しい「花の寺」として知られている。

12 解答

エ 東寺

問
13

毎月15日の手作り市や秋の古本まつりで知られ、百万遍にある浄土宗の寺院はどこか。

ア 知恩院

イ 百萬遍知恩寺

ウ 金戒光明寺

エ 粟生光明寺

　百萬遍知恩寺は浄土宗四カ本山の一つで、前身は烏丸通今出川にあった賀茂社（上賀茂神社）の神宮寺。法然はこの寺に住まいして、京の民衆に「念仏の教え」を説いた。法然没後は弟子の源智が引き継いで浄土専修念仏の道場とし、「師の恩を知らなければならない」と寺名も「功徳院知恩寺」と称した。「百萬遍」の号は、元弘元年（元徳3年・1331）に八世の善阿（ゼンナとも）が疫病封じに百萬遍念仏を称えて災禍を治めた功により後醍醐天皇から下賜された。今は毎月15日の「手作り市」や、毎秋恒例「古本まつり」などの催しでも多くの人を集めている。
　知恩院は浄土宗の総本山で、承安5年（安元元年・1175）に法然が東山大谷の吉水に建てた草庵に始まり、文暦元年(1234)に法然の廟堂を源智が復興して寺の基盤を固めた。**金戒光明寺**も四カ本山の一つで、幕末に京都守護職を務めた松平容保の本陣跡として歴史に名を残す。西山浄土宗総本山の**粟生光明寺**は建久9年（1198）、法力房蓮生（熊谷直実）が法然の勧めにより開いた念仏三昧院を始まりとする。

13 解答

イ 百萬遍知恩寺

2 神社・寺院に関する記述について、最も適当なものを ア〜エ から選びなさい。

問14

王城の南に守護神として創建されたとされ、神苑では王朝風俗を再現する曲水の宴が行われる、古くから方除けの神として信仰を集める神社はどこか。

ア 石清水八幡宮　　イ 向日神社

ウ 城南宮　　エ 離宮八幡宮

20回3級

21回3級

21回2級

21回1級

　毎年、**城南宮**で催される曲水の宴＝写真＝では、平安装束を身に着けた男女の歌人が和歌を詠み短冊にしたためる。川上から童子が羽觴にのった盃を鑓水に次々と流し、詠み終えた歌人は目の前に流れてきた盃のお酒をいただく。

　石清水八幡宮は、明治維新までは神仏習合の神社で、最盛期には「男山四十八坊」と言われるほど境内には多くの宿坊（寺）があり、社僧が住んでいた。平成28年（2016）、本社10棟と棟札３枚が国宝に指定されている。

　長岡京造営以前の創建とも伝わる**向日神社**の本殿（重文）は三間社流造で室町時代初期の特徴をよく表しており、東京の明治神宮本殿のモデルとなったと言われている。

　離宮八幡宮は石清水八幡宮がある男山の対岸、京都府乙訓郡大山崎町に所在。社伝では石清水八幡宮の元宮と言われ、その名は嵯峨天皇の「河陽離宮」の跡地であることに由来。当地はエゴマ油発祥の地で、油の製造と販売の中心「油座」として栄えており、中世には油の専売特許を持った。

14 解答

ウ 城南宮

121

2 神社・寺院に関する記述について、最も適当なものを ア～エ から選びなさい。

問
15

玄宗皇帝が楊貴妃を偲んで作らせたと伝わる「楊貴妃観音」がある、皇室の菩提所「御寺（みてら）」はどこか。

ア 六波羅蜜寺　　　イ 勧修寺

ウ 泉涌寺　　　　　エ 大報恩寺

　皇室との関係が深く、「御寺」と呼ばれる**泉涌寺（せんにゅうじ）**は、斉衡3年（856）、左大臣藤原緒嗣（ふじわらのおつぐ）が神修上人に山荘を与え、仙遊寺の名で創建したのを始まりとし、今も開山と崇められる俊芿（しゅんじょう）が建保6年（1218）に寺の寄進を受けて大伽藍の造営を始め、8年をかけて寺容を整えた。その時、境内地に新たな泉が湧き出したので、泉涌寺と名を改めたとされる。境内に見所は多いが、楊貴妃観音堂に祀られる聖観音像は玄宗皇帝が楊貴妃をしのんで香木から造らせたとの伝承があり、「楊貴妃観音」の名で、参拝者の人気を集めている。

　西国三十三所観音霊場第十七番札所の**六波羅蜜寺**は、空也上人の開創で、上人ゆかりの本尊・十一面観音立像（国宝）がある。真言宗山階派大本山の**勧修寺（かじゅうじ）**は、醍醐天皇の勅願寺で、本尊の千手観音像は醍醐天皇の等身大と伝えられる。千本釈迦堂の通称名で知られる**大報恩寺**は、京都十三佛霊場の第八番札所。境内霊宝殿に定慶作の6体の観音像（重文）が並ぶ。

15 解答

ウ 泉涌寺

問 16

桃山様式の華やかな彫刻に彩られ、通称「日暮門」と呼ばれる唐門（国宝）は、昨年（2021）、40年ぶりの修復を終えた。この門がある世界遺産に登録されている社寺はどこか。

ア 豊国神社　　　イ 東本願寺

ウ 三宝院　　　エ 西本願寺

浄土真宗本願寺派の本山・**西本願寺**は、文永9年（1272）に宗祖親鸞の末娘覚信尼が建立した東山の大谷廟堂を前身とし、第三代覚如の時に本願寺と称した。現在地の堀川通六条には天正19年（1591）、豊臣秀吉から寺地の寄進を受け、その地に伽藍を構えた。境内は国の史跡に指定され、御影堂や阿弥陀堂、書院など国宝の名建築が軒を連ねる。中でも唐門は、伏見城の遺構と言われる四脚門で、その華麗な装飾を眺めていると日が暮れるのも忘れるとして「日暮門」と呼ばれる。

秀吉を祀る**豊国神社**は廃絶期を経て、明治元年（1868）に再興。正面の唐門（国宝）は伏見城の遺構として知られる。醍醐寺**三宝院**も秀吉ゆかりの寺で、勅使門として用いられた唐門（国宝）は今も安土桃山時代の光彩を放つ。真宗大谷派本山の**東本願寺**は慶長7年（1602）、第十二代教如が家康から寺地を得て建立。分派した堀川の本願寺（西本願寺）と繁栄を競い、庭園・建築など見所は多い。

16 解答

エ 西本願寺

20回3級

21回3級

21回2級

21回1級

2 神社・寺院に関する記述について、最も適当なものをア～エから選びなさい。

問
17

現在、修復中の方丈（国宝）から裏に年号が書かれてある畳が見つかり、「最古の畳」として話題となった、紫野にある臨済宗の寺院はどこか。

ア 大徳寺　　　　イ 延暦寺

ウ 建仁寺　　　　エ 醍醐寺

　大徳寺は鎌倉時代末期に宗峰妙超が紫野の地に建てた小庵を始まりとし、五山が隆盛を極めた室町時代には在野の禅院として独自の道を歩んだが、応仁・文明の乱後に五山各派が衰退する中、新興の武士や商人層に支持を拡大、村田珠光、武野紹鷗、千利休ら茶人との深いつながりも生まれ、豊臣秀吉ら戦国武将の手厚い支援を受ける天下の名刹として栄えた。今も大伽藍が立ち並ぶ境内で、部分解体修復中の方丈（国宝）は江戸時代初期の建築で、住職の修行生活の場として、また賓客の接遇や法要などにも使われる空間。今回の修復で114枚の畳を外したところ、うち4枚の畳床に「寛永十三年　結夏日」と記され、再建時から使われ続ける「日本最古の畳」であるのが証明された。

　延暦寺は、比叡山上にある天台宗の総本山。**建仁寺**は同じ臨済宗だが、日本に禅を広めたとされる栄西（ヨウサイとも）が開いた京都で最初の禅宗寺院。**醍醐寺**は真言宗醍醐派の総本山である。

17 解答

ア 大徳寺

2 神社・寺院に関する記述について、最も適当なものを ア〜エ から選びなさい。

問 18

京都大学の東にある神楽岡に鎮座する、節分祭の追儺式でも有名な社寺はどこか。

ア 八坂神社　　　　**イ** 壬生寺

ウ 北野天満宮　　　**エ** 吉田神社

京都では、邪気を払い福を招くことを願って、節分に鬼門にあたる寺社に参拝することを「四方参り」と呼び、選択肢の4つの寺社がこれに該当する。

北東にあたる**吉田神社**の追儺式＝写真＝は、平安時代から毎年宮中にて行われていたものを継承しており、俗に「鬼やらい」と呼ばれている。四つ目の方相氏が、赤・青・黄色の3匹の鬼を追い払う。

南東にあたる**八坂神社**の節分行事は、境内の舞殿において、京都市内の4つの花街の芸舞妓による舞の奉納や豆まきも行われ、華やかな行事となっている。

平安京の裏鬼門（南西）にあたる**壬生寺**は、国の重要無形民俗文化財に指定されている「壬生狂言（壬生大念仏狂言）」が有名。春の「壬生大念佛会」に先駆けて、参詣者の厄除け・開運を願い、節分にも壬生狂言の演目の一つである「節分」が上演される。

北西にあたる**北野天満宮**では、本殿で節分祭が行われた後、神楽殿で茂山千五郎社中による「北野追儺狂言」や、上七軒の芸妓や舞妓による舞踊奉納や豆まきが行われる。

18 解答

エ 吉田神社

問
19

大坂冬の陣のきっかけとなったとされる「国家安康」の鐘銘事件で知られ、豊臣秀吉が造営した大仏殿があった寺院はどこか。

⑦ 妙満寺　　　　　① 知恩院

⑦ 方広寺　　　　　① 妙心寺

　豊臣秀吉が造営した**方広寺**の大仏殿は、現在の豊国神社の本殿裏あたりとされ、発掘調査で柱や階段跡が確認されている。秀吉の大仏造立は天正14年（1586）に発願、数々の曲折を経て文禄4年（1595）に落成したが、翌年の慶長伏見大地震で倒壊。秀吉没後、嫡男の秀頼が慶長17年（1612）に再興を果たし、鐘楼など堂宇も整え開眼供養を待つばかりの時、梵鐘に刻まれた「国家安康」の文字が徳川家の疑念を招き、後の大坂の陣勃発につながるのは、よく知られるところだ。

　妙満寺には、秀吉根来攻めの大将が京に持ち帰った安珍・清姫ゆかりの紀州道成寺の釣鐘が、供養を施して安置され、毎年春に鐘供養が営まれる。**知恩院**の大鐘楼には重さ約70トンの大鐘が吊るされ、毎年大晦日に17人の僧侶で勇壮な除夜の鐘がつかれる。**妙心寺**の法堂には「戊戌年四月十三日」（＝文武2年〈698〉）の銘が入ったわが国最古の梵鐘があり、その音色が雅楽の楽律と符合することから「黄鐘調の鐘」の名で知られている。

19 解答

⑦ 方広寺

神社・寺院に関する記述について、最も適当なものをア～エから選びなさい。

銀閣寺の「銀閣」とは観音殿のことであるが、
正式な寺院名は何と呼ぶか。

ア 禅林寺　　　　　イ 鹿苑寺

ウ 慈照寺　　　　　エ 蓮華王院

　銀閣寺は、文明14年（1482）に足利義政が東山・浄土寺跡で造営を始めた山荘・東山殿を始まりとする。大乱の後の財政難で工事は遅れがちで、ようやく観音殿（銀閣）の上棟を迎えたものの、完成を前に義政が世を去ると、遺命により禅寺となり、義政の法号から**慈照寺**と名付けられた。創建時の建物で残るのは観音殿と東求堂（いずれも国宝）で、2層の楼閣である観音殿は1層が和様の住宅と2層は禅宗様仏堂、東求堂も持仏堂ながら住宅建築の色合いが濃厚で、義政が追い求めた「理想の山荘」の風情を今に伝えている。

　禅林寺は、貞観5年（863）に清和天皇から寺号を賜って開創した勅額寺だが、中興の祖・永観（エイカンとも）にちなんで「永観堂」の名で親しまれている。**鹿苑寺**は足利義満が営んだ北山殿を義満没後に禅寺としたもので、ひときわ目を引く舎利殿（金閣）の存在により「金閣寺」で通っている。**蓮華王院**は後白河上皇が平清盛に命じて作らせた仏堂で、本堂の柱間が33あることから、もっぱら「三十三間堂」の名で呼ばれる。

20 解答

ウ 慈照寺

3 建築・庭園・美術に関する記述について、最も適当なものを**ア**～**エ**から選びなさい。

問 21

明治期の建築家・片山東熊が設計した、東山七条にある赤煉瓦造りの宮廷建築様式を基調とした洋館で、トラりんがPR大使を務めていることでも知られる施設の建物は何か。

ア 聖アグネス教会
イ 東華菜館
ウ 京都市考古資料館
エ 京都国立博物館　明治古都館

　京都国立博物館　明治古都館の設計者は、明治時代の代表的宮廷建築家・片山東熊（1854～1917）である。片山は東京帝国大学でジョサイア・コンドル（1852～1920）に師事し、宮内省内匠寮技師となり、明治時代の洋風建築の最高傑作とされる赤坂離宮などの宮廷建築に携わった。明治古都館は明治28年（1895）に竣工した煉瓦造建築。片山の設計した作品は、京都では明治古都館のほか旧九条山浄水場ポンプ室が残る。

　平安女学院内にある**聖アグネス教会**は、アメリカ人建築家のジェームズ・ガーディナー（1857～1925）の設計で煉瓦造のゴシック様式、明治31年に竣工した。**東華菜館**は、ヴォーリズ建築事務所による設計で、大正15年（1926）の竣工。**京都市考古資料館**は、本野精吾（1882～1944）の設計で、大正3年の竣工。

21 解答

エ 京都国立博物館　明治古都館

3 建築・庭園・美術に関する記述について、最も適当なものを**ア**～**エ**から
選びなさい。

問
22
本堂（国宝）が鎌倉時代の和様の建築で、洛中で
は現存最古の木造建造物である寺院はどこか。

ア 東寺　　　　　　　　**イ** 仁和寺

ウ 高台寺　　　　　　　**エ** 千本釈迦堂

千本釈迦堂は大報恩寺の通称であり、上京区五辻通六軒町
西入溝前町に所在する真言宗智山派寺院である。本尊は釈迦
如来像で、承久3年（1221）に始まる。

鎌倉時代、安貞元年（1227）年に建立された本堂は、応仁・
文明の乱などの大火で伽藍の諸堂が焼失した中で奇跡的に現
存する建物である。この本堂は京都市市街地に現存する最古
の木造建築で国宝に指定されている。

本堂は、桁行5間、梁間6間、向拝1間、入母屋造り、檜
皮葺。堂内は内・外陣に分けられ、内陣に建つ四天柱内を内々
陣とし、仏後壁・須弥壇を構える。須弥壇上の春日厨子も建
立当初のもので国宝に指定されている。

東寺の五重塔は、現存する木造の塔で最も高く、その総高
は54.84メートルを誇る。国宝である**仁和寺**の金堂は、慶長18
年（1613）に建立された京都御所の紫宸殿を移築したもので、
現存する最古の紫宸殿で宮殿建築を伝える重要な遺構となっ
ている。

22 解答

エ 千本釈迦堂

問 23

京町家の小屋根の上に魔除けとして置かれてい
る人形は何か。

ア 布袋　　　　　　イ 大黒

ウ 鍾馗　　　　　　エ 饅頭食い

　京町家の入口の屋根上に**鍾馗**人形が魔除けとして置かれて
いることが多い。鍾馗は、中国、唐の開元年中、玄宗皇帝の
夢に終南山の進士鍾馗が現れ、魔を祓い、病気を治したとい
う故事に基づくとされ、中国で疫病神を追いはらい魔を除く
と信じられた神。日本では、その像を、5月5日の端午の節
句ののぼりに描いたり、五月人形に作ったり、魔除けの人形
にしたりする。その像は、目が大きく、頬からあごにかけて
濃いひげをはやし、黒い衣冠をつけ、長ぐつをはき、右手に
剣を抜き持ち、時に小鬼をつかんでいる。強い者の権化・象
徴とされる。
　布袋と**大黒**は、日本では福徳をもたらすとされる七福神の
布袋尊と大黒天として親しまれている。**饅頭喰い**は子どもの
姿をした人形で、父親母親のどちらが大事かと聞かれた子ど
もが、手に持っていた饅頭をふたつに割り、「これのどちらが
美味しいか」と問い返したという聡明な子どもの説話から生
まれたとされる。

23 解答

ウ 鍾馗

建築・庭園・美術に関する記述について、最も適当なものをア～エから
選びなさい。

問 24

昭和3年（1928）に大礼記念京都大博覧会が岡
崎公園で開催された。この地に建立された高さ
24メートルの建造物は何か。

ア 京都タワービル　　イ 祇園閣

ウ 花山天文台　　　　エ 平安神宮大鳥居

20回3級

21回3級

21回2級

21回1級

平安神宮の応天門から約300メートル南の神宮道に所在す
る、高さ約24メートル、幅約18メートルの**大鳥居**で、昭和3
年（1928）に昭和天皇大礼を記念して建てられた。設計は京都
府技師の阪谷良之進（1883～1941）で、鉄筋コンクリート造一
部鉄骨造、柱が太いプロポーションが特徴。

京都タワービルの上にそびえ立つ京都タワーは、山田守
（1894～1966）の設計で昭和39年に竣工した。

祇園閣は、東山区祇園町の大雲院にあり、大倉喜八郎（1837
～1928）の依頼により伊東忠太（1867～1954）が設計し昭和3
年に竣工した。総高約36メートルの3階建塔状建築で、下層
および基礎部分を鉄筋コンクリート造、中層以上を鉄骨鉄筋
コンクリートとし、山鉾をモチーフにした外観。

花山天文台は、京都市山科区の花山山頂に位置する天文台
で、昭和4年に設立された京都大学大学院理学研究科附属天
文台の施設である。

24 解答

エ 平安神宮大鳥居

3 建築・庭園・美術に関する記述について、最も適当なものをア～エから
選びなさい。

問
25

龍安寺方丈庭園に代表される、水を使わずに大
海を白砂で見立て、一つの石や小さな刈込の樹
木で大山を表現する庭園の様式はどれか。

ア 枯山水庭園　　　イ 浄土庭園

ウ 寝殿造庭園　　　エ 回遊式庭園

　龍安寺方丈庭園＝写真＝や大徳寺大仙院書院庭園の庭園様
式を**枯山水**という。「水のある池や流れを作らず、石組を主体
として白砂・コケ・刈込などで自然景観を象徴的に表現」す
る枯山水が成立したのは室町時代中期頃とされる。

　枯山水の文字は平安時代の『作庭記』に「池もなくやり水も
なき所に石をたつること。これを枯山水となづく」と見られ
る。しかし、『作庭記』のいうところの枯山水は、平安時代の
寝殿造庭園のうち、池や遣水などの水辺とは離れたところに
配された石組、つまり庭の一部分を指すものと理解されてい
る。そして、庭園の一部分につくられていた枯山水が徐々に
主体性を強め、枯山水だけで一つの庭園を構成することとな
る。それが室町時代中頃成立した様式としての枯山水であ
る。

　寝殿造庭園は平安時代の貴族住宅である寝殿造住宅に付随
した庭園で、**浄土庭園**は阿弥陀堂を伴う極楽浄土を現世に造っ
たもの。

25 解答

ア 枯山水庭園

問
26

平安遷都と同時期に大内裏の南に造営され、当
時は広大な敷地に楼閣や釣殿などがあり、天皇
の遊宴や祈雨の修法が行われた禁苑はどこか。

ア 楽水苑　　　　　イ 神泉苑

ウ 龍華苑　　　　　エ 嵯峨院

　平安遷都時に大内裏の南に造営されたのは**神泉苑**（しんせんえん）である。
東西2町、南北4町の広大な敷地に、天然の泉を水源とした
大きな園池がつくられ、正殿の乾臨閣や左右の楼閣、釣殿、
滝殿などが建てられていた。延暦19年（800）『日本後紀』の桓
武天皇の行幸に始まり、歴代天皇が曲水宴、相撲節会、重陽
節会、花宴の節などを催した。天長元年（824）、弘法大師が
祈雨修法を行う際、北天竺の無熱池より善女龍王を勧請した。
貞観5年（863）、疫病を鎮めるため、朝廷監修のもと、神泉
苑で御霊会を修し、天下泰平を祈ったことが祇園祭の発祥と
される。

　楽水苑は中根金作が作庭した城南宮の神苑。『源氏物語』に
登場する約80種類の草木が植えられていることから「源氏物
語花の庭」と親しまれている。**龍華苑**は立本寺の客殿「園林堂」
の西側・南側に面する形の京都市指定名勝の枯山水庭園、**嵯
峨院**は嵯峨天皇の離宮で現在の大覚寺大沢池に引き継がれて
いる。

26 解答

イ 神泉苑

問
27

東本願寺の飛地境内地で枳殻邸(きこくてい)とも呼ばれ、石川丈山らが作庭に関わったとされる庭園はどこか。

ア 有清園　　　　**イ** 渉成園

ウ 清流園　　　　**エ** 白龍園

　東本願寺の飛地境内である**渉成園**は、江戸時代初期、第十三代宣如上人（1604～1658）の隠居所として造営された。園名の由来は陶淵明『帰去来辞』の一節「園、日に渉って以って趣を成す」に拠り、周囲に枳殻(からたち)を生垣として植えたことから枳殻邸(きこくてい)とも称されるようになった。庭園の完成は明暦３年（1657）とされ、作庭には宣如上人と親しかった石川丈山が関わったと見られている。大池「印月池」を中心に、「縮遠亭」、「傍花閣」や「漱枕居」などの建物を随所に配した回遊式庭園である。平安時代初期の左大臣・源融の河原院の旧跡と伝承が残り、渉成園内には源融ゆかりの塔や塩竈の手水鉢などが存在する。

　有清園は、三千院にある宸殿から往生極楽院阿弥陀堂に臨む庭園（瑠璃光庭）のこと。三千院にはこの他、客殿に面する聚碧園庭園がある。

　清流園は二条城内に昭和40年に造営された庭園で、東半分が芝生の広がる洋風庭園、西半分は２棟の建物、香雲亭・茶室和楽庵を含めた和風庭園からなる。

27 解答

イ 渉成園

問
28

智積院に伝わる、桃山時代を代表する絵師の長
谷川等伯と長男・久蔵が描いた、金箔をふんだ
んに使った絢爛豪華な色彩を背景に木々を大胆
に表現している国宝の金碧障壁画は何か。

ア 桜図・楓図　　　　イ 仔犬図

ウ 鳥獣人物戯画　　　エ 雪中雄鶏図

　真言宗智山派総本山の智積院が所蔵する絢爛豪華な障壁画
は、桃山時代を代表する画家のひとり長谷川等伯一門によっ
て描かれた。等伯の筆になるのは「**楓図**」、息子の久蔵が担当
して描いたのは「**桜図**」で、「雪松図」などは長谷川一門によっ
て制作された。もともとは豊臣秀吉が幼くして死んだ愛児（棄
丸）の菩提を弔うために建てた祥雲寺を絢爛豪華に彩ってい
た障壁画だったが、徳川の世となって智積院に変わって以降
も、内部を華麗に彩ってきた障壁画は大切に保存され、長谷
川一門の画壇的な勢いを象徴する金碧障壁画として伝わる。

　仔犬図は江戸時代中期の京都の絵師で円山派の祖として知
られる円山応挙が好んで描いたモチーフの一つ。小犬を描い
た絵に優品が多い。

　鳥獣人物戯画は高山寺が所蔵する国宝絵巻の名品。兎や猿、
蛙などを擬人化して描いた墨線による巧みな描写で知られる。

　雪中雄鶏図は江戸時代の伊藤若冲の筆になる絵画。京都の
細見美術館が所蔵。

28 解答

ア 桜図・楓図

問
29

建仁寺が所蔵する「風神雷神図屏風」（国宝）を
描いたのは誰か。

　ア 岸駒　　　　　　　　イ 狩野山楽

　ウ 与謝蕪村　　　　　　エ 俵屋宗達

　桃山から江戸時代初期の京都の絵師、**俵屋宗達**が描いた。
宗達の生没年は不詳だが、上層の町衆の出身。最初は俵屋の
屋号で扇絵や装飾料紙を描き、後年には水墨画や、濃彩の襖
絵や屏風絵なども手掛け名作を多く残した。風神雷神図屏風
は署名や落款はないが、宗達の筆になることは確実。風の神
と雷の神。天駆ける2神を二曲屏風の大画面を目いっぱい用
いて、思い切り大胆に描き出す。風神、雷神の姿をそれのみ
単独で巨大屏風に描き、2曲1双の対の形式で鑑賞する作例
は、それ以前には絶無という。絵の具の濃淡のたらしこみを
生かした技法や風神雷神それぞれにユーモアの余韻さえ漂わ
せる鮮烈で奔放なアイデアも含めて宗達の天才的な造形感覚
が色あせない魅力となった傑作。
　岸駒（1756～1839）は江戸時代後期の画家。金沢出身。京都
にのぼって独自の画風を確立、岸派の祖。
　狩野山楽（1559～1635）は桃山～江戸時代初期の画家。狩野
探幽が江戸幕府の御用絵師となって江戸に移り、狩野派が江
戸狩野と都に残った京狩野に分かれたときに京狩野の祖とし
て重きをなした。
　与謝蕪村（1716～83）は江戸時代中期の京都で池大雅ととも
に南画（文人画）の大成者となった。

29 解答

エ 俵屋宗達

二条城二の丸御殿に残る豪華絢爛な障壁画を描
いた絵師は何派か。

ア 岸派　　　　イ 原派

ウ 狩野派　　　エ 四条派

　世界文化遺産に認定されている二条城の二の丸御殿＝写真
＝は国宝に指定されており、寛永3年（1626）に後水尾天皇の
行幸を迎える際に拡張、整備されたときの規模・構成を今に
伝え、大規模な城郭書院の唯一の遺構となっている。この大
改築の時に二の丸御殿の障壁画制作の大仕事を担ったのは**狩
野派**の絵師たち。唐門から入って雁行形に車寄、遠侍、式台、
大広間、蘇鉄の間、黒書院、白書院と続く御殿の障壁画の制
作は狩野派の有力画家が分担。将軍が諸大名と対面する最も
公的に重要な大広間は狩野探幽の「松に孔雀図」「松鷹図」な
ど。「桜下雉子図」を含む黒書院は狩野尚信、淡彩の山水図を
含む白書院は探幽や尚信の師にあたる狩野長信の筆と伝えら
れる。

　岸派は江戸時代後期の絵師、岸駒が金沢から京都に出て独
自の画風を確立して開いた。

　原派は江戸時代後期の京都の画家、原在中が諸派を研究し、
精緻な装飾的作風で原派を興した。

　四条派は江戸時代後期の画家、呉春が写生をもとにしながら
情趣や洒脱性を重視した画風を展開。
京都の四条通に居を構えていたことか
ら四条派と呼ばれた。

提供：京都市元離宮二条城事務所

30 解答

ウ 狩野派

問 31

野々村仁清を継承して、鳴滝に窯を築いた陶工で、絵師であった兄・光琳との合作でも知られる人物は誰か。

ア 清水六兵衛　　イ 尾形乾山

ウ 奥田頴川　　エ 青木木米

　尾形乾山（1663～1743）は、京焼の色絵陶器の大成者と言われる野々村仁清の継承者。裕福な呉服商の家に生まれた乾山は、若くして双ケ丘に隠居所を構え、御室の仁和寺門前にあった仁清の御室窯近くの鳴滝に自ら窯を開いて作陶を始めた。その後、二条丁子屋町（現在の中京区寺町通二条西入）に転居し、五条坂辺りの窯を借りて制作に励み、5歳年上の兄で琳派の完成者・尾形光琳と合作して数々の名品を世に送り出した。乾山の作品は多彩で、それは日本、朝鮮、中国、南蛮などの陶磁への深い知見と教養に裏付けられている。王朝風の意匠を基本にしながらも、織部風の無造作と思える表現で文様と地色を巧みに対比させる作風が特徴とされる。

　清水六兵衛（初代〈1738～99〉）は、江戸時代中期から続く京焼の陶工の名跡。**奥田頴川**（1753～1811）は、中国・明の磁器を手本に古染付、赤絵に独自の境地を開いた京焼の陶工で、**青木木米**（1767～1833）は頴川の弟子。青磁や染付、中国・朝鮮の陶磁器の写しを得意としている。

31 解答

イ 尾形乾山

4 芸術・文化に関する記述について、最も適当なものを**ア**〜**エ**から選びなさい。

今年（2022）、名称の起源とされる応仁・文明の乱勃発から起算して555年の記念の年で、先染めした絹糸を使い、紋様を織り出す高級紋織物は何か。

ア 西陣織　　　　　　**イ** 京鹿の子絞

ウ 京繡　　　　　　　**エ** 京友禅

20回3級

21回3級

21回2級

21回1級

　応仁・文明の乱は、室町時代中期の応仁元年（1467）に勃発し、文明9年（1477）まで続いた内戦。京都市中を舞台に東軍、西軍に分かれて戦った。平安時代から現在の上京区あたりで「大宮絹」と呼ばれる高級紋織物業が盛んだったが、職人たちは戦を逃れて各所に避難し、終戦とともに西軍の本陣があった大宮通今出川（上京区）周辺に戻り、再び絹織物を始めその織物を**西陣織**と呼ぶようになった。西陣織は西陣地域で製織される多品種少量生産が特徴の先染め（糸を先に染めること）の紋織物。
　京鹿の子絞は、布を糸で括って染め上げる染色技法で、括られた部分が染色されずに白く残ることで模様を表現する。その特徴は、手絞りによる複雑で精巧な模様表現にある。布地全体を隙間なく詰める「疋田絞」が代表的な技法で、絞り技法は50種類以上にのぼる。**京繡**は絹糸、金糸、銀糸などを駆使した贅沢で豪華な刺繡。**京友禅**は絵画のように着物の模様を表現するもので宮崎友禅斎が始めたとされ、江戸時代には小袖の文様として花開いた。

32 解答

ア 西陣織

4 芸術・文化に関する記述について、最も適当なものをア～エから選びなさい。

問33

アニメ映画「君の名は。」の登場人物が髪を結んだり、ブレスレットとして使ったりしたため話題となり、よく似ているために注文が殺到した、糸を組み上げて一本の紐に仕立てる経済産業大臣指定伝統的工芸品は何か。

ア 京黒紋付染　　イ 京象嵌

ウ 京小紋　　エ 京くみひも

京くみひも＝写真＝は正倉院御物にも見られる。複数の糸をくみ上げて1本の紐に仕立てるもので、平安時代から神具・仏具、武士の鎧や兜、刀の下げ緒、羽織の紐、帯締めなど暮らしを支えてきた。現代ではミサンガや髪飾りなどにも使われている。丸台や角台、高台などを使って、数十本の糸を組み上げるのだが、糸の交差する部分をへらで打ち込んで締める糸割、糸合わせ、房付け、湯のしなど数多くの工程がある。

京黒紋付染は黒染めで染められる。江戸時代は藍染などで下染めの後、潰したビンロウの種子を染重ねる「びんろうじ染」が中心だった。明治になって海外からの化学染料が入り、現在の式服や礼服に使われている。**京小紋**は型紙に微細な紋様を彫り防染糊を置いてから1色で引き染めする。武家の裃（かみしも）に重用され江戸時代に発展した。その後、多色染めも行われるようになる。**京象嵌**は金属に金、銀、貝などを槌で打ち込んで模様を表現する。

33 解答

エ 京くみひも

4 芸術・文化に関する記述について、最も適当なものをア〜エから選びなさい。

問
34

千利休を祖とする茶道家元の三千家のうち、官休庵と呼ばれる茶室がある家元はどれか。

ア 表千家　　　　　イ 裏千家

ウ 武者小路千家　　エ 藪内家

　千利休の孫、元伯宗旦には4人の男子があった。長男閑翁宗拙は故あって家を出たが、次男の一翁宗守、三男の江岑宗左、四男の仙叟宗室がそれぞれ官休庵＝写真＝、不審菴、今日庵として初祖利休以来の道統を受け継いだ。

　茶室の基本は四畳半だが、「直心の交わり」を求める利休は、主客の距離をなるべく縮めようとより極小の空間である小間の茶席を重んじるようになり、その思いは三千家それぞれに継承された。官休庵は入母屋造、柿葺きの出庇がある一畳台目の茶室で、中央に亭主と客とを仕切る五寸一分（約15センチ）の道具置き場ともなる半板を設けるとともに、茶道口から入ると半畳分の板畳を踏み込みとする。視覚的・機能的に空間を仕分ける変化と特徴が認められる。大正15年（1926）、愈好斎の再建による。

　ちなみに一翁ははじめ近衛家、のちに讃岐高松藩の茶道指南となり、晩年は武者小路の現在地に悠々自適、茶三昧の生活を送ったという。高松藩への出入りは十一代一指斎の代にまで及んだ。

34 解答

ウ 武者小路千家

問
35

盧山寺にある歌碑「めぐりあひて みしやそれ とも わかぬまに 雲かくれにし 夜半の月影」を詠んだ歌人・作家で、日本の代表的な古典文学『源氏物語』を著した、2024年の大河ドラマの主人公となるのは誰か。

ア 和泉式部

イ 清少納言

ウ 紫式部

エ 小野小町

　歴史学者・角田文衞博士の考証により、盧山寺の境内を中心とする一帯に**紫式部**（生没年不詳）の曾祖父・堤中納言と呼ばれた藤原兼輔の邸宅跡（堤第）があったと判明した。紫式部はこの邸宅で育ち生涯をここで暮らし、『源氏物語』や『紫式部日記』などを執筆したという。昭和40年に「紫式部邸宅跡」顕彰碑が建立され、源氏庭が整備された。

　誓願寺が女人往生の寺と言われる由縁を作った人物が、**和泉式部**（生没年不詳）と**清少納言**（生没年不詳）である。2人ともこの寺で菩提心を起こし尼になり、極楽往生を遂げたという。随心院は、**小野小町**（生没年不詳）の邸宅跡と伝わる。寺には小町への恋文を埋めた文塚、手紙を下張りして作られた文張地蔵尊立像、小町の化粧井戸、卒塔婆小町坐像などが伝わる。境内の小野梅園の開花の頃に行われる「はねず踊り」は、深草少将が小町を慕い通った「百夜通い」の伝説にちなむ。

35 解答

ウ 紫式部

4 芸術・文化に関する記述について、最も適当なものをア〜エから選びなさい。

問36

役者の名前をつらねた「まねき（看板）」が師走の風物詩ともなっている南座の顔見世は何の興行か。

ア 落語
イ 雅楽
ウ 能
エ 歌舞伎

20回3級

21回3級

21回2級

21回1級

　京都で**歌舞伎**を鑑賞するといえば、四条大橋の東詰に建つ劇場・南座である。普段は歌舞伎以外の舞台も行われているが、毎年12月のひと月間は吉例顔見世興行といって、歌舞伎の正月とも言える江戸時代以来の伝統をもつ興行が行われる。その伝統の一つが、役者の名前を連ねた「まねき」と呼ばれる看板＝写真＝。南座正面にそれを掲げる「まねき上げ」の行事は、京に師走の到来を告げる風物詩として、必ずニュースに取り上げられる。

　落語では、落語の祖とされる安楽庵策伝（1554〜1642）は、繁華な新京極にある誓願寺五十五世という高僧であった。

　能は、現在活動する能楽シテ方は金春流、観世流、宝生流、金剛流、喜多流の5流のうち、金剛流を除く他の4流は、東京を本拠としている。室町幕府第三代将軍・足利義満の愛顧を受けて京の都に進出した観阿弥・世阿弥父子は、現在の観世流につながる。

令和4年吉例顔見世興行より

36 解答

エ 歌舞伎

問
37

大和猿楽四座の一つ坂戸座を源流とし、京都に家元を置く流派はどこか。

ア 観世流　　　　　イ 金春流

ウ 宝生流　　　　　エ 金剛流

　能は、室町時代に成立したとされるが、さらに古くには猿楽、猿楽能と称され、南北朝時代に奈良興福寺に奉仕していた大和猿楽四座が、現在活躍する5流のうち4流の源流となっている。

　その4流のうち、唯一京都に宗家を置くのは**金剛流**。大和猿楽四座の一つ、坂戸座を源流とし、現在は御所に面して西側に建つ金剛能楽堂を本拠としている。4流のうち、家元が京都在住ということから、京都検定には過去、金剛流に関する出題が極めて多い。また狂言でも同様で、京都在住の狂言師・茂山家についても出題頻度が高くなっている。

　大和猿楽四座のうち、**観世流**は結崎座を源流とする。能・狂言の公演を行う京都観世会館は岡崎にある。**金春流**は円満井座、**宝生流**は外山座を源流とする。宝生加賀と呼ばれるように、加賀藩の時代より今日まで、金沢では宝生流が盛んだ。

37 解答

エ 金剛流

京都に煎茶を普及させたことでも知られる、「売茶翁」とも呼ばれた黄檗僧は誰か。

ア 高遊外 　　　　イ 小川可進

ウ 剣仲紹智 　　　エ 隠元隆琦

　黄檗といえば、まずは開基となった中国僧**隠元隆琦**（1592～1673）の名が思い浮かぶ。煎茶文化の始点をそこに求める向きもあり、それは一定首肯できる。ただその広範な普及と言うと、やはり売茶翁こと**高遊外**（1675～1763）を挙げるのが妥当である。肥前国蓮池の人で姓は柴山、名は元昭、黄檗僧化霖道龍に学び剃髪して月海と名乗った。

　中国直輸入の鮮烈な色彩の絵画や抑揚のある大ぶりな書跡に、新しく工芸品や煎茶器をはじめとする道具が組み合わされ、茶の湯とは趣を異にした芸術的空間が生み出された。茶道と対照的に煎茶文化を語る一つのモチーフが売茶翁であり、異国情緒漂う黄檗はその背景、うってつけのイメージとしてそれを包み込んだ。ちなみに売茶翁の通称は、晩年、道服をまとい京都市内の各地に茶具を担って出没するその姿から誰言うとなく定着したものらしい。『近世畸人伝』は、卓越した才能や能力を持つが、風体や立ち居振る舞いがとても独特だと思われる人物の筆頭にこの売茶翁を挙げている。

38 解答

ア 高遊外

問 39

花街の始業式に、舞妓が髪に挿すことになっている花かんざしは何か。

ア 稲穂　　　　　**イ** 梅

ウ 菜の花　　　　**エ** 菊

　京都の五花街の始業式とは、仕事始めの意味合いを持つ。祇園甲部、宮川町、先斗町、祇園東では1月7日に、上七軒は9日に式典が催され、前年の売花の成績など優秀であった芸舞妓の表彰や、祝いの舞踊などを上演して、新しい年の精進を誓い合う。芸舞妓は始業式が終わると、日頃お世話になっているお茶屋に新年の挨拶に回り、新春の花街は華やぎを増す。

　始業式の日の芸舞妓の装いは、黒紋付きの正装。髪には**稲穂**＝写真＝と松竹梅の花簪を挿す。芸妓は左側に、舞妓は右側に挿すのが決まりである。稲穂は正月に限られ、正月が明けると松竹梅だけとなる。花かんざしとは、主として舞妓を彩る髪飾りで、各月によってデザインが変化する。例えば2月は**梅**、3月は**菜の花**、10月は**菊**などで、季節の花をテーマとしていることが多い。花かんざしは羽二重や和紙、平糸、針金などを材料にし、全て繊細な作業によって手作りされている。

39 解答

ア 稲穂

4 芸術・文化に関する記述について、最も適当なものをア～エから選びなさい。

問
40

五花街の一つで、春に都をどりが開催される花街はどこか。

ア 祇園甲部 　　　　イ 宮川町

ウ 先斗町 　　　　　エ 上七軒

京都には5カ所の花街があり「五花街」と呼ばれている。花街は芸事の街であり、普段はお茶屋などの宴席で披露されるが、一般に公開される舞台公演もある。

春の舞踊公演を「春のをどり」と総称し、**祇園甲部**では「都をどり」、**宮川町**では「京おどり」、**先斗町**では「鴨川をどり」、**上七軒**では「北野をどり」がそれぞれ百花繚乱のごとく開催される。春のをどりの先駆けとなったのは都をどりで、明治5年（1872）に開かれた京都博覧会の附博覧として披露されたのが始まり。五花街の中で唯一秋に行われるのが、祇園東の「祇園をどり」である。

また、秋季には技芸の真価を見せる公演として、祇園甲部の「温習会」、宮川町の「みずゑ会」、先斗町の「水明会」、上七軒の「寿会」の各舞踊公演が開かれる。

平成6年（1994）には平安遷都1200年記念催事として「京都五花街合同公演　都の賑い」が始まり、五花街の芸舞妓の技芸が一度に観覧できる恒例の舞踊公演となっている。

40 解答

ア 祇園甲部

問 41

節分に「ヤイカガシ」と呼ばれる呪物を家の戸口に掲げる習慣が伝えられている。この呪物は、ヒイラギの葉と魚の頭でできているが、その魚は何か。

ア ウナギ
イ イワシ
ウ ハモ
エ サバ

　ヤイカガシ、ヤイコガシともいう。節分の夜に、魔除けのために臭気の強いものを玄関先に飾る風習によるもので、**イワシ**の頭をヒイラギの小枝に刺した呪物。鬼はにおいの強いものを嫌うとされる。京の節分行事は平安時代に宮中で行われていた「追儺（ついな）」に由来すると言われる。

　ハモは海から遠い京都の市街地でも食べられる海の魚だった。紀伊水道、瀬戸内海で獲れたものが京都に運ばれるのだが、生命力が強いため、生きたまま入荷したという。だが、小骨が多く「骨切り」の技術がないと食べられなかった。江戸時代頃から骨切りの技術が発展し、祇園祭を鱧（はも）祭りというように、祭りにつきものの名物になった。**サバ**は京都北部の若狭で獲れ、その場で塩をしたものが鯖街道を経て市街地まで運ばれた。祭りなどハレの日には、各家庭で鯖寿司を作ってふるまった。酢でしめて寿司飯に合わせたものでご馳走だった。

41 解答

イ イワシ

5 祭りと行事に関する記述について、最も適当なものを ア～エ から選びなさい。

問 42

少年少女がある年齢に達したとき、3月中旬から5月中旬にかけて法輪寺へ赴き、智恵を授かる行事は何か。

ア 千日詣り　　　**イ** 都七福神まいり

ウ 四方まいり　　**エ** 十三まいり

　数え年13歳になった子が智恵や福徳を授かるために法輪寺を参詣することを**十三まいり**という。お参りの後、渡月橋を渡りきるまでに振り返ると授かった智恵を返してしまう、という言い伝えがある。

　千日詣りは千日通夜祭と言われ、7月31日夜から8月1日早朝にかけて愛宕神社を参拝すると千日分のご利益があるとされる。愛宕神社は山伏の神様。山頂付近にあり、「火迺要慎」の護符と樒を授かる。3歳までの子どもが参ると一生火難を免れると言われる。**都七福神まいり**は京都市内と宇治市にある七福神を祀った七カ所の神社・寺院を巡る。七福神の信仰は京都が発祥と言われ、正月や縁日に回る人も多い。**四方まいり**は、立春の前日（節分のときとも）に都の4つの鬼門を護る寺社―吉田神社、八坂神社、壬生寺、北野天満宮―を参拝して邪気を払うことを言う。

42 解答

エ 十三まいり

⑤ 祭りと行事に関する記述について、最も適当なものをア～エから選びなさい。

問 43

5月3日に下鴨神社の糺の森で行われる、馬に乗った射手が駆け抜けながら3カ所の的を狙う葵祭の神事は何か。

ア 流鏑馬神事　　　イ 御禊神事

ウ 御阿礼神事　　　エ 御蔭祭

選択肢の4つはいずれも葵祭の前儀である。**流鏑馬神事**＝写真＝は5月15日の葵祭に先立ち、祭りが平穏無事に行われるよう、沿道を清める意味がある。下鴨神社の糺の森で、公家や武家の礼服（束帯）を着用した騎手が馬にまたがり、南から北まで約400メートルある馬場を走りながら3つの的を打ち抜く。

御禊神事は斎王代以下、女人列が身を清める神事。5月2日または4日に行われる。古くは賀茂川で行われていたが、現在は上賀茂神社ではならの小川で、下鴨神社では御手洗池で毎年交替で行われている。**御阿礼神事**は上賀茂神社の祭事。5月12日の深夜に行われる。葵をかざした宮司以下神職が神霊を迎える。完全非公開。**御蔭祭**は12日に行われる。下鴨神社の祭神の荒御霊を迎える神事で、上高野（左京区）の御蔭神社と下鴨神社で行われる。

43 解答

ア 流鏑馬神事

問
44

6月20日に鞍馬寺で行われる、法螺貝の合図
で参集した法師が掛け声とともに青竹を伐る行
事は何か。

ア 虫払定　　　　　イ 県祭

ウ 竹伐り会式　　　エ 御戸代会神事

　平安時代、峯延上人が修行中に襲ってきた大蛇を法力で倒
し、一方雌の大蛇は鞍馬寺の香水を守護することを誓い、寺
に祀られた。**竹伐り会式**＝写真＝の青竹は大蛇に見立ててい
る。江戸時代中期頃からは、近江座と丹波座に分かれて伐る
速度を競い、豊作を占うようになった。
　虫払定は神護寺で5月1日〜5日まで行われる寺宝の虫干
しのこと。この時、貴重な絵画などを見ることができる。**県
祭**は6月5日の夜から6日未明に宇治市の古社、県神社で行
われる。暗闇の中で行われる梵天渡御が見所。**御戸代会神事**
の御戸代は神に献上する稲を栽培する神田のこと。上賀茂神
社で7月1日に行われる。植え付けが終わり、害虫の発生を
防ぐ祈願をし、農夫の労を労うために猿楽や田楽を演じた。
現在では観世流能楽と大蔵流狂言が奉納される。

44 解答

ウ 竹伐り会式

問
45

祇園祭の前祭と後祭では、山鉾巡行のコースが
異なる。前祭の山鉾の出発点はどこか。

ア 四条烏丸　　　　イ 四条河原町

ウ 河原町御池　　　エ 烏丸御池

　祇園祭の山鉾巡行は豪華絢爛だが、祭り本来の目的は神輿の渡御にある。山鉾巡行は、あくまでも神輿の露払い。神輿が御旅所に出る神幸祭の露払いをするのが前祭の巡行で、御旅所から八坂神社に戻る還幸祭の露払いが後祭の巡行。祇園祭ではこの本来の姿を、平成26年(2014)から復活させている。この意味を知っておけば、前祭と後祭のある理由がよく分かる。

　前祭の山鉾巡行は、平成26年以前と全く変わらないので、出発点は**四条烏丸**。午前9時に「エンヤラヤァ」の掛け声で山鉾が動き出す。

　後祭の山鉾巡行は出発点も出発時刻も変わるので要チェックだ。すなわち、後祭の出発点は**烏丸御池**で、出発時刻は30分遅い午前9時30分。烏丸御池から御池通を東進し、まず行われるくじ改めの場所は、京都市役所に近い寺町御池。この後、**河原町御池**、次に**四条河原町**で方向転換の辻廻しが行われる。これは前祭の巡行コースの逆を行くと思えばよい。

45 解答

ア 四条烏丸

問
46

地蔵菩薩を祀る仏教行事で、現在は8月下旬の週末に開催される、子どもたちを中心に行われる町内行事は何か。

ア 六斎念仏 　　**イ** 地蔵盆

ウ 千灯供養 　　**エ** 六地蔵巡り

　主に近畿地方で行われる**地蔵盆**だが、特に京都で盛んだ。地蔵菩薩8月の縁日である8月24日の前日に行われていたが、現代では8月下旬の土曜、日曜に行われることが多い。明治時代以前は「地蔵会」「地蔵祭」と言われ地蔵菩薩を祀る仏教行事だった。地蔵菩薩は子どもなど弱い人を苦難から護ってくれると信仰されていた。今も子どもが主役であり、町内会単位で行われる。僧侶の読経に合わせ全員で大きな数珠を回す数珠繰り（数珠まわしとも）なども行われる。

　六斎念仏は平安時代、空也上人が庶民に念仏を布教するために始めたとされる。鉦や太鼓で囃し、念仏を唱えながら踊る民俗芸能。盆の前後に行われる。国指定重要無形民俗文化財。令和4年（2022）に「風流踊」としてユネスコ無形文化遺産に認定された。**千灯供養**は化野念仏寺で8月最終土日に行われる。境内の数千体の無縁仏にろうそくを灯して供養する。**六地蔵巡り**は今日の旧街道の6カ所の入口に安置された6体の地蔵尊を巡拝するもので、後白河天皇が始めたとされ、850年以上続いている。

46 解答

イ 地蔵盆

問 47 上賀茂神社で、重陽神事に続き行われる、刀禰（とね）が弓矢を持って横跳びし「カーカーカー」、「コーコーコー」と応じるユニークな行事は何か。

- ア 裸踊り
- イ 仏舞
- ウ 亥子祭
- エ 烏相撲

　上賀茂神社で9月9日の重陽神事に続いて、細殿前庭において**烏相撲**（からすずもう）＝写真＝が奉納される。まず、刀禰（とね）2人が弓矢を持ち、カラスの横跳びやカラスの鳴き真似をする。そのあと、子ども相撲が奉納されるが、その様子を斎王代（さいおうだい）も見学する。

　親鸞聖人生誕の地とされる法界寺で行われる**裸踊り**は、修正会（しゅしょうえ）の結願（けちがん）行事である。1月14日の夜、阿弥陀堂の広縁で地元の信者が下帯のみとなり「頂礼（ちょうらい）、頂礼」と激しくぶつかり合う。当日牛王札（ごおう）が授与される。**仏舞**（ほとけまい）は5月8日、舞鶴市の松尾寺で、花祭の一環として奉納されている。江戸時代初期から伝わるとされており、地元では卯月八日（うづきようか）の仏舞と通称されている。国指定重要無形民俗文化財。**亥子祭**（いのこさい）は和気清麻呂（わけのきよまろ）を祭神とする護王神社の神事。イノシシが清麻呂を苦難から救ったという伝説があり、平安時代、宮中で行われていた御玄猪（おげんちょ）の儀式に由来する。亥の月、亥の日、亥の刻に亥の子餅を食べると病気にかからないとされ、11月1日に行われる。現在では亥の子餅は11月頃に和菓子店などで販売している。

47 解答

エ 烏相撲

問
48

勇敢な女武者姿で時代祭の女人行列に登場する、平安末期、源義仲（木曽義仲）に仕えた女性は誰か。

ア 新島八重　　　イ 細川ガラシャ

ウ 吉野太夫　　　エ 巴御前

10月22日に行われる時代祭は、京都三大祭の一つ。平安遷都1100年を記念して明治28年（1895）に始まった。

その時代風俗行列での女人列は登場順に、江戸時代婦人列、中世婦人列、平安時代婦人列という３つの時代がある。質問にある平安時代末期であれば、平安時代婦人列が該当する。この列には横笛や常盤御前、台車に乗る紫式部と清少納言、小野小町など、華麗な平安装束が続くが、先頭にただ一人、鎧を着けて武装し、騎馬姿で長刀をもつ女性がいる。それは武勇にすぐれた美女として名高い**巴御前**（生没年不詳）＝写真＝である。

吉野太夫は京の花街・島原の名妓で、出雲阿国らとともに江戸時代婦人列を行く。**細川ガラシャ**（1563～1600）と**新島八重**（1845～1932）は、時代祭の行列には登場しない。

48 解答

エ 巴御前

5 祭りと行事に関する記述について、最も適当なものをア～エから選びなさい。

問
49

東福寺の塔頭である正覚庵で、字の上達などを
願い毎年11月23日に行われる行事は何か。

ア 陶器供養　　　イ 筆供養

ウ 花供養　　　　エ 人形供養

　東福寺の塔頭として、寺の南側にひっそりと建つ正覚庵にちなむ行事といえば**筆供養**。山門には「筆の寺」とある。江戸時代に建てられた筆塚をはじめ、日本画家の西山翠嶂や西山英雄など多くの筆塚がある。筆供養は終戦後の昭和23年（1948）から毎年行われている。当日は筆神輿、山伏、稚児の行列の後、大護摩が焚かれ、護摩木とともに全国から寄せられた廃筆を火中に投じて供養する。

　陶器供養は毎年7月、千本釈迦堂（大報恩寺）の境内で開かれる陶器市の期間中に行われる。

　花供養は、灌仏会に花御堂を作り、仏を供養する行事。4月に鷹峯の常照寺で行われる吉野太夫を追善しての吉野太夫花供養では太夫道中や太夫による野点が行われる。

　人形供養は毎年10月14日、人形寺として知られる宝鏡寺で年に一度の人形供養祭が行われるが、他にも人形供養を受け付ける寺はある。

49 解答

イ 筆供養

5 祭りと行事に関する記述について、最も適当なものをア〜エから選びなさい。

問50

大晦日から元日の未明にかけて、八坂神社へ詣でて火縄に授かった火を持ち帰り、神前の灯明や正月の雑煮を炊く時の火種として一年間の無病息災を願う伝統的な祭事は何か。

ア をけら詣り　　　　イ 無言詣り

ウ お宮詣り　　　　　エ ぬけ参り

　京の年越し行事を代表するとも言えるもので、**をけら詣り**＝写真＝という。大晦日(おおみそか)の夜7時半頃から、八坂(やさか)神社の境内に設けられた灯籠にをけら火が点火される。をけらは漢字で白朮と書く、キク科の漢方植物。燃やすと発する強い匂いが邪気を祓うとして、古くから知られてきた。その白朮が焚かれた火を火縄に移して持ち帰り、お雑煮を作る火種として用い、一年の無病息災を祈ったものだった。

　無言詣り(むごんまいり)は、祇園祭の御旅所(おたびしょ)に神輿(みこし)が鎮座する期間、連日無言でお詣りすると願い事が叶うとされる。主に祇園花街(かがい)に伝わってきた風習である。

　お宮詣りは、子どもが生まれると生後30日前後に、地元の神社にお詣りを行う。

　ぬけ参りは江戸時代、家人や主人に許可を得ず、ひそかに伊勢参りの旅に出る方法をこう呼んだ。

50 解答

ア をけら詣り

157

6 京料理、京菓子に関する記述について、最も適当なものをア～エから
選びなさい。

問 51

京都において、正月のお雑煮で大方の家で使われる味噌は何か。

ア 田楽味噌 　　　**イ** ゆず味噌

ウ 赤味噌 　　　**エ** 白味噌

　正月の三が日にいただく京都の雑煮は、**白味噌**仕立て＝イラストはイメージ＝。雑煮は先祖の仏壇にも供えられることから、精進であることを踏まえて、出汁には鰹節を用いないで昆布だけでとる。食べる折には、各人の好みによって花鰹をふりかける。具材の丸小餅をはじめ、金時人参やクワイ、里芋などを丸く調えるのは、家族円満を願うからとも言われている。

　白味噌は塩分が少なくて甘口なのが特徴。他の味噌に比べ米麹をふんだんに加えて、良質の大豆とともに熟成させる。熟成期間が短いため保存期間も短くなり、味噌ではあるものの貯蔵食料品とは言い難い。有職料理や精進料理、懐石料理などの京料理の調味料、また京菓子の風味付けとして利用されることも多く、京都の食文化の歴史とともに歩んだ食品である。淡黄色の色合いも美しく、まったりと甘くて芳醇な風味ゆえに、祝い事などのハレの料理に欠かせない。

　明治維新後、東京に対して京都が「西京」とも呼ばれたことから、白味噌を「西京味噌」と称することもある。

51 解答

エ 白味噌

6 京料理、京菓子に関する記述について、最も適当なものをア～エから
選びなさい。

<table>
<tr><td>問
52</td><td>京都の正月、おせち料理の三種といえば、たた
き牛蒡、ごまめ、残るひとつは何か。</td></tr>
</table>

ア 丸小餅	イ 七草粥
ウ 鯖寿司	エ 数の子

　年明けのご馳走である正月料理は、行事食の代表である。
京都のお節料理の中で最も重視され、重箱の「一の重」に詰め
られるのは、ごまめ、**数の子**＝イラストはイメージ＝、たた
き牛蒡の「三種の祝い肴」。3種と定められているのには謂れ
があり、ごまめは「田作り」とも呼ばれることから五穀豊穣を、
鰊（にしん）の卵である数の子は子孫繁栄を、たたき牛蒡は叩いて開く
ことから開運をそれぞれ願うのである。また黒豆も欠かせな
い品で、まめに（勤勉に）との祈りがこめられている。

　雑煮は**丸小餅**を用いて白味噌で仕立てる。雑煮の具材とな
る頭芋は立身出世、小芋は子孫繁栄、大根は大地に根を張る
ようにたくましくなどの意味合いを持つ。

　他の正月の行事食としては、4日の鏡開きには鏡餅と水菜
のすまし汁、7日には**七草粥（ななくさがゆ）**、15日には小豆粥などがある。

52 解答

エ 数の子

159

6 京料理、京菓子に関する記述について、最も適当なものを**ア**～**エ**から
選びなさい。

問
53

京料理で、「渋う、こぶ、こぶといくように万
事しまつして」という意味が込められた、毎月
一日に食べる風習のあるものはどれか。

ア 鰊昆布

イ 荒布と揚げ

ウ いもぼう

エ おから

京都には、毎月「この日にはこの料理を食べる」というお決
まりの料理がある。特に職住一体の商家などでは、朔日、中日、
月末などの多忙な時期に、献立に悩まされることなく、しか
も栄養のバランスが摂れる料理を、決まりごとの献立として
受け継いできた。いわばお決まりの料理は、月の節目をかし
こく過ごす暮らしの知恵である。

月はじめの1日には、まめ（元気）に暮らせるようにとの思
いを込めて、小豆のごはん。おかずには「しぶう、こぶとい
くように」鰊と昆布の煮つけの**鰊昆布**。「しぶう」とは始末、「こ
ぶ（う）」とは倹約の意味に近い。末広がりの8日には、「よい
芽が出ますように」とあらめと油揚げを炊く。15日には、小
豆ごはんに棒鱈と海老芋の煮た**いもぼう**となます。月末には、
おからを炒る。おからは庖丁を入れないで調理できることか
ら「きらず」とも言われて「縁が切れないように」との願いか
ら調理される。

53 解答

ア 鰊昆布

6 京料理、京菓子に関する記述について、最も適当なものをア〜エから
選びなさい。

<table>
<tr><td>問
54</td><td>武家の式正料理として成立し、銘々に膳を設け、
今日の日本料理の基本となった料理は何か。</td></tr>
</table>

ア 大饗料理　　　　　イ 本膳料理

ウ 精進料理　　　　　エ 普茶料理

本膳料理＝イラストはイメージ＝は、武家の礼法が確立された室町時代に、武家の饗応のための式正料理として始まった。江戸時代に様式を確立し、明治時代に引き継がれた。その後は次第に簡素化され、現在は冠婚葬祭などに供される祝い膳の形式にその名残りを留めている。

本膳料理は、儀礼的な酒宴の式三献と、本膳を主とした料理の膳によって成り立つ。本膳のほかに二の膳、三の膳、与の膳、五の膳などが加えられていく形式である。七五三という奇数の膳組を正式とし、本膳の献立は汁、飯、平（坪）、膾、香の物の一汁三菜が基本。二の膳の汁一種と三種の菜によって二汁五菜となり、さらに三汁七菜などと増えていく。

一客ごとに銘々膳を使い、魚具・肉類用の真名箸や野菜用の菜箸を用いるなど箸文化を確立。鰹節と昆布による出汁を料理の基本と位置付けるなど、日本料理の礎を築いた。調理の秘法や料理の盛り付け、配膳の仕方、食べ方の礼法などがあり、本膳料理を専門とする複数の流派も誕生した。

54 解答

イ 本膳料理

6 京料理、京菓子に関する記述について、最も適当なものを⒜〜⒠から選びなさい。

問55

田楽に欠かせない京野菜で、へたが三片のものが形がよいとされるのは何か。

ア えびいも　　　イ 京たけのこ

ウ 賀茂なす　　　エ 聖護院きゅうり

　京野菜の中で「明治以前から導入されたもの」などの定義を満たし、京都府によって認定された野菜を「京の伝統野菜」と称する。以下の4種の野菜も京の伝統野菜である。

　賀茂なすは貞享元年（1684）の文献に現れ、今から約100年前から北区の上賀茂や西賀茂で栽培されるようになったという。果実は大きく、きれいな球形で、黒紫色に艶めいている。三角形のヘタ（ガク）が3枚ついているものが、見た目によいとされている。薄くて軟らかい皮と緻密な果肉が特徴であり、田楽の料理に向いている。

　えびいもは安永年間（1772〜81）より、京都で栽培が始まったとされる。反り返った形状と表面の縞模様がエビに似ているところから命名された。孟宗竹のたけのこ栽培は、西山一帯でまとまった栽培が行われている。卓越した栽培技術により、**京たけのこ**を育成。**聖護院きゅうり**は天保年間（1830〜44）以前から栽培されていたとされる。

55 解答

ウ 賀茂なす

6 京料理、京菓子に関する記述について、最も適当なものを ア～エ から
選びなさい。

問 56

上賀茂一帯で広く栽培される紡錘型のかぶで、
主に酸味の効いた乳酸発酵漬物として利用され
るのはどれか。

ア 万願寺とうがらし　　**イ** 九条ねぎ

ウ 京みょうが　　**エ** すぐき菜

　京の伝統野菜の一つである**すぐき菜**の栽培の起源は、寛文
7年（1667）頃と推測される。上賀茂の特産蔬菜であり、上賀
茂神社の社家が栽培を始めたことに発祥するというのが定説
である。葉は濃い緑色で、茎の部分は白色の円錐形。すぐき
菜はそのほとんどが、葉、茎ともに漬物の「すぐき」＝写真＝
に加工される。すぐきは天秤やプレス機による漬け込みのあ
と、室で乳酸発酵させた漬物。独特の酸味と芳醇な香りが特
徴で、「京の三大漬物」（京都府漬物協同組合による）の一つ
とされる。天秤を用いた本漬けの風景は、京都の冬の風物詩
である。

　九条ねぎと**京みょうが**も京の伝統野菜。京みょうがは江戸
時代末に伏見桃山が原産とされる。九条ねぎの発祥は和銅4
年（711）と伝統野菜の中でも極めて古い来歴を持つとされ、
江戸時代に現在の京都市南区九条付近で栽培されていたとさ
れる記録がある。**万願寺とうがらし**は、京の伝統野菜に準じ
る野菜。

56 解答

エ すぐき菜

6 京料理、京菓子に関する記述について、最も適当なものをア～エから
選びなさい。

問
57

喫茶の習慣が広まった鎌倉時代から、本茶とされた栂尾と並んで古くから茶の産地として知られるお茶のブランド名はどれか。

ア 宇治茶　　　　　イ 舞鶴茶

ウ 綾部茶　　　　　エ さらびき茶

　舞鶴市・綾部市・福知山市で作られる茶を、丹後・丹波にまたがるところから、両丹茶または両丹の茶と呼ぶ。由良川やその支流域、舞鶴湾岸周辺を中心に優良品種茶園の面積は50ヘクタールに迫る。
　品目は碾茶、玉露・かぶせ茶、煎茶など緑茶全般に及び、特に碾茶と玉露の中には高級茶として取引され、宇治を経由して流通する製品も少なくない。日本茶の代表としてあり続けるのはもちろん**宇治茶**、そんな伝統的ブランドを支える産地がここに並んだ。
　在来種の「**さらびき茶**」を製造するのは、京丹波町の大朴協同生産組合。「むかし田舎で飲んだ」といった郷愁を誘う独特の渋みが特徴。今では少なくなった在来種の茶葉だけを使い煎茶に仕上げていく。

57 解答

ア 宇治茶

6 京料理、京菓子に関する記述について、最も適当なものを ア〜エ から
選びなさい。

問
58

貝の吹き口に見立てた牛蒡と白味噌餡を生地で
巻いた、節分に販売される厄除け京菓子は何か。

ア 法螺貝餅
イ 鳩餅
ウ 鎌餅
エ 亥の子餅

20回3級

21回3級

21回2級

21回1級

　修験宗総本山の聖護院では節分の日に、節分会厄除け採燈
大護摩供が行われる。この護摩祈祷会が一般にも公開される
ようになった昭和期、当時の四十六世岩本光徹門主の要請を
受けて、柏屋光貞の九代目が考案したのが**法螺貝餅**である。
小麦粉を水で溶いた生地を、鉄板の上に細長く伸ばして焼き、
この焼き皮でゴボウを刺した白味噌餡を巻きつけて、行者が
使う法螺貝に似せて形作る。焼き皮から出たゴボウが法螺貝
の吹き口に見えるように工夫されている。柏屋光貞によって
節分の日にのみ販売される法螺貝餅は、一年の無病息災を願
う厄除けの菓子である。

　鳩餅は三宅八幡宮の神の使いである鳩の姿を見立てたしん
こ製の門前菓子。鎌の形を模した**鎌餅**は、もとは鞍馬口の茶
店の茶菓であったものを、大黒屋鎌餅本舗が銘菓に高めた。
うり坊（猪の子ども）を模した意匠の**亥の子餅**は、11月の亥の
日に食べて、子孫繁栄と無病息災を祈る菓子。

58 解答

ア 法螺貝餅

165

6 京料理、京菓子に関する記述について、最も適当なものを ア ～ エ から
選びなさい。

問
59

奈良時代、遣唐使によって伝えられた唐菓子（からくだもの）で、
七種の香りを混ぜた餡を包み、ごま油で揚げた
京菓子は何か。

ア 清浄歓喜団　　　イ あぶり餅

ウ みたらし団子　　　エ 真盛豆

　亀屋清永が調製する**清浄歓喜団**（せいじょうかんきだん）は、唐の国からもたらされ
た「唐菓子（からくだもの）」の面影を今に伝える菓子の一つ。唐菓子とは米粉
や小麦粉、大豆粉などを水で練り、さまざまに造形して油で
揚げたものだったとされる。『倭名類聚抄（わみょうるいじゅうしょう）』などの文献には、
唐菓子として梅枝（ばいし）、桃枝（とうし）、桂心（けいしん）、団喜（だんき）などの名前が記されて
いる。清浄歓喜団は団喜に属する。
　亀屋清永の清浄歓喜団は、米粉と小麦粉を合わせた生地で、
香料を利かせた餡玉を巾着型に包み、ごま油でじっくりと揚
げてある。清浄歓喜団は「聖天さんのお団」と呼ばれているよ
うに、歓喜天に供えられることが多い。歴史的には神饌や供
饌（せん）として使われ、平安貴族の饗宴に食されることもあった。
今では異国情緒の漂う京菓子として、お土産に購入する人も
増えた。
　あぶり餅は今宮神社の門前菓子、**みたらし団子**は下鴨神社
の門前菓子、**真盛豆**は真盛上人（しんせい）ゆかりの菓子。

59 解答

ア 清浄歓喜団

6 京料理、京菓子に関する記述について、最も適当なものをア〜エから
選びなさい。

問
60

京都の正月を代表する伝統菓子の一つで、明治
時代以降、裏千家では茶の湯の初釜で使われる
ようになったものは何か。

ア はなびら餅　　　イ 麦代餅

ウ 松風　　　　　　エ 吹き寄せ

　はなびら餅＝イラストはイメージ＝とは、円形に伸ばした
白い餅や求肥の上に、紅色に染めた菱形の餅、白味噌餡、ゴ
ボウの甘煮を乗せて、半分に折りたたんだ菓子。菓子屋によっ
ては菱餅を加えないところもある。もとは宮中の正月の行事
食とされる「御菱葩（おんひしはなびら）」に由来すると考えられる。明治時代になっ
て、裏千家十一代玄々斎と川端道喜（どうき）の十二代目当主によって、
御菱葩から発想されたのが「御菱葩餅」。裏千家の初釜の主菓
子として供されていたが、次第に他の京菓子司でも製菓する
ようになり「はなびら餅」として一般化していった。今では他
県の菓子屋でも作られており、正月の祝い菓子として人気が
ある。
　麦代餅（むぎて）は農繁期に間食として食べられていたものを、中村
軒が代表銘菓に育てた餅菓子。松風にはさまざまな焼き菓子
があるが、亀屋陸奥（かめやむつ）の松風は元亀元年（1570）の石山本願寺の
合戦のさなかに兵糧として誕生した菓子。吹き寄せとは、干
菓子で表現した紅葉や黄葉などを集めたもの。

60 解答

ア はなびら餅

問 61　岩田帯は、お産の軽い動物にあやかり妊娠5カ月目の何の日に巻くとよいとされているか。

ア　丑 (うし)　　　イ　巳 (み)

ウ　午 (うま)　　　エ　戌 (いぬ)

岩田帯は妊娠5カ月目の戌の日に巻くのがよいとされる。地方によっては7カ月目というところもあるが、いずれも戌の日は変わらない。犬はお産が軽いことからそれにあやかってのことだが、布を巻くことによる腹部の保温・保護・胎児の位置を保つという意味もある。

丑は菅原道真とゆかりが深い。道真は丑年生まれで没したのも丑の年だとされる。牛をかわいがり牛に命を助けられたこともある。道真を祀る北野天満宮には撫で牛の像もある。頭を撫でると頭がよくなるというが、病気の箇所を撫でるのもよいと言われる。

巳は弁財天とゆかりがある。弁財天は蓄財の女神であり豊穣神。蛇は復活と再生の象徴として、その抜け殻を財布に入れておくとお金に困らないという。

2月最初の午の日、伏見稲荷大社で初午大祭が行われる。この日参詣することを「初午詣で」あるいは「福まいり」と称する。

61 解答

エ　戌 (いぬ)

7 ならわし、ことばと伝説、地名に関する記述について、最も適当なものを
ア～エから選びなさい。

<table>
<tr><td rowspan="3">問
62</td><td colspan="2">おくどさん（カマド）の荒神棚に並べるのは、七
福神のうちのどれか。</td></tr>
</table>

ア 福禄寿	イ 毘沙門天
ウ 布袋尊	エ 寿老人

20回3級　21回3級　21回2級　21回1級

　いずれも七福神だが、台所のカマドの上の荒神棚に並べる
のは**布袋尊**＝イラストはイメージ＝。棚が大きければ毎年並
べるが、小さければ毎年交換して祀ってもよい。7年経った
ら次の年は「一年さん」に戻る。途中不幸があったらそれまで
のものを納めて翌年から一年さんに戻る。布袋尊は中国の800
年代頃に実在したという契此（ケイシとも）という僧侶がモデ
ル。大きな袋を持ち歩いてその袋に施しを受けていた。御利
益は、夫婦円満、財福上昇、笑門来福。

　福禄寿は「人望・富貴栄達」の神様。中国道教由来の神で、
幸福、財産、長寿を叶える。**毘沙門天**はインド由来の神様。
仏教の四天王の一尊とするときは多聞天、独尊像は毘沙門天
という。商売繁盛、金財運向上、厄除開運に加えて勝運の御
利益がある。戦国時代の武将たちにも信仰された。**寿老人**は
同じ中国道教の神仙ということもあり福禄寿と間違われやす
いが別の神様。桃を身に付けシカを従えている。御利益は不
老不死。

62 解答

ウ 布袋尊

7 ならわし、ことばと伝説、地名に関する記述について、最も適当なものを
ア〜エから選びなさい。

京ことばで「ブブヅケ」を意味するのは次のど
れか。

ア 味噌汁   イ 豚汁

ウ 茶漬け   エ 粕汁

　京ことばでいう「ブブヅケ」は、**お茶漬け**のこと。お茶は「ブ
ブ」といい、また「オブ」「オブー」という言い方もよくする。
「オブーどうどすか？」「オブいただきます」といったふうに、
普段から使われている。
　お茶漬けのことを「ブブヅケ」という、これを有名にしたの
は、「京の茶漬け」として京都のことわざのようになっている
このエピソードではないだろうか。「京の茶漬け」とは、口先
だけの実がないたとえ。京都で人の家を訪問して、長居をし
てしまった頃、あるいは食事どきにさしかかった頃、「ブブヅ
ケでもどうどす？」と主からひと言。しかし、このブブヅケ
は口先だけで、待っていても何も出てこない。「そろそろお開
きにしましょう」と翻訳して心得るべきひと言、といえばい
いだろうか。だから京都のおつきあいは難しい、と言われそ
うな一例である。

63 解答

ウ 茶漬け

問 **64**

京都の特徴を言い表したことわざ「京に多きも
のは」に続くのは何か。

ア 寺と女　　　　　　　イ 一見さん、お断り

ウ 稲荷詣でに愛宕詣で　エ 京の底冷え

　「京に多きものは**寺と女**」と続く。京都の特徴は、美しい寺
と美女が多いこと、というのである。これは、単に寺と女が
多い、と説明しているのではない。美しい寺と美女が多い、
京都はなんと素晴らしいことか、と褒めあげているのだ。こ
れに似たことわざが他にもある。「東男に京女（あずまおとこ きょうおんな）」は、男性は気
前のいい江戸の男がよく、女性は優しくて美しい京の女がよ
いと、ここでも女性を褒めあげている。「鴨川の水を産湯に使
うと美人になる」「鴨川の水で顔を洗うときれいになる」も、
京の女性の美しさを褒めている。

　「**稲荷詣でに愛宕詣で**」は、雲がお稲荷さんこと伏見稲荷大
社の方向に行くと晴れ、愛宕さんこと愛宕山の方に行くと雨
になる、ということわざ。「**京の底冷え**」は、盆地である京は
冬の寒さが厳しいということ。「**一見（いちげん）さんお断り**」は、お茶屋
などに伝わる京都独特のお客への考え方。信頼関係を長く続
けることが基本になっている。

64 解答

ア 寺と女

7 ならわし、ことばと伝説、地名に関する記述について、最も適当なものを
　　ア～エから選びなさい。

問65　ことわざで「清水の舞台から飛び降りる」とは、
　　　　どのような意味か。

　　ア 辞退する　　　　　イ 一大決心する

　　ウ 格好をつける　　　エ 知ったかぶりをする

　これは京都が舞台のことわざだが、京都ではなく、むしろ京都以外の人が、全国各地で使う機会が多いのではないだろうか。それほどに有名な、しかも昔から使われることわざである。その意味は**一大決心する**こと。崖の上に建つ清水の舞台から飛び降りる、すなわち死ぬつもりで、何かを一大決心するときに、たとえてこう言う。

　知ったかぶりをするたとえとしての京のことわざは、白川夜船（シラカワヨブネとも）。ぐっすり眠ることの意味にも使われる。

65 解答

イ 一大決心する

問
66

歌人在原業平が、晩年に世間を離れ小塩山十輪
寺で心を慰めるために竃（かま）で焼いていたと伝えら
れるものは何か。

ア 土器　　　　　　イ 瓦

ウ 炭　　　　　　　エ 塩

20
回
3
級

21
回
3
級

21
回
2
級

21
回
1
級

　西京区大原野にある十輪寺は、平安時代の歌人在原業平（825
〜880）が晩年に閑居していた寺で「なりひら寺」とも呼ばれ
ていて業平の墓と伝わる宝篋印塔（ほうきょういんとう）や業平が塩を焼いたと伝わ
る塩竃跡（しおがま）がある。業平は近くの大原野神社に、かつて恋仲だっ
た二条后（にじょうのきさき）が参詣することを知り、塩を焼いて変わらぬ恋心を
立ち昇る紫煙に託すと、それを見た后は悲しみの涙にくれた
という伝説が残っている。十輪寺の山号が「小塩山」で周囲の
地名が「小塩」なのも業平の塩焼きが由来していると言われて
いる。

　業平は『古今和歌集』の序文に記され後に「六歌仙」と称さ
れた当時の代表的な歌人の一人。恋愛中心の歌物語集『伊勢
物語』の主人公と言われる。十輪寺は嘉祥（かしょう）3年（850）に文徳（もんとく）
天皇の后が懐妊したことで安産を願って創建された。

66 解答

エ 塩

173

問
67

平安京造営に際し、六角堂が道筋にあったが、
勅使が祈るとお堂が自ら北へ退いた伝説があ
る。その跡に残り、京都の中心に位置するとい
われる礎石は何か。

ア 紫雲石　　　　　イ 弁慶石

ウ へそ石　　　　　エ 亀石

　平安京造営の折、碁盤の目で区切る東西道路の道筋に六角
堂（頂法寺）があたるため、桓武天皇の勅使が祈りを捧げると
六角堂が一夜にして自ら北側へ退いたという伝説にまつわる
礎石は「**へそ石**」。江戸時代の『都名所図会』には六角堂門前の
道路上にへそ石が描かれている。現在は明治時代に境内に移
されて本堂前にある。直径50センチほどの六角形の平らな石
で中央部に円形の溝が彫られている。へそ石は京都の中心の
位置を表すと言われている。六角堂は聖徳太子の創建とされ、
平安時代初期には嵯峨天皇の勅願所となった。代々華道家元
池坊の家元が住職を務める。
　紫雲石は、金戒光明寺の塔頭西雲院にある法然が腰かけて
念仏を唱えたとされる。**弁慶石**は弁慶ゆかりの石で三条通御
幸町にある。興聖寺前の宇治川にある**亀石**は、甲羅干しをし
ている亀のような姿をした大きな石。宇治川一の名石として
知られており、垂仁天皇が川の中の大亀を鉾で刺したところ
その亀が石になった、あるいは豊臣秀吉が伏見城を築いた時
に宇治川の水を城内に引く地下水路の取水口をカモフラー
ジュするためのふたとしたなど、さまざまな伝承がある。

67 解答

ウ へそ石

7 ならわし、ことばと伝説、地名に関する記述について、最も適当なものを
ア～エから選びなさい。

問 68

京都では通り名を覚えやすいように歌にしてきた。東西に走る通り名で、「丸竹夷二押御池」の次に来るのはどれか。

ア 姉小路通　　　イ 三条通

ウ 蛸薬師通　　　エ 錦小路通

まる・たけ・えびす・に・おし・おいけ
（丸・竹・夷・二・押・御池）
あね・さん・ろっかく・たこ・にしき
（姉・三・六角・蛸・錦）
し・あや・ぶっ・たか・まつ・まん・ごじょう
（四・綾・仏・高・松・万・五条）
‥‥と歌われるので、御池通の次に来る通りは**姉小路通**である。姉小路通の次が**三条通**、六角通、**蛸薬師通**、そして**錦小路通**となる。錦小路通といえば、「京の台所」錦市場としておなじみの市場通り。この錦小路通の後は、四条通・綾小路通、仏光寺通、高辻通、松原通、万寿寺通、五条通と続く。ここでは北の丸太町通（御所の南端）から、南は五条大橋の架かる五条通までを歌っている。そして、この範囲が一番よく歌われており、また、覚えておくと役に立つ。

68 解答

ア 姉小路通

175

7 ならわし、ことばと伝説、地名に関する記述について、最も適当なものを
　ア～エから選びなさい。

問
69

かつて西国より物資が淀川を使って都に運ばれ
る際に、港となった「淀津」に運び込まれた年
貢や諸物資を保管する倉庫などが設置されてい
たことが由来とされる地名はどれか。

ア 椥辻　　　　　　　イ 化野

ウ 太秦　　　　　　　エ 納所

　納所（のうそ）は、古来、朝廷や幕府に納める年貢米などを収納する
倉庫があったことが地名の由来とされる。伏見の納所は、西
国から京の都へ物資を運ぶ淀川舟運の重要な港「淀津」があっ
た辺りの地域を指す。古くから商業地・淀の中心地で相当な
にぎわいを見せていた。また、納所は木津川、桂川、宇治川
の３川が合流する地点に近く軍事拠点としても重要な地域。
応仁・文明の乱頃には現在「淀古城」と呼ばれる城が置かれて
いた。豊臣秀吉が改修して側室茶々が長子・鶴松を出産した
城でもある。江戸時代に徳川幕府が建てた淀城とは別。
　椥辻（なぎつじ）は山科盆地中央に神聖なナギの大木があったことが名
の由来とされる。化野（あだしの）は小倉山東北麓一帯にあった古代の葬
送（風葬）地。太秦（うずまさ）は秦氏の領有地。献上する絹織物をうず高
く積み上げたなど由来は諸説ある。

69 解答

エ 納所

問
70

金閣寺から衣笠山に沿って龍安寺を通り、仁和
寺へ至る道を何というか。

ア きぬかけの路　　イ 維新の道

ウ ねねの道　　　　エ 哲学の道

きぬかけの路は、金閣寺から衣笠山に沿って立命館大学衣笠キャンパスの前から龍安寺を通り仁和寺に至る全長約2.5キロの道路。沿道にはこれら3つの世界遺産が立ち並ぶだけに、多くの観光客が歩いて寺院を巡っている。名前は平成3年（1991）に公募によって付けられた。一説には宇多天皇が夏に雪を見たいと言ったことで山を白絹で覆って雪景色を演出したという故事から衣笠山（きぬかけやま）になったと言われており、この故事にちなんで道路も「きぬかけ」の名が付いた。

ねねの道は、東山の高台寺から円山公園へと続く石畳の道。豊臣秀吉の北政所（ねね）がこの地で余生を送ったことにちなんで付けられた。ねねの道南端から京都霊山護国神社へ続く道が**維新の道**。神社境内には坂本龍馬など勤皇志士らの墓がある。**哲学の道**は、若王子橋から銀閣寺橋までの琵琶湖疏水分線沿いの遊歩道。京都大学の哲学者西田幾多郎らが散歩していたことからその名が付いている。

70 解答

ア きぬかけの路

問
71

京都御苑の西に位置し、和気清麻呂を祭神とする（　　）は境内に霊猪像があり、「いのしし神社」とも呼ばれている。

ア 六孫王神社	イ 護王神社
ウ 車折神社	エ 伴氏社

　護王神社＝写真は狛猪＝は、足に怪我を負った和気清麻呂（わけのきよまろ）が不思議な力で治癒したという故事から、足腰の守護神として信仰があつい。
　六孫王神社（ろくそんのう）は、清和源氏の祖である六孫王（源経基（みなもとのつねもと））を祀り、歴代将軍家の崇敬もあつかった。父が清和天皇の第六皇子であることから「六孫王」と呼ばれていたという。昔は「六の宮」と呼ばれ、平安時代後期に編集された日本最大の説話集『今昔物語』の中にもその名が見える。
　嵐山手前にある**車折神社**（くるまざき）の境内には、天宇受売命（あめのうずめのみこと）を祀る芸能神社があり、芸能・芸術の上達を祈願する人から崇敬を受けている。幕末から大正時代の文人・画家である富岡鉄斎が宮司を務めていたことでも知られ、多くの作品が残されている。また、例祭の延長神事として行われる三船祭（みふね）は、昭和3年（1928）に始められた祭で、平安時代の船遊びを再現したものとなっている。

　伴氏社（ともうじ）は、北野天満宮の境内末社で、祭神である菅原道真（すがわらのみちざね）の母が伴氏の出身であることからこの名で呼ばれる。

71 解答

イ 護王神社

8 神として祀られる人物（人物神）に関する記述について、（　　　）に入れる
最も適当なものを ア～エ から選びなさい。

問 72

平安中期の（　　　）である安倍晴明を祭神として祀っている晴明神社は、五芒星をかたどった桔梗印を神紋としている。

ア 征夷大将軍	イ 検非違使
ウ 天文博士	エ 関白

天文博士とは、律令制における中央の最高機関、太政官の役職の一つ。主な任務は、天変の観測とその記録。当時は、天文現象は天意の現れであり、人間界への伝言であると考えられていたためである。

検非違使は、平安時代初期に設置された官位の一つ。最初は京都の犯罪や風俗の取り締まりなど警察業務を担当していたが、後には訴訟や裁判も扱うようになり、強大な権力を持った。平安時代後期には京都以外の諸国にも置かれたが、武士の勢力が拡大するにつれ衰退した。

征夷大将軍とは、幕府の代表者に与えられた職名。もとは陸奥へ朝廷が臨時に派遣する軍隊の最高司令官を意味していたが、源頼朝が鎌倉幕府を開いてからは、武家政治を行うものに与えられた。

関白とは、天皇を補佐して政務を執り行う職。類似の職位に摂政がある。こちらは天皇に代わって政務を執り行う。この2つを合わせて摂関と呼ぶ。

72 解答

ウ 天文博士

179

8 神として祀られる人物（人物神）に関する記述について、（　　　）に入れる
最も適当なものを▽～ｴから選びなさい。

問
73

全国の天満宮の総本社である（　　　）は、菅原
道真を祭神とし、古くから学問・文芸の神とし
て信仰される。

ア 水火天満宮　　　　イ 錦天満宮

ウ 長岡天満宮　　　　エ 北野天満宮

　平安時代中期、朝廷は菅原道真（すがわらのみちざね）を「天神様」と称して祀り、
京都の道真ゆかりの各地に天満宮を建立した。

　菅原道真の乳母を務めていた多治比文子（たじひのあやこ）が、天暦元年（947）
に、道真からのお告げによって、右京七条二坊の自宅に祠を
建てて道真を祀ったことが**北野天満宮**の始まりとされる。

　水火天満宮は平安時代に延暦寺から宮中に向かう尊意僧正（そんい）
が、溢れた鴨川の水を法力で分け、石の上に現れた菅原道真
の霊を昇天させて嵐を治めたと伝わる道真の「登天石（とうてんせき）」がある。

　京都市内の中心部にあり「錦の天神さん」として親しまれて
いる**錦天満宮**は、約200坪の境内に四季折々の花が咲き、良質
な名水として有名な錦の水が湧出している。

　長岡京市の**長岡天満宮**は、祭神の菅原道真が大宰府に左遷
する時に立ち寄って名残を惜しんだと伝わる。参道や境内に
は1000株ものキリシマツツジが植えられており、うち約100株
は長岡京市の天然記念物に指定されている。

73 解答

エ 北野天満宮

8 神として祀られる人物（人物神）に関する記述について、（　　　）に入れる最も適当なものを ア～エ から選びなさい。

問 74

建勲神社は明治2年（1869）、天下布武を標榜した織田信長を祭神に創建されたが、のちに信長の長男（　　　）が配祀された。

ア 織田信忠
イ 織田信雄
ウ 織田信孝
エ 織田信秀

建勲（ケンクンとも）神社は、織田信長の戦国の乱世の中での功労に対して、明治2年（1869）明治天皇の命によって創建された。明治13年、船岡山東麓に新たに社殿を造営。嫡男である**織田信忠**（1557～82）も祀り、明治43年に社殿を山上へ移して現在に至っている。船岡山は、平安京造営時の四神相応の玄武にあたり、境内からは比叡山や大文字山など東山三十六峰を望むことができる。

織田信忠は信長の後継者として期待されていたが、本能寺の変（天正10年〈1582〉）の際、明智光秀の大軍と戦って亡くなった。

織田信雄（1558～1630）は信長の二男。徳川家康から大和国宇陀郡、上野国甘楽郡など5万石を与えられ、宇陀松山初代藩主となった。

織田信孝（1558～83）は信長の三男。本能寺の変では、豊臣秀吉と合流して明智光秀を破り、後に美濃国岐阜城主となった。

織田信秀（1511～52）は信長の父。今川義元、斎藤道三と対立したが、後には斎藤氏と和睦し、道三の娘である濃姫を信長の妻とした。

74 解答

ア 織田信忠

神として祀られる人物（人物神）に関する記述について、（　　）に入れる
最も適当なものを⑦〜⑨から選びなさい。

問
75

伏見城の遺構と伝わる唐門（国宝）がある豊国神
社は通称「ホウコクさん」とも呼ばれ、（　　　）
を祀っている。

⑦ 豊臣秀吉　　　　　⑦ 織田信長

⑦ 明智光秀　　　　　⑨ 細川忠興

豊臣秀吉（1537〜98）を祀る豊国神社＝写真＝は、豊臣家滅
亡と共に徳川家康の命により廃絶となったが、のちに明治天
皇の勅命によって再興。飛地境内の阿弥陀ヶ峯には、秀吉の
墓所である豊国廟がある。国宝である唐門の他にも、「豊国臨
時祭礼図屛風」「骨喰藤四郎」（ともに重文）など多数の宝物
を所蔵している。

本殿は阿弥陀ヶ峯の中腹にあったが、徳川幕府の時代には
取り壊されていた。現在の敷地の大部分は、京の大仏を安置
する方広寺の境内であったが、明治新政府により没収され、
最終的には豊国神社の境内となった。現在の社殿は、明治13
年（1880）に旧方広寺境内に再興されたもの。参道に敷かれて
いる石材は、寛政10年（1798）の焼失後も残されていた方広寺
大仏殿の基壇上に敷かれていた床石材を転用したものである。

現在は手作り市が定期的に催されるなど、市民に広く親し
まれる場所となっている。

75 解答

⑦ 豊臣秀吉

8 神として祀られる人物(人物神)に関する記述について、(　　　)に入れる
最も適当なものをア～エから選びなさい。

問
76

梨木神社に祀られる(　　　)は、幕末には尊攘
派の公家として活躍し、八月十八日の政変で失
脚したときの「七卿落ち」の七卿のひとりとし
て有名で、明治維新後には太政大臣を務めた。

ア 姉小路公知　　　　イ 三條實美

ウ 岩倉具視　　　　　エ 大原重徳

　三条実美（さねとみ）（1837～91）は、内大臣である三条実万（さねつむ）の子として
京都で生まれた。実万が安政の大獄で謹慎の身で亡くなった
後、その後継者となった。父の遺志を継いで攘夷の計画を遂
げようと、尊王攘夷派の公卿の指導者として、**姉小路公知**（あねがこうじきんとも）（1840
～63）（キンサトとも）らとともに、**岩倉具視**（1825～83）ら
を中心とする公武合体派と対立しながら力を強めていった。
文久2年（1862）10月には、姉小路公知を副使に従え、勅使と
して江戸に派遣され、幕府に攘夷の決行を督促した。後に右
大臣や太政大臣を歴任。維新後、明治18年（1885）に内閣制度
が整い、太政官制が廃止された際の、最後の太政大臣であっ
た。王政復古後は京都に戻り、岩倉と並んで新政府の副総裁
となった。
　大原重徳（しげとみ）（1801～79）は三条と同様、幕末維新期に活動した
公家、政治家。

76 解答

イ 三條實美

8 神として祀られる人物（人物神）に関する記述について、（　　）に入れる
最も適当なものをア〜エから選びなさい。

問
77

平安神宮は、平安京に遷都した桓武天皇と、明
治天皇の父である（　　）が主祭神として祀ら
れている。

ア 神武天皇　　　　イ 仁徳天皇

ウ 大正天皇　　　　エ 孝明天皇

　平安神宮は明治28年（1895）、平安遷都1100年を記念して遷
都を行った桓武天皇を祭神として創建された。社殿は桓武天
皇がいた当時の平安京の正庁、朝堂院を約8分の5の規模で
再現したもの。大極殿、応天門、蒼龍楼、白虎楼、歩廊、龍
尾壇などは創建当時にならって造営された。その後、昭和15
年（1940）には、平安京で過ごした最後の天皇となった**孝明天
皇**（1831〜67）が合祀され、この時に本殿、祝詞殿、内拝殿、
翼舎、神楽殿、額殿、内外歩廊斎館、社務所などが増改築さ
れた。
　京都三大祭の一つである時代祭は平安神宮の大祭。その始
まりは、創建時の奉祝行事として企画された幕末維新から平
安時代までの風俗行列である。時代祭が開催される10月22日
は延暦13年（794）に桓武天皇が平安京を遷都した日であり、
今日の京都の誕生を祝う祭という意味も持っている。祭の執
行の母体は、今も創建時に平安神宮などの維持保存のために
発足した市民組織「平安講社」である。

77 解答

エ 孝明天皇

8 神として祀られる人物（人物神）に関する記述について、（　　　）に入れる最も適当なものをア～エから選びなさい。

問 78 子宝に恵まれるといわれる「跨げ石」がある（　　　）は、当社に祈願して皇子を授かったとされる檀林皇后を相殿に祀っている。

ア 梅宮大社　　　イ 平岡八幡宮

ウ 蚕の社　　　　エ 福王子神社

　右京区梅津の**梅宮大社**は、橘氏の氏神として綴喜郡井手町に建立され、嵯峨天皇の皇后・檀林皇后（橘嘉智子）により現在地に遷された。祭神の一柱・酒解子神（木花咲耶姫命）が、貞節を誓いながら浜辺の産屋で安産をされた故事から安産祈願所となった。

　右京区梅ヶ畑の産土神である**平岡八幡宮**は、山城国最古の八幡宮といわれる。弘法大師空海が描いた僧形八幡神像が御神体で、神護寺の守り神とされた。

　右京区太秦の産土神である木嶋坐天照御魂神社の東本殿・養蚕神社は、通称「**蚕の社**」と呼ばれ嵐電の駅名になっている。秦氏が勧請した養蚕、機織の守護神で、和装関係者のあつい信仰を集めてきた。元糺の池を祀った磐座があり、池には京都三珍鳥居の一つ、三柱鳥居がある。

　右京区宇多野の**福王子神社**は、近くの御室仁和寺を開いた宇多天皇の母・班子（ナカコとも）女王を祭神とする同寺の鎮守神であり、地域の氏神である。

78 解答

ア 梅宮大社

8 神として祀られる人物（人物神）に関する記述について、（　　）に入れる最も適当なものをア〜エから選びなさい。

問 **79**　縁切り・縁結び碑や境内に久志塚があることでも知られる（　　）は、大物主神と崇徳天皇、源頼政を祭神として祀っている。

ア 新日吉神宮　　　　**イ** 恵美須神社

ウ 新熊野神社　　　　**エ** 安井金比羅宮

安井金比羅宮＝写真＝は藤原鎌足による藤寺に始まり、崇徳天皇崩御時に寵妃・阿波内侍が御尊影を祀り、鎮魂のため、治承元年（1177）後白河法皇が建立した光明院観勝寺が起源。江戸時代にここに移転した安井門跡の鎮守社として金刀比羅宮を勧請された。社の近くに配祀する崇徳天皇の崇徳院廟がある。崇徳天皇が没するまでの6年間、あらゆる欲を断って祈願された故事から「断ちもの祈願」の御利益で知られるようになった。

新日吉神宮は、永暦元年（1160）後白河法皇が院御所・法住寺の守護社として、日吉大社の分霊を勧請したのが創始である。本殿前には、日吉大社の使いである「阿吽」の狛猿がある。**恵美須神社**は、商売繁盛の神様として広く信仰を集めてきた。建仁2年（1202）に栄西（エイサイとも）禅師が建仁寺の鎮守社として建立した。祭神・八代言代主大神の誕生日である1月10日の十日ゑびす大祭で授与される縁起物「吉兆笹」は、この社独自の御札の形が広まったという。**新熊野神社**は、永暦元年（1160）に後白河法皇が院御所・法住寺の鎮守社として建立した。

79 解答

エ 安井金比羅宮

8 神として祀られる人物（人物神）に関する記述について、（　　　）に入れる最も適当なものをア～エから選びなさい。

問80

崇徳天皇と淳仁天皇を祭神として祀る白峯神宮の末社である地主社には、（　　　）の神とされる精大明神が祀られており、サッカーをはじめとしたスポーツの上達などを願う参拝者が多い。

ア 弓道　　　　　イ 蹴鞠

ウ 相撲　　　　　エ 鷹狩

蹴鞠の神様・精大明神は、三柱の鞠の精霊とも言われる。平安時代後期の蹴鞠の名足・大納言藤原成通が千日間願掛けをして鞠を蹴り続け満願の日に、猿の姿をした三柱の神々が出現したという。蹴鞠道飛鳥井流宗家が邸宅で祀ってきた。飛鳥井家邸宅跡が白峯神宮である。

新春の三十三間堂では、「弓引き初め」に続いて全国の弓道者が**弓道**の腕を競う「通し矢」が行われる。その始まりについては諸説あるが、江戸幕府第三代将軍徳川家光が、本堂の軒下で武士たちに弓術の技量を競わせたのが始まりであるともいわれる。9月9日の重陽の節句には、上賀茂神社で烏相撲が行われる。烏の鳴き声をまねるなどの儀式の後、**相撲**が奉納される。令和4年（2022）7月24日、鷹山が196年ぶりに祇園祭後祭山鉾巡行に復活して参加した。これは中納言在原行平が光孝天皇の行幸で、**鷹狩**をする場面を再現したものである。

80 解答

イ 蹴鞠

　2020年以降、各地の祭と行事は、人の密集防止や関係者の
安全確保のため中止あるいは開催内容の変更などが相次ぎ、い
かにして伝統と歴史を引き継いでいくのかが課題にもなった。
　古来、夏には疫病が流行し、今も多くの疫病除けの行事
が行われている。夏越祓では、茅でつくった大きな輪を境内
に設置し、それをくぐってお詣りすることで罪や穢れを祓う
（　81　）が行われる。この日、厄祓い、疫病除けに氷室の氷
をかたどった和菓子（　82　）を食べる習慣がある。
　祇園祭は、八坂神社の祭礼で、かつて「祇園会」、「祇園御霊会」
と呼ばれ、（　83　）を願うものであるが、2020年、2021
年と2年連続で山鉾巡行が中止となった。2年も連続して巡行
が中止となったのは、太平洋戦争で4年間中止されたとき以来
のことである。（　84　）の時には、33年にわたって祇園会の
中止を余儀なくされたが、町衆の力で復興を遂げた。2021年
は、巡行はなかったが、組み建て技術の継承や懸装品の保全と
いう観点もあって、約半数の保存会によって（　85　）が実施
された。今年（2022）は3年ぶりに山鉾巡行が行われ、196年
ぶりに（　86　）が、大屋根を載せた曳山を再建して巡行復帰
を果たした。
　盆行事にも影響があった。8月7日から10日まで（　87　）
で開催される「お精霊迎え」の行事である六道まいりは、オン
ラインや郵便などで受け付ける「代参供養」という方法も行わ
れた。また、8月16日に開催される五山送り火も、（　88　）
の大文字は火床の数を通常の75から6ヵ所に減らすなど、
2020年と2021年は縮小して実施されたが、今年（2022）は
本来の形で開催された。

京都三大奇祭の一つである（　89　）の起源は、平安時代に相次ぐ災いで世情不安となった時、御所で祀られていた（　90　）大明神を無数の松明を持って出迎えたことに由来するとされる。時代祭と同じ日の10月22日に行われる（　90　）神社の例祭である。これも今年（2022）、3年ぶりに開催された。

(81)　ア 茅の輪くぐり　　　イ 御手洗祭
　　　ウ 万灯流し　　　　　エ 放生会

(82)　ア どら焼　　　　　　イ 水無月
　　　ウ 引千切　　　　　　エ ちご餅

(83)　ア 恋愛成就　　　　　イ 合格祈願
　　　ウ 五穀豊穣　　　　　エ 疫病退散

(84)　ア 応仁・文明の乱　　イ 山城国一揆
　　　ウ 天文法華の乱　　　エ 慶長伏見地震

(85)　ア くじ改め　　　　　イ 注連縄切り
　　　ウ 辻廻し　　　　　　エ 山・鉾建て

(86)　ア 四条傘鉾　　　　　イ 蟷螂山
　　　ウ 大船鉾　　　　　　エ 鷹山

(87)　ア 矢田寺　　　　　　イ 六道珍皇寺
　　　ウ 化野念仏寺　　　　エ 壬生寺

(88)　ア 如意ヶ岳　　　　　イ 松ヶ崎西山
　　　ウ 西賀茂船山　　　　エ 曼荼羅山

(89)　ア やすらい祭　　　　イ 葵祭
　　　ウ 鞍馬の火祭　　　　エ ずいき祭

(90)　ア 平安　　　　　　　イ 県
　　　ウ 由岐　　　　　　　エ 秋元

(81) 解説

　長文問題は、前後の文章の中にヒントが多い。まず全文を通して読み、答えの前後の文章をじっくりと読み込むことが大切だ。ここでも次問の答えを見通しておくことで、かえって答えが分かりやすくなる。「夏越祓」「茅でつくった大きな輪」「それをくぐってお詣り」と読めば、茅の輪くぐりであることが分かるだろう。

　御手洗祭は、7月の土用の丑の日に下鴨神社で行われる神事。万灯流しは、8月16日の嵐山大堰川で行われる精霊送り。放生会は9月15日、本能寺や石清水八幡宮で生き物への感謝と供養が行われる。

81 解答　ア　茅の輪くぐり

(82) 解説

　ここは前の問題から続いているので、必ずセットで考えて、前の文章もヒントにしながら答えるようにしよう。そうすれば、京都で6月30日の夏越祓に食べる和菓子は水無月であることが分かりやすい。夏越祓、茅の輪くぐり、水無月、氷室の氷は、全て夏越祓の行事としてひとまとめである。

　選択肢に並ぶのは、全て京の和菓子。引千切は、ひな祭りにいただくお餅。稚児餅は祇園祭長刀鉾の稚児社参の日に供えられるお餅で、二軒茶屋中村楼が献じている。どら焼は毎月21日に行われる東寺の弘法市の日の土産として、20日〜22日のみ販売されている。

82 解答　イ　水無月

(83) 解説

　祇園祭は「**疫病退散**を願うものである」と答える問題である。前問から「夏には疫病が流行」「疫病除けの行事」のことが問われているので、ここでも続いて疫病退散がテーマとなっていることに気づいてほしい。

　京都で**恋愛成就**を願う神社といえば、縁結びで知られる地主(じ)(しゅ)神社、安井(やす)(い)金比羅宮(こん)(ぴ)(ら)(ぐう)、貴船(き)(ぶね)神社、野宮(のの)(みや)神社など。**合格祈願**は、天神さんこと北野天満宮。**五穀豊穣**の祈願では、9月第1日曜、松尾(まつ)(の)(おたいしゃ)大社で行われる八朔祭(はっ)(さく)が有名である。

83 解答　エ 疫病退散

---

(84) 解説

　過去、祇園祭の中止が最も長かったのは、**応仁・文明の乱**(1467〜1477)をきっかけとした33年間。応仁・文明の乱は11年間続いたのだから、それによる町衆の暮らしへの影響がいかに大きかったかが分かる。

　山城国一揆(やましろのくにいっき)は文明17年(1485)、山城南部4郡で在地領主や農民が協力し、8年間自治を行ったことを指す。**天文**(テンモンとも)**法華の乱**(ほっけ)は天文5年(1536)、比叡山延暦寺と近江の守護・六角(ろっ)(かく)氏らが京の法華宗二十一本山を焼き討ちした戦闘のこと。**慶長伏見地震**(けいちょう)(ふし)(み)は文禄5年(1596)、伏見で発生した大地震で、伏見城天守や京の大仏が倒壊した。

84 解答　ア 応仁・文明の乱

(85) 解説

　令和2年（2020）、令和3年と2年連続で山鉾巡行が中止に
なったが、その代わりに何が実施されたかを問う問題。一見
難しそうだが、選択肢に並ぶ4つを見ると、正解は分かるは
ず。なぜなら、**くじ改め**、**注連縄切り**、**辻回し**、これらはい
ずれも山鉾が巡行してこそ、見せ場となる光景。巡行が中止
となった以上、これらが実施されることはない。つまり、技
術の継承や懸装品の保全などを考え、半数近くの保存会が令
和3年に実施したのは「**山・鉾建て**」であった。巡行はないが、
山や鉾を建て、懸装品を飾る。毎年行うことで、伝統が継承
されているのだと気づかされた年であった。

85 解答　エ　山・鉾建て

(86) 解説

　令和4年（2022）の夏は、3年ぶりの山鉾巡行として盛り上
がったが、また、**鷹山**が念願の巡行への本格復帰を果たした
年でもあった。文政9年（1826）の巡行を最後に、なんと196
年ぶりという後祭の巡行への本格復帰。これまでも御神体人
形3体の会所飾りは続けていたが、立派な曳山が再建されて
鷹山がよみがえった。

　鷹山よりひと足早く、平成26年（2014）に巡行本格復帰を遂
げたのが、同じ後祭の**大船鉾**であった。**四条傘鉾**と**蟷螂山**は、
どちらも前祭に属する。

86 解答　エ　鷹山

(87) 解説

　ここからは京都のお盆の行事について。新型コロナウイルス感染症の影響による開催などの変化が述べられているが、答えるべき内容は例年通りの基本知識の範囲である。8月7日〜10日の「お精霊さん迎え」の六道（ろくどう）まいりが行われるのは平安の昔、鳥辺野（とりべの）の出入口付近で、あの世とこの世の境目「六道の辻」に位置する**六道珍皇寺（ろくどうちんのうじ）**。精霊をこの世に呼び戻す迎え鐘をつく人の長蛇の列ができるお寺である。

　迎え鐘に対して、8月16日に送り鐘をつくお寺が**矢田寺（やたじ）**。**壬生寺（みぶでら）**では、お盆の期間中、万灯会（まんとうえ）が行われ、9日と16日には境内で六斎念仏（ろくさいねんぶつ）が行われる。**化野念仏寺（あだしののねんぶつじ）**は、お盆も過ぎた8月末、千灯供養（せんとうくよう）が行われる。

87 解答　**イ　六道珍皇寺**

(88) 解説

　京都五山送り火の行事もまた、令和2年（2020）、令和3年は縮小して行われ、令和4年には3年ぶりとなる通常の送り火の点火を実施することができた。

　2年連続で点火が縮小された際は、**如意ヶ岳（にょいがたけ）**の「大文字」は、通常75の火床に点火するところを、6カ所のみに減らして点火。**松ヶ崎西山（まつがさき）**の「妙」と松ヶ崎東山の「法」は1カ所ずつ、**西賀茂船山（にしがもふなやま）**の「船形」が1カ所、大北山大文字山の「左大文字」も1カ所、嵯峨鳥居本**曼荼羅山（まんだらやま）**の「鳥居形」が2カ所と、記憶に深く刻まれる送り火であった。

88 解答　**ア　如意ヶ岳**

(89) 解説

　ここでは問89と問90を、合わせて考えると分かりやすい。特に問90は2カ所で問われているので、その分ヒントが多い。問89が分からなくても、読み進むうちに「時代祭と同じ日の10月22日に行われる……」とあれば、**鞍馬の火祭**＝写真＝だと、ピンとくるのではないだろうか。そのことに気づけば、冒頭に「京都三大奇祭」とあるので、鞍馬の火祭であることに確信が持てる。ちなみに京都三大奇祭という場合の、残る2つは

4月の今宮神社の**やすらい祭**と、太秦広隆寺の牛祭（近年は休止が多い）である。**ずいき祭**は五穀豊穣に感謝する北野天満宮の秋の大祭。

89 解答　ウ　鞍馬の火祭

(90) 解説

　鞍馬の火祭は、それまで御所に祀られていた**由岐**大明神が鞍馬の里に勧請される時、村人たちが松明を持って出迎えたという故事に由来すると言われている。すなわち鞍馬の火祭は、由岐神社の例祭である。

　平安神宮の例祭は、同じ日の10月22日に行われる時代祭。宇治の**県**神社の例祭は、6月の県祭。**秋元**神社は八瀬天満宮に祀られている摂社で、10月にそこに奉納されるのが**赦免地踊**。八瀬童子会によって行われる。鞍馬の火祭、県祭、赦免地踊、いずれも夜の祭りである。

90 解答　ウ　由岐

195

問
91

京都の河川に生息する特別天然記念物であり、「生きた化石」、「世界最大級の両生類」と呼ばれている生物は何か。

ア ホンモロコ
イ オオサンショウウオ
ウ タンゴスジシマドジョウ
エ ミナミイシガメ

世界最大級の両生類で、国の特別天然記念物に指定されている生物は**オオサンショウウオ**＝写真＝。約2300万年前の地層から見つかった化石と、その姿形がほぼ変わっていないことから「生きた化石」と称される。低地から山地にかけての河川の中・上流域に生息し、生涯のほとんどを水中で過ごす。京都府にも生息するが、厳密な分布区域は不明。1970年代、日本に持ち込まれたチュウゴクオオサンショウウオが鴨川に放たれたため、交雑が進み、在来種の純系個体は絶滅の危機に瀕していると言われる。

ホンモロコは琵琶湖の固有種だが、日本各地の湖などに移殖され、定着している。琵琶湖では普段、水深5メートル以深の沖合の中層に生息。**タンゴスジシマドジョウ**は、京都府丹後地方の一河川だけに生息する淡水魚。IUCN（国際自然保護連合）のレッドリストで、最も絶滅リスクが高い「絶滅危惧IA類」に指定されている。**ミナミイシガメ**は京都市指定天然記念物。ただしその個体群は台湾からの移入の可能性が高いとされる。

提供：京都水族館

91 解答

イ オオサンショウウオ

問
92

叡山電車元田中駅近くにある田中神社の境内で飼われ、神社のシンボルとして愛され、おみくじやお守りのモチーフともなっている動物は何か。

ア クジャク　　　　イ カニ

ウ スズメ　　　　　エ カメ

20回3級

21回3級

21回2級

21回1級

　叡山電車元田中駅近くに鎮座する田中神社は、付近一帯の産土神として信仰されてきた神社。祭神は大国主命。創建年は不明だが、『日本三代実録』から貞観5年（863）以前に創建されたとみられるという。寛永5年（1628）、下鴨神社の造替に際し、比良木社の旧殿が移築されたときは、青銅（銅貨）を賀茂社に奉納したという記録が残されている。

　そんな田中神社の境内で飼育され、神社のシンボルとして愛されている動物は**クジャク**。酉年の平成17年（2005）に、サーカス団から奉納されたことをきっかけに飼育が始まり、現在はクジャクの神社として知られている。卵型のケースの中に開運を祈念して折られた折り紙のクジャクとおみくじが入った「くじゃくみくじ」＝写真＝や、水引で羽を広げたクジャクを表した「くじゃく守」が人気を集めている。

92 解答

ア クジャク

10 京の動物に関する記述について、最も適当なものをア〜エから選びなさい。

問
93

赤山禅院の拝殿の屋根の上で、京都の鬼門を
護っている動物の像は何か。

ア ウマ　　　　　　イ イヌ

ウ トリ　　　　　　エ サル

　赤山禅院は仁和4（888）年、第四世天台座主・円仁の遺命
によって創建された延暦寺の別院を始まりとする。本尊とし
て本堂ではなく本殿に赤山明神を祀り、鳥居や拝殿も構える
神仏習合の寺として知られる。赤山明神の唐名は、陰陽道の
祖神とされる泰山府君。人間の寿命や健康、福禄をつかさど
る神として崇敬を集め、同院は都七福神まいりの福禄寿を担
う。

　また、同院は平安京の東北（表鬼門）に位置することから、
方除けの神としても信仰を集める。拝殿の屋根には鬼門を鎮
護するとされる**サル**の像が据えられており、京都御所の猿ヶ
辻に祀られたサルの像と一対で都を守っていると言われる。
なお、同院のサルの像は金網の中に入れられているが、それ
は夜になると暴れ出し、いたずらをしたためと言われる。

　ウマは神の乗り物として、かつては祈願や祭りの際などに
奉納されていたが、いつしかウマの像やウマが描かれた木の
板などが代わりに奉納されるようになった。これが絵馬のルー
ツと言われ、絵馬発祥の地とされる貴船神社には、白黒一対
の神馬像がある。

93 解答

エ サル

問
94

全国に約3万社あるといわれる稲荷神社の総本宮で、千本鳥居でも有名な伏見稲荷大社の神のお使いは何か。

ア　シカ　　　　　　イ　キツネ

ウ　ヘビ　　　　　　エ　ムカデ

　伏見稲荷大社は和銅4（711）年、秦伊呂具が稲荷山に三柱の神を祀ったことに始まったと伝わる。本来は農耕神であったが、平安時代初期に東寺が建立される際、建造用木材が切りだされたことをきっかけに東寺の守護神となり、その後、全国に信仰を拡大。現世利益の考えとも結びつき、商売繁盛の神としても崇敬されるようになったという。

　そんな伏見稲荷大社の神の使いとされる動物は**キツネ**。キツネは農事が始まる頃、山から人里近くに降りてきて目撃されることが多かった。古来、民間信仰として、豊穣をもたらす山の神が里へ降りると田の神・稲荷神になるというものがあり、いつしかキツネが稲荷神の使いになったと考えられている。

　シカは大原野神社、春日大社（奈良県）、鹿島神宮（茨城県）、**ヘビ**は相国寺弁天社など弁財天を祀る各神社や大神神社（奈良県）、**ムカデ**は両足院毘沙門天堂など毘沙門天を祀る各神社で、それぞれ神の使いとされている。

94 解答

イ　キツネ

問 **95**

八幡神はハトが神の使いであることから、門前菓子として鳩餅がある神社はどこか。

ア 三宅八幡宮 　　イ 若宮八幡宮社

ウ 首途八幡宮 　　エ 平岡八幡宮

　八幡宮の主祭神・応神天皇の使いはハトとされる。その理由には諸説あるが、誉田別命（応神天皇）が国内を平定する際、水先案内を務めたのがハトだったからという説や、総本宮である宇佐神宮（大分県）から石清水八幡宮（八幡市）に八幡神を勧請した際、ハトが道案内をしたからなどの説が知られる。

　三宅八幡宮は、推古天皇の時代、小野妹子が宇佐八幡宮より八幡神を勧請したことに始まると伝える。鳥居の両脇に狛鳩が鎮座する他、石灯籠や屋根の上、授与品など境内のさまざまな所でハトの姿を見ることができる。また、同宮は子どもの疳の虫封じの神、子どもの守り神として信仰を集め、「虫八幡」とも呼ばれる。

　鳩餅はそんな同宮の門前菓子として有名。米粉を蒸して作った餅を、鳩形の木型に入れて形作った菓子で、プレーンな「白」の他、ニッキ、抹茶の風味がある。明治13（1880）年創業の双鳩堂の看板商品であり、境内にある茶店でも販売されている。

95 解答

ア 三宅八幡宮

10 京の動物に関する記述について、最も適当なものをア〜エから選びなさい。

問 96

大国主命を助けたという故事にちなみ、境内の大国社の前に石造のネズミが狛犬のように据えられている神社はどこか。

ア 岡崎神社 　　　 イ 大原野神社

ウ 新日吉神宮 　　 エ 大豊神社

　日本の神々は、高天原に住まう天津神と地上に現れた国津神に大別されるが、国津神を代表するのが大国主命。地上を開拓した国造りの神とされ、「因幡の白兎」の神話で知られる。
　『古事記』では、大国主命が素戔嗚命のもとを訪ねていくつかの試練を受ける話が記されている。その試練の一つが、素戔嗚命が野原に放った矢を取ってくるというものだったが、大国主命が試練に挑むと周囲に火をかけられて窮地に陥ってしまう。そのピンチを救ったのがネズミだったため、ネズミは大国主命の神使となった。左京区鹿ケ谷にある**大豊神社**境内の大国社の前には、その故事にちなんだ狛ネズミが鎮座している。
　岡崎神社は素戔嗚命、櫛稲田媛命とその御子八神を祀り、境内には狛うさぎが鎮座する。**大原野神社**は長岡京遷都にあたり、春日社の神霊を勧請したのに始まると伝え、境内では、狛犬ではなく、神鹿が神前を守っている。**新日吉神宮**は後白河院が近江の日吉山王社より勧請したのに始まるとされ、本殿前には狛猿が鎮座する。

96 解答

エ 大豊神社

201

問
97

鞍馬寺の本殿金堂の前には、狛犬ではなく本尊
毘沙門天の使いである動物が据えられている。
その動物は何か。

ア ウシ　　　　　　イ トラ

ウ ヒツジ　　　　　エ トリ

　鞍馬寺は宝亀元年（770）に、奈良県の唐招提寺を開いた鑑
真の高弟・鑑禎が霊夢に導かれ、毘沙門天を祀ったことに始
まると伝える。当初は真言宗であったが、平安時代以降は永
く天台宗に属し、昭和22年（1947）に鞍馬弘教を開宗。同24年
に総本山となった。本尊は護法魔王尊・毘沙門天・千手観音
が三身一体となった尊天。

　本殿金堂の前には、毘沙門天の使いとされる一対の**トラ**の
像＝写真＝が据えられている。トラが毘沙門天の使いとなっ
たのは、聖徳太子が戦勝祈願をした際に、毘沙門天が現れて
必勝の秘法を授けたが、その時刻が奇しくも寅年・寅日・寅
の刻だったことにちなむともいう。

　ウシは菅原道真を祀る天満宮・天神社の使いとされる。そ
の縁は、道真の生没年が丑年だったからとも、太宰府から道
真の遺体を運ぶ際、牛が座り込んで動かなくなった故事にち
なむとも言われている。

97 解答

イ トラ

問 98

東山三条に近い要法寺では、毎年初夏に池で育った鳥の親子が鴨川にてくてく引っ越すのを周辺住民が見守って川岸まで送るのが風物詩となっている。その鳥は何か。

ア カモ
イ ツバメ
ウ カモメ
エ ツル

©京都新聞社

　要法寺は東山三条の交差点近くにある、日蓮本宗の本山。寺伝によると、日尊上人が延慶元年（1308）に建立した法華堂に始まるという。その後、天文5年（1536）に起きた天文法華の乱（延暦寺の衆徒らが日蓮宗徒を襲撃し、放逐した事件）を避けるため、堺（大阪府）に一時避難。帰洛後、再興するも天正19年（1591）には、豊臣秀吉の都市改造によって寺町通二条に移され、さらに宝永5年（1708）の大火で焼失。その後、現在の地に再度堂宇が再建された。慶長年間（1596〜1615）に十五世日性が銅活字によって開板した教典類は「要法寺版」と呼ばれ、日本の印刷史上重視されている。

　そんな要法寺では、平成17年（2005）頃から**カモ**が飛来して産卵するようになった。本堂前の清涼池で産まれ育ったカモの親子が、約700メートル離れた鴨川へ引っ越す光景は、初夏の風物詩となっている。

98 解答

ア カモ

10 京の動物に関する記述について、最も適当なものをア～エから選びなさい。

問 99

昨年（2021）、神馬が10年ぶりに代替わりし7代目となった。この神馬の名は祭神の降臨した神山にちなみ「神山号」の名前が付けられているが、この神社はどこか。

ア 上賀茂神社 　　 イ 藤森神社

ウ 粟田神社 　　 エ 貴船神社

　令和3年（2021）6月、**上賀茂神社**で「神馬奉献退任奉告祭」が営まれ、10年ぶりに代替わりした神馬「神山号（七世）」＝写真＝が披露された。七世は「マンインザムーン」の名前で活躍した引退競走馬で、日本中央競馬会（JRA）から寄贈された。「神山号」の名は、同社の北北西にあり、祭神の賀茂別雷大神が降臨された地と伝わる神山にちなむ。神馬の世話は、京都産業大学の馬術部が担当している。

　藤森神社は洛南の深草に平安遷都以前から祀られると伝わる古社で、勝運と馬の神社として知られる。**粟田神社**は京の七口の一つ・粟田口に鎮座し、古来、旅人が安全を祈願したことから、旅立ち守護の崇敬を集める。**貴船神社**は水を司る神として信仰され、古くは祈雨の時は黒馬、止雨を祈る時は白馬か赤馬が朝廷より奉納されていた。時には生きた馬に代えて「板立馬」が奉納されることもあり、これが絵馬の原型とされている。

99 解答

ア 上賀茂神社

問 100

今年（2022）、開館10周年を迎える、飼育する
ペンギンの名前に京都の通り名が付けられてい
ることでも知られる施設はどこか。

- ア 嵐山モンキーパークいわたやま
- イ 京都水族館
- ウ 丹後魚っ知館
- エ 三段池ラビハウス動物園

20
回
3
級

21
回
3
級

21
回
2
級

21
回
1
級

京都市内初の内陸型大規模水族館として、平成24年（2012）
3月、梅小路公園内に開業した**京都水族館**＝写真＝は、令和
4年（2022）に開業10周年を迎えた。展示コンセプトは「水と
共につながる、いのち。」。オオサンショウウオをはじめ、ア
ザラシやイルカなど約250種を展示する。飼育されているケー
プペンギンの名前は、「まる」「たけ」など、京都市内の通り
名に由来する。

嵐山モンキーパークが一般公開されたのは昭和32年（1957）。
約6000平方メートルの園内では、約120頭のニホンザルが野生
の状態で暮らしている。**丹後魚っ知館**は宮津市にある水族館。
平成元年に開館し、京都水族館が開館するまでは府内唯一の
本格的な水族館だったが、令和5年5月に閉館した。**三段池
ラビハウス動物園**は昭和53年（1978）に開園した、福知山市の三
段池公園内にある動物園。令和3年に地元企業がネーミングライ
ツパートナーとなり、現在の愛称と
なる。期間は同年8月1日から令和
8年7月末までの5年間。

提供：京都水族館

100 解答

イ 京都水族館

第21回
問題と解答・解説
100問

2級

問1

平安京遷都以前に左京区上高野あたりに拠点を
構えていた豪族はどれか。

ア 八坂氏　　　イ 秦氏
ウ 土師氏　　　エ 小野氏

小野氏である。高野川沿いの地には小野郷があり、式内社の小野神社があった。当地はのちに高野村と呼ばれるが、この高野川西岸の崇道神社の裏山から小野毛人の墓誌が出土したことから、当社が小野神社の古跡とする説があり、当地域が小野郷の一部であるとされる。小野氏は、孝昭天皇の子の天押帯日子命（あめのおしたらしひこのみこと）を祖といい、近江国滋賀郡小野を本拠地とする。政治軍事面で活躍が見られ、また歌人としては小野小町が有名で、詩人も多く、名筆として小野道風がいる。

八坂氏は、高句麗系の渡来人で、東山区にあった八坂郷を本拠地としていた一族。八坂神社や八坂寺などがある。

秦氏は、応神朝に来朝した弓月君（ゆづきのきみ）の子孫と称する渡来系氏族。6世紀前半から中期に山城国深草地方に基盤を有し、6世紀後半頃から山城国葛野地方に進出。右京区太秦を本拠地とした。

土師氏は、埴輪など土製品の製作や喪葬儀礼に関係することを職掌とする氏族。奈良時代末から平安時代までの間に改氏姓を申請し、菅原・秋篠・大枝（江）朝臣となった。大和・河内を中心に畿内に多い。

1 解答

エ 小野氏

問
2

平安宮（大内裏）の外郭に設けられた宮城十二門
のうち、南面中央の門といえばどれか。

ア 陽明門　　　　　　**イ** 朱雀門
ウ 偉鑒門（い かんもん）　　　　**エ** 殷富門（いん ぷ もん）

朱雀門（しゅじゃくもん）（スザクモンとも）である。二条大路に南面する平安宮外郭中央の門。当門から平安京の正門である羅城門まで南北に朱雀大路が伸びる。規模は、7間5戸で、2階造りであったゆえに、重閣門とも呼ばれた。元は大伴門。朱雀門の名は、唐の長安城に倣ったものである。藤原宮や平城宮でも使用された門名であるゆえ、朱雀・大伴門号は両方用いられたようである。

陽明門（ようめいもん）とは、平安宮外郭十二門の一つ。東側ほぼ中央、待賢門の北、上東門の南。門内北に左近衛府、南に左兵衛府があるため、近衛御門とも呼ばれる。大宮大路に面して、近衛大路に対する。

偉鑒門（い かんもん）も平安宮外郭十二門の一つ。一条大路に面した北の中門。もと猪養門といった。また玄武門、不開門（あかずのみかど）とも称した。

殷富門（いん ぷ もん）も平安宮外郭十二門の一つ。西面南第三門。「いんふく」とも。西大宮大路に面し、近衛大路に対した。門内北側に右近衛府があったことから、西近衛御門とも呼ばれた。警備は右衛門府の管轄。元伊福部門（い ふき べ もん）。

2 解答

イ 朱雀門

問
3

嵯峨天皇の時代に起こった薬子の変で、処刑された藤原薬子の兄は誰か。

ア 藤原仲成　　　**イ** 藤原冬嗣

ウ 藤原良房　　　**エ** 藤原基経

藤原仲成(764〜810)である。仲成は、平安時代初期の官人。藤原式家。贈太政大臣種継と粟田道麻呂の娘の長子。桓武天皇時代には父の暗殺、妹薬子の宮廷からの追放など恵まれなかったが、平城天皇の即位後、薬子が天皇の寵を得たことにより大同4年(809)北陸道観察使、翌年参議となった。その後、薬子と共に長岡京造営中に倒れた父の名誉回復に努め、大同4年、亡き父・藤原種継に太政大臣を追贈させる。兄妹で専横を極め、人々から深く恨まれた。大同5年の薬子の変では逮捕され、右兵衛府に監禁されたが、翌日射殺。死刑はこれを最後に保元の乱(1156)で復活されるまで途絶える。『日本後紀』は、粗野で狂暴な人物と酷評している。

藤原冬嗣(775〜826)は平安時代初期の公卿。藤原北家内麻呂の第二子。嵯峨天皇の信任があつい、初代蔵人頭。

藤原良房(804〜72)は、平安時代前期の公卿。藤原冬嗣の次男。

藤原基経(836〜91)は、平安時代前期の公卿。実父は藤原良房兄の長良。男子のなかった叔父良房の養子となる。

3 解答

ア 藤原仲成

1 歴史・史跡に関する記述について、最も適当なものを**ア**〜**エ**から選びなさい。

問 **4**

源頼朝の命により文治元年（1185）に入京し、
後白河法皇に対して守護・地頭の設置の許しを
得た御家人は誰か。

ア 中原親能　　**イ** 大江広元
ウ 二階堂行政　**エ** 北条時政

　鎌倉の源頼朝の代官として京都に駐在していた源義経は文治元年（1185）に平家を滅亡させたものの、その直後から頼朝との対立が顕在化し、義経は京都から脱出することになる。それに代わって上洛したのが頼朝の妻の父にあたる**北条時政**（1138〜1215）であった。鎌倉政権の「京都守護」となった時政は後白河法皇と交渉し、義経を追捕するためとして全国に守護・地頭の設置を認めさせた。これを「文治の勅許」という。この京都守護の職務は、承久の乱後には六波羅探題に引き継がれることになる。

　中原親能（1143〜1209）、**大江広元**（1148〜1225）、**二階堂行政**（生没年不詳）はいずれも京都の貴族であったが、京都から鎌倉に下って源頼朝の側近となり、文官として鎌倉幕府の行政を担当した。親能と広元は実の兄弟である。中でも広元は幕府の重鎮として鎌倉幕府を支え、承久の乱の際には幕府軍を京都に侵攻させることを強く主張し、乱の勝利に大きな役割を果たした。

4 解答

エ 北条時政

1 歴史・史跡に関する記述について、最も適当なものを**ア**～**エ**から選びなさい。

<table>
<tr><td>問
5</td><td>室町幕府発祥の地でもある足利尊氏の居所、押小路高倉の邸宅のあったところに創建された、足利将軍家の菩提寺であった寺はどれか。</td></tr>
</table>

ア 法成寺　　　　　**イ** 南蛮寺

ウ 等持寺　　　　　**エ** 法勝寺

　鎌倉幕府を滅ぼすことに大きな功績を立てた足利尊氏は後醍醐天皇に重用され、二条大路の南、押小路の北、高倉小路の東、万里小路（現在の柳馬場通）の西に邸宅を構えた。しかし、尊氏は後醍醐天皇に反旗をひるがえして建武の新政を崩壊させ、建武3年（後醍醐天皇の延元元年、1336）には京都に軍事侵攻を果たし、室町幕府を開く。尊氏はもとの押小路高倉（二条高倉）の邸宅を再建し、そこを将軍御所とした。一時、尊氏は将軍御所を上京に移転するが、晩年には二条高倉に戻ってそこで亡くなった。尊氏の二条高倉邸と一体となっていたのが、足利氏の菩提寺としての**等持寺**であった。

　法成寺は平安時代中期に藤原道長が建立した寺院である。**南蛮寺**は天正4年（1576）にイエズス会が建てたキリスト教会である。**法勝寺**は平安時代後期に白河天皇が鴨川の東の「白河」に創建した巨大寺院。

5 解答

ウ 等持寺

1 歴史・史跡に関する記述について、最も適当なものをア～エから選びなさい。

問6

豊臣秀吉が京都に政権の基盤を置いた際に、聚楽第の建設を行ったが、この場所は京都の何と呼ばれる場所であったか。

ア 高野　　　　イ 今熊野

ウ 内野　　　　エ 紫野

　豊臣秀吉が京都に政権の基盤を置いた際に、聚楽第の建設を行った。その場所は京都の**内野**である。内野は、鎌倉時代から桃山時代にかけて空閑地となった大内裏の故地の呼称。内野の名称は、『今昔物語集』や『梁塵秘抄』などで見ることができる。建築中の内裏やわずかに残っていた官衙なども安貞元年（1227）4月の大火で焼亡し、神祇官庁を除いて空閑地は一層広がった。このため、合戦地となることが多く、明徳の乱では足利義満の幕府軍と山名氏の軍勢が内野で交戦している。天正14年（1586）の豊臣秀吉による聚楽第の建設で東半分が著しくかく乱された。江戸時代には聚楽村と呼ばれた。

　高野は、山城国愛宕郡の村名。現在の左京区、高野川沿いにあった村の名前。式内社小野神社がある辺り。

　今熊野（新熊野とも）は、山城国紀伊郡の地名。現在の京都市東山区の瓦坂以南、泉涌寺辺りの称。新熊野神社がある。

　紫野は、平安京の北方の野。のちの七野のひとつ。現在の京都市北区大徳寺近辺。

6 解答

ウ 内野

1 歴史・史跡に関する記述について、最も適当なものをア〜エから選びなさい。

関ヶ原合戦の功績によって丹後一国を与えられた、京極高知が藩主となった藩はどこか。

ア 福知山藩　　　イ 宮津藩

ウ 丹波亀山藩　　エ 淀藩

　関ケ原合戦の功績によって丹後一国を与えられた京極高知（1572〜1622）が藩主となった藩は**宮津藩**である。関ケ原の戦い後に京極高知が信濃国飯田城から12万3200石で入った。元和8年（1622）の高知没後に所領は三分され、次男高三に田辺藩3万5000石、養子高通に峰山藩1万石、嫡男高広には宮津藩7万8200石が分知された。高広は宮津城を大規模に改修したが、その子高国は改易され、以後、永井氏、阿部氏、奥平氏、青山氏と譜代が頻繁に交替。宝暦8年（1758）に松平（本庄）資昌が7万石で入って以後は定着、明治維新まで松平氏7代が続いた。

　福知山藩は、関ケ原の戦いでの戦功により、有馬豊氏が6万石で入り立藩した。

　丹波亀山藩は、慶長14年（1609）、岡部長盛が3万2000石で入封したのが藩の始めである。

　淀藩は、元和9年、松平定綱が3万5000石で入り立藩した。

7 解答

イ 宮津藩

1 歴史・史跡に関する記述について、最も適当なものをア～エから選びなさい。

問 8

後水尾天皇、八条宮智忠親王らと親交があり、桂離宮の造営に関してその様子を著書「にぎはひ草」に記した人物は誰か。

ア 角倉素庵　　　イ 鳳林承章

ウ 灰屋紹益　　　エ 近衛家熙

20回3級

21回3級

21回2級

21回1級

灰屋紹益（1610～1691）である。江戸時代前期の京の豪商で本阿弥光益の子。灰屋は屋号で本姓は佐野といい大叔父の本阿弥光悦より茶の湯のほか文芸を学んだ。飛鳥井雅章、烏丸光広、松永貞徳の門人となり、和歌、挿花、書画、蹴鞠（難波系）、俳諧などをよくした。後水尾天皇や八条宮智忠親王等の皇族とも親交があった。また、島原の名妓であった吉野太夫（二代目）の身請けをめぐり、関白近衛信尋（応山）と競い勝ったことで有名となった。その著『にぎはひ草』は、随筆文学の傑作と言われる。

角倉素庵（1571～1632）は、角倉了以の子。江戸時代初期の土木事業者、儒学者、書家、貿易商。書道角倉流を創始した。

鳳林承章（1593～1668）は桃山時代から江戸時代初期の臨済宗の僧。金閣鹿苑寺住持。後水尾天皇の修学院離宮を訪れた様子を自筆の日記『隔蓂記』に記している。

近衛家熙（1667～1736）は、江戸時代前期から中期にかけての公家。

8 解答

ウ 灰屋紹益

1 歴史・史跡に関する記述について、最も適当なものを**ア**〜**エ**から選びなさい。

問 9

池田屋事件の端緒となった古高俊太郎への拷問や、新選組総長を務めたとされる山南敬助が切腹した場所と伝わるのはどこか。

ア 西本願寺　　　**イ** 旧前川邸

ウ 角屋　　　　　**エ** 八木邸

　新選組は約2年間、壬生の前川荘司邸（現在は旧前川邸）や八木源之丞邸を屯所にした。

　油小路通六角にあった前川本家は掛屋で、御所や京都所司代などの公金出納を扱ったが、壬生の前川荘司は親戚だった。

　旧前川邸（中京区壬生賀陽御所町）には母屋や長屋門、志士・古高俊太郎が拷問を受けたとされる天保10年（1839）に建てられた「東の蔵」（貴重品保管庫）や天保8年に建てられた「西の蔵」（味噌蔵）が現存する。

　文久3年（1863）12月、芹沢派の生き残りだった野口健司が長屋門の向かって右にある出窓の部屋で切腹させられた。また慶応元年（1865）2月、山南敬助が切腹させられたが、坊城通に面したこの部屋の出窓は現在、取り払われている。なお、山南敬助は総長になったとの説がある一方で、総長にはなっておらず、副長のままだったとの説もあり、研究者の間でも議論されている。

9 解答

イ 旧前川邸

問
10

二条城の本丸御殿は、京都御所の北、今出川御
門付近にあった宮家の主要部を移築したもので
ある。その宮家はどれか。

ア 伏見宮　　　　イ 閑院宮

ウ 有栖川宮　　　エ 桂宮

　現在の二条城本丸御殿（重文）は、明治27年（1894）に京都
御所の今出川御門内にあった**桂宮**家の屋敷から御殿を移築し
た。徳川慶喜が大政奉還を表明した二の丸御殿（国宝）の西側
に内堀に囲まれた場所で、当時二条城は天皇家の離宮として
利用されていたため明治天皇の意向で移されたとされてい
る。初代の本丸御殿は寛永3年（1626）に徳川家光が建てた。
天明の大火で焼失したため幕末に慶喜が本丸仮御殿を再建し
たが、明治14年頃に取り壊されていた。現在の御殿は、江戸
時代の宮家の生活空間と文化を伝える貴重な建物である。内
部には狩野永岳の「松鶴図」に代表される数々の貴重な障壁画
がある。桂宮は天正18年（1590）に創設された皇族。親王の身
分を保持できる世襲親王家の一つだが、明治時代に廃絶となっ
た。江戸時代末期、将軍徳川家茂に嫁いだ皇女和宮は、二条
城本丸御殿となる今出川の桂宮邸から江戸へ出立した。**伏見
宮、閑院宮、有栖川宮**も世襲親王家。

10 解答

エ 桂宮

2 神社・寺院に関する記述について、最も適当なものを ア～エ から選びなさい。

問
11

鎌倉初期に平親範が平家ゆかりの三寺を合併した出雲寺を前身とし、江戸時代に山科に移転して復興され、のち後西天皇皇子の公弁法親王が入寺して門跡寺院となった寺はどこか。

ア 毘沙門堂　　　　イ 青蓮院

ウ 三千院　　　　　エ 曼殊院

毘沙門堂（びしゃもんどう）は大宝3年（703）に開かれた出雲寺が前身で、鎌倉時代初期に平親範が平家ゆかりの3寺を統合、最澄作の毘沙門天像を本尊に祀って再興した。戦乱で衰退の後、江戸時代に復興、後西天皇皇子の公弁法親王がここに隠棲してより代々住持を法親王が務める門跡寺院となった。華麗な建築装飾は日光東照宮にも通じ、桜や紅葉の名所としても名高い。

他の選択肢も天台宗の門跡寺院。青蓮院（しょうれんいん）は比叡山上に最澄が建てた小坊が発祥で、天台座主行玄が天養元年（1144）、三条白川で門跡寺院初代に就いて以来、明治に至るまで皇族や五摂家子弟が門主を務めた。三千院は平安時代末期に東坂本梶井の里坊を本拠として、最雲法親王を門主に迎えて門跡寺院に。後に京都市中各所を移転の後、明治初年に現在地に移った。曼殊院（まんしゅいん）も比叡山の一堂が始まりで、文明年間（1469～87）に慈運大僧正（伏見宮家子弟）が入寺して門跡寺院となった。

11 解答

ア 毘沙門堂

問
12

菅原道真の母を祀る北野天満宮の境内末社で、京都三珍鳥居のひとつがあることで知られる神社はどこか。

ア 文子天満宮　　　**イ** 老松社

ウ 伴氏社　　　　　**エ** 厳島神社

　京都三珍鳥居は木嶋坐天照御魂神社（蚕の社）の三柱鳥居、京都御苑**厳島神社**の唐破風鳥居、**伴氏社**の神仏習合時代を伝える「蓮の台座」の鳥居である。伴氏社の社名は、菅原道真の母が伴氏の出身だったことから命名されている。ご神徳は、子どもの成長と学業成就である。かつて4メートルもの巨大な石造りの五輪塔があったが、明治の神仏分離令により、社の南側の東向観音寺に移された。これは道真の母の「忌明塔」ではないかと言われている。
　文子天満宮は、多治比文子が道真のお告げを受け最初に祀った社である。文子は道真の乳母とも巫女とも言われる人物で、天満宮の創祀者。貧しかったので当初は、右京七条の自宅に小祠を建てて祀った。5年後に同じくお告げを受けた比良宮禰宜の子・太郎丸や北野朝日寺の僧・最鎮らの協力を得て北野に霊祠を創建した。**老松社**の祭神・島田忠臣は平安時代前期の漢詩人・閣僚で、道真と親交があり、娘が道真の妻となった。

12 解答

ウ 伴氏社

2 神社・寺院に関する記述について、最も適当なものをア～エから選びなさい。

問 13

今年（2022）、京都御苑東側に位置する藤原道長ゆかりの法成寺跡地から大きな礎石が発見され話題となった。この礎石を引き取った「泣不動縁起絵巻」などを所有する寺院はどこか。

ア 知恩院

イ 金戒光明寺

ウ 百萬遍知恩寺

エ 清浄華院

　　藤原道長が創建した巨大寺院・法成寺跡地で発見された礎石＝写真＝を引き取ったのは、上京区寺町広小路にある**清浄華院**。浄土宗京都四カ本山の一つで、貞観2年（860）に清和天皇の勅願により慈覚大師円仁が四宗兼学道場として禁裏内に開創。後に、法然によって浄土宗に改められた。皇室・公家の尊崇あつく、その子女らの墓所が営まれ、「泣不動縁起絵巻」など著名な寺宝を有する。道長の寺院跡での礎石発見で、考古学研究者らは色めき立ち、「法成寺の遺物では」との声も出たが、発掘調査中の発見ではなかったため慎重な意見もあり断定には至らず、石材は供養も兼ねて近隣の同寺院に引き取られることとなった。寺側は「きちっとお祀りして皆さんに見てもらいたい」としている。

　　知恩院は誰もが知る浄土宗総本山、**金戒光明寺**と**百萬遍知恩寺**は、いずれも浄土宗京都四カ本山に名を連ねる。

13 解答

エ 清浄華院

後白河上皇が法住寺殿の鎮守社として創建した
神社はどこか。

ア 熊野神社　　　　イ 新日吉神宮

ウ 恵美須神社　　　エ 地主神社

　後白河天皇の在位期間は 4 年間と短いが、その後上皇として、二条・六条・高倉・安徳・後鳥羽の五代、30年以上の長期にわたって院政を敷いた。

　保元 3 年（1158）に譲位した後白河上皇は、新たな院政の拠点として法住寺殿を造営した。平清盛が寄進し、法住寺の仏殿として建てられたのが、今は三十三間堂という通称で呼ばれる蓮華王院である。さらに上皇は、永暦元年（1160）熊野権現と日吉山王（日吉大社）を勧請し、法住寺殿の鎮守とした。このうち比叡山の東にある日吉山王を勧請した社が**新日吉神宮**である。当初は現在より南の今熊野瓦坂にあったが、その後智積院の北に移り、明治30年代に現在の場所に移ったとされる。

　熊野神社は、修験道の始祖であり役行者の十世僧である日圓が、弘仁 2 年（811）に紀州熊野大神を当地に勧請したのが始まりと言われている。

14 解答

イ 新日吉神宮

問
15

吉備真備ゆかりの千手観音像「吉備観音」があり、幕末に松平容保率いる会津藩の本陣が置かれた寺院はどこか。

ア 光縁寺　　　イ 新徳寺

ウ 月真院　　　エ 金戒光明寺

金戒光明寺は、比叡山を離れた法然上人が承安5年（1175）、師の叡空からこの地にあった白河禅房を譲られ、念仏道場としたのが始まり。法然上人の没後、紫雲山光明寺として堂舎を整え、後光厳天皇から「金戒」の号を賜って今の名となった。この寺の知名度を何より決定づけたのは、幕末期に京都守護職を務めた松平容保率いる会津藩の本陣が置かれたこと。戊辰戦争で容保傘下の新選組と同藩がたどった悲劇に共感を抱く人も多く、境内の殉難者墓地には今も参拝者が絶えない。

他の選択肢もみな新選組との関わりで知られ、下京区綾小路通大宮西入ルの**光縁寺**は近くに新選組の馬小屋があった縁で、当時の住職と隊士との間で深い交流があったとされ、境内には山南敬助など隊士の名を刻んだ墓石群が残る。壬生にある**新徳寺**は近藤勇らの新選組結成を生んだ因縁の場所。江戸から浪士を率いてきた清河八郎が尊王攘夷の大演説を行い、近藤らがそれに異を唱えた。東山区の高台寺塔頭・**月真院**には、新選組から離脱した伊東甲子太郎ら御陵衛士（高台寺党）の本拠が置かれていた。

15 解答

エ 金戒光明寺

問
16

三度叩いて持ち上げると重くなり、次に願いを
込めて三度撫でて持ち上げ軽くなると願いがか
なうという石「阿呆賢さん」がある神社はどこか。

ア 日向大神宮
イ 伏見稲荷大社
ウ 月読神社
エ 今宮神社

「阿呆賢さん」がある**今宮神社**は、平安時代に疫病退散の御
霊会にて建立された社である。社の祭礼に京都三大奇祭の一
つ「やすらい祭」がある。桜花とともに飛散する疫神を、囃子
や歌舞で風流傘に封じ込め境内の疫神社に送り鎮める鎮花祭
である。

日向大神宮には神の依代となる影向岩がある。この神社は
第二十三代顕宗天皇の御世に筑紫の日向の高千穂の峰のご神
蹟を移して創建された。境内には内宮・外宮があり、内宮に
は天照大御神を祀るため「京の伊勢」とも呼ばれる。御神体山
の日御山の山上には伊勢神宮遥拝所がある。

伏見稲荷大社の奥社奉拝所には、「おもかる石」という一対
の石灯籠がある。この前で願いごとを祈願し石灯籠の空輪（頭）
を持ち上げる。その時に思ったより軽ければ願いが叶い、重
ければ叶い難いという。**月読神社**には「月延石」という、安産
を祈願する石がある。神功皇后が、この石を撫でて安産され
た故事にちなんでいる。

16 解答

エ 今宮神社

問 17

清涼寺の前身となる寺院は棲霞寺であるが、誰の山荘を寺院としたものか。

ア 源融　　　イ 三善清行

ウ 菅原道真　エ 在原業平

源 融（みなもとのとおる）（822～95）は、光源氏のモデルと言われる人物の一人。嵯峨天皇の皇子でありながら臣籍降下をして左大臣となった。右京区嵯峨にある清涼寺の前身は、嵯峨天皇の嵯峨御所の一部に造営された融の山荘・棲霞観（せいかかん）である。融の死後、造立された阿弥陀如来及両脇侍坐像（国宝）を安置する棲霞寺となった。この尊像は「源融の写し仏」と言われる。

三善清行（みよしきよゆき）（847～918）（キヨツラとも）は平安時代前期の文章博士・閣僚で、ライバルである菅原道真（845～903）としばしば対立し、道真の左遷に関与したという説がある。また、清行の訃報を聞いた子の浄蔵（じょうぞう）が急ぎ都へ帰ると葬列が橋を通っていた。法力に優れた浄蔵は、橋の上で加持祈祷をして父を蘇生させた伝説は、一条戻橋の名前の由来となっている。

在原業平（ありわらのなりひら）（825～80）は、六歌仙の一人で平城天皇の皇子・阿保親王（あぼ）と皇女・伊都内親王（いと）の間に生まれた皇子である。容姿端麗で恋多き貴公子として、『伊勢物語』の主人公とされてきた。小塩山十輪寺（じゅうりんじ）は業平が晩年に隠棲したと伝わり、「なりひら寺」と言われてきた。裏山には業平が塩焼きをした塩竈の跡や墓と伝わる宝篋印塔（ほうきょういんとう）がある。

17 解答

ア 源融

問
18

磨崖仏や石仏が数多くみられる当尾の里にあり、本尊の阿弥陀如来坐像や三重塔などの重要文化財を有する、アジサイの名所としても人気の寺院はどこか。

ア 三室戸寺　　　イ 岩船寺

ウ 三千院　　　エ 善峯寺

20
回
3
級

21
回
3
級

21
回
2
級

21
回
1
級

「石仏の里」で有名な木津川市加茂町当尾にある**岩船寺**＝写真＝は天平元年（729）、聖武天皇の勅願によって行基が建立した阿弥陀堂を起源とし、後に弘法大師空海とその甥である智泉大徳が伝法灌頂を修す灌頂堂として報恩院を建立したのが草創とされる。弘仁4年（813）には檀林皇后（橘嘉智子）により堂舎が整えられ、最盛期は39もの伽藍を誇る繁栄を極めた。後に、兵火によって衰退するが、江戸時代には徳川家康・秀忠の寄進を受けて、修復・再興した。本尊の阿弥陀如来坐像は天慶9年（946）の墨書がある当時を代表する平安仏で、嘉吉2年（1442）に建立の三重塔とともに重文に指定されている。境内はアジサイの名所としても知られ、多くの参拝者が訪れる。

　三室戸寺も同じくアジサイの名所で知られる西国三十三所観音霊場の第十番札所。**三千院**は国宝阿弥陀三尊像と紅葉、シャクナゲで人気の寺。西山中腹の西国三十三所観音霊場第二十番札所の**善峯寺**は天然記念物の遊龍松が人目を引く。

18 解答

イ 岩船寺

問 19

文政9年（1826）造営の本殿の天井に花卉が四十四面描かれており、「花の天井」として知られるのはどこか。

ア 平岡八幡宮　　　イ 松尾大社

ウ 愛宕神社　　　　エ 宇治上神社

　右京区梅ケ畑一帯の産土社である**平岡八幡宮**は、神護寺の鎮守として、大同4年（809）に空海が宇佐神宮（大分県宇佐市）から勧請したとされる。平安時代末に一時廃絶したが、真言宗の僧・文覚が再興、応永14年（1407）に焼失の後は足利義満により再建され、天井には四季の草花を描いた絢爛豪華な「花の天井」が施されたという。現在の社殿は文政9年（1826）の築造で、江戸時代末期の絵師の手で、漆塗りの木枠に75センチ四方の花卉図44面をはめ込んだ「花の天井」を蘇らせた。これは通常非公開だが、春と秋の2回、それぞれ約2カ月の特別公開を行っている。

　松尾大社は大宝元年（701）の創建で、古くから酒の神として信仰を集める。**愛宕神社**は大宝年間（701～04）に役行者らが開いたとされ、火伏の神として知られる。応神天皇らを祀る**宇治上神社**は、明治維新まで宇治離宮明神と称され、本殿（国宝）は神社の本殿建築として国内最古の遺構とされる。

19 解答

ア 平岡八幡宮

問 20

鎌倉時代から室町時代において、大山崎町にある離宮八幡宮の神人を中心に構成され、独占的な特権を得た商人による組織は何か。

ア 油座　　イ 麹座

ウ 織手座　　エ 綿座

20
回
3
級

21
回
3
級

21
回
2
級

21
回
1
級

　平安時代末期から戦国時代にかけて、商人や手工業者などが結成した同業者組織のことを座と呼ぶ。座は朝廷や社寺などの傘下に入り、それぞれの職業についての特権を保障されていた。その座のうちの一つが、離宮八幡宮＝写真＝のもとで、荏胡麻油の製造と販売の専売特許を持って栄えていた**油座**である。

　麹座、**綿座**もまた日本中世に存在した座である。麹座は酒造に不可欠な麹の製造、販売の権限を独占していた。京都では北野天満宮の庇護を受けた西京神人による西京麹座が最大のものであった。彼らは近世には「天神侍」とも呼ばれ、「縁起」という札の配布など神職活動を行っていた。綿座は綿商人の同業者組織で、京都では祇園社の綿座がよく知られている。**織手座**とはもともと、朝廷の織部司などに属した織物の職人のこと。彼らが洛中で組織した座が大舎人座で、これが後の西陣織を生み出していく。

20 解答

ア 油座

| 問 21 | 禅寺の方丈建築の中で、方丈が国宝であるのは どれか。 |

⑦ 建仁寺　　　　　⑦ 法然院

⑦ 南禅寺　　　　　① 知恩院

　南禅寺方丈は、大方丈とその背後に接続した小方丈から成り、昭和28年（1953）に国宝に指定された。

　小方丈は虎の間、三室（9畳、6畳、20畳）広縁よりなり、背面切妻造、前面大方丈に接続、柿葺き。寛永年間（1624～1644）の建築で伏見城の遺構とされている。

　大方丈は内陣、御昼の間、鳴滝の間、麝香の間、鶴の間、西の間、柳の間、六畳、狭屋の間、広縁より成る入母屋造、柿葺き。慶長16年（1611）、御所の建物の下賜を受けて移築されたもので、寺伝では天正年間（1573～1592）の内裏清涼殿を移建したものとするが、清涼殿ではなく女院御所の対面御殿を移築したものとの説もある。内部には狩野元信・永徳の襖絵がある。

　また大方丈の南側には枯山水の平庭があり、国の名勝に指定されている。敷地は東西に細長く、建物の縁の前は白砂敷で築地塀沿いに左方から徐々に大きさを減じた庭石が配され、緩く先細りに遠近感を構成している。

21 解答

⑦ 南禅寺

3 建築・庭園・美術に関する記述について、最も適当なものを ア ～ エ から
選びなさい。

問
22

宝治2年（1248）の墨書銘から鎌倉時代まで遡
る稀有な二重の門の遺例とされ、府北部唯一の
国宝建造物である二王門がある綾部市の寺院は
どれか。

ア 峰定寺　　　　　　イ 松尾寺

ウ 光明寺　　　　　　エ 仁和寺

20
回
3
級

21
回
3
級

21
回
2
級

21
回
1
級

　綾部市の**光明寺**二王門は、三間一戸、入母屋造の構造の二
重門で、屋根は全国的にも珍しい栩葺で、和様であるが頭貫
の木鼻に大仏様繰形をつける。柱に宝治2年戊申（1248）の墨
書があり建立年代が明らかで、鎌倉時代中期の貴重な二王門
として国宝に指定されている。昭和25年（1950）に解体修理が
行われ、平成28年（2016）にも保存修理が行われた。傷んだ屋
根板を葺き替え、建立当時の姿を再現した塗り直しをするな
ど、3年かけて大修繕が行われた。

　峰定寺は左京区花背原地町にある本山修験宗系単立寺院。
仁王門（重文）は入母屋造、柿葺き、三間一戸の八脚門、貞和
6年（1350）の建立。

　現在の**仁和寺**二王門は、五間三戸二階二重門、入母屋造、
本瓦葺き。徳川家光の寄進により建立されたもので重文に指
定されている。

22 解答

ウ 光明寺

229

問
23

木津川にかかる流れ橋の近くにあり、江戸時代
に庄屋を務めた家の住居で、茅葺屋根と赤い壁
が特徴的な重要文化財に指定されている住宅は
どれか。

ア 伊佐家住宅　　　イ 杉本家住宅

ウ 冷泉家住宅　　　エ 石田家住宅

　木津川の流れ橋近くにある赤壁が特徴的な庄屋屋敷は、八
幡市上津屋の**伊佐家住宅**（重文）。同家は江戸幕府の直轄領地
であったこの辺りの庄屋を代々務めていた。入母屋造（いりもやづくり）で分厚
い茅葺きの大屋根を持つ主屋は、江戸時代中期に建てられ、
当初平屋だったが江戸時代末期に2階が増築された。ケヤキ
の大黒柱にマツの大木の芯を使った梁（はり）、座敷の柱や鴨居（かもい）には
ツガの柾目材を使用し、外壁や客間や仏間の壁は「桃山」と呼
ばれる赤い壁土仕様。床の間や付書院、清楼棚のある座敷な
ど随所に庄屋としてのこだわりがみえる。

　杉本家住宅は、明治3年（1870）に再建された典型的な京町
家。**冷泉家住宅**は、江戸時代後期再建の公家屋敷で藤原俊成・
定家の子孫が住む。**石田家住宅**（南丹市）は、現存する最古の
江戸時代初期の農家住宅。いずれも重文。

23 解答

ア 伊佐家住宅

3 建築・庭園・美術に関する記述について、最も適当なものを**ア**～**エ**から
選びなさい。

問
24

方丈の周囲に庭園を配し、前庭である南庭は一
休宗純の廟や虎丘庵の建物を背景とした白砂の
庭で、東には「十六羅漢の庭」、北には約2メー
トルの巨石を立てた枯山水の蓬莱庭園がある寺
院はどこか。

ア 酬恩庵　　　　　　　**イ** 龍安寺

ウ 地蔵院　　　　　　　**エ** 大徳寺

　京田辺市に所在する**酬恩庵**（しゅうおんあん）庭園は、虎丘庭園（こきゅう）と方丈庭園と
より成る。　虎丘庭園は虎丘庵の庭園であって庵の周囲に庭石
と2個の手水鉢（ちょうずばち）とを布置し、これにモッコク、梅、椿、など
と刈込物とを配している。方丈庭園は方丈の南、東、北の3
方面に作庭され、南庭は長方形の白砂敷であって後部の斜面
に刈込物を作り、西南隅に蘇鉄を植えて禅宗寺院の方丈庭園
の体型を表している。東庭と北庭とは特に密接な連繋を有し、
東北隅に主石を組み、これより築地塀に沿い多数の庭石を南
と西に流し、東庭と北庭とを構成している。東庭はほぼ直線
的に庭石を置き、十六羅漢を象るものと伝えられる。北庭は
庭石に石塔、石燈籠、蹲踞（つくばい）、手水鉢などを配している。かつ
ては借景として遠く比叡山と男山とを望み、近くには木津川
と田畑があり、これらのものが庭景とよく融合して優秀な景
趣を成していた。

24 解答

ア 酬恩庵

3 建築・庭園・美術に関する記述について、最も適当なものを ア～エ から
選びなさい。

問
25

西芳寺（苔寺）の庭園は国の史跡および特別名勝
に指定されている。その庭園の中にある千少庵
により建立された茶室の名前は何か。

ア 湘南亭　　　　　イ 松琴亭

ウ 傘亭　　　　　　エ 夕佳亭

　夢窓疎石が暦応2年（1339）に再興した西芳寺には多くの堂
舎があったが、その中に**湘南亭**の名がある。この時の湘南亭
は舎利殿の南方、池の中島にあって、北の潭北亭と対峙して
いたことが知られるが詳細は明らかでない。応仁・文明の乱
に西芳寺は被災したが復興は容易に進まず、湘南亭の再興は
慶長年間（1596～1615）千少庵によって実現したと伝える。今
の湘南亭は庭園の南西部に築地を中断して建つ。柿葺きで主
屋は四畳台目の茶室、六畳の次の間、広縁からなる。茶室は
長四畳にいわゆる亭主床を持つ大目畳が付き、四畳のほぼ中
央に付書院風の明り床が開き、その明り床の脇に貴人口があ
る。北面の障子の外は開放的な広縁で、天井を一面に土で塗
り上げているのが異色である。
　松琴亭は桂離宮、**傘亭**は高台寺、**夕佳亭**は鹿苑寺の庭園に
建立されたもの。

25 解答

ア 湘南亭

3 建築・庭園・美術に関する記述について、最も適当なものをア〜エから選びなさい。

室町時代を代表する枯山水庭園で、狭い敷地に樹木・石・白砂が見事に配置され、国の史跡および特別名勝に指定されているのはどれか。

ア 醍醐寺三宝院庭園　　イ 大仙院書院庭園

ウ 金地院庭園　　　　　エ 浄瑠璃寺庭園

　大徳寺**大仙院書院庭園**は、書院が建物の北東角に位置していることから、庭園もＬ字型の築地塀に囲まれた狭い敷地につくられている。Ｌ字の屈折部にあたる部分に庭園の中心となる大石の立石が２基据えられていて、左手が不動石、右手が観音石でそれぞれ不動明王と観音菩薩に見立てた立石である。その背後に枯滝を模した石組みがある。それを示すかのように不動石と観音石の前方には石橋が架けられ、滝水が橋の下を流れる様子が造り出されている。書院東部にある透渡殿の近くに船に見立てられた船石があり、船が流れを渡る情景が続く。

　狭小な空間に大小の立石が所狭しと配され、密度の濃い空間となっている。重厚な存在感で見る者を圧倒するが、阿波産の「青石」を基調とした色彩は水墨画的ながらも華やかさを演出し、濃密ながらも均整のとれた造形美で心を釘付けにする類い稀な庭園である。

26 解答

イ 大仙院書院庭園

問
27

本尊の如意輪観音坐像や、快慶作の金剛薩埵坐
像が重要文化財に指定されている小野小町ゆか
りの寺院はどこか。

ア 欣浄寺　　　　　イ 勧修寺

ウ 随心院　　　　　エ 補陀洛寺

　　正解は**随心院**。山科区小野にある真言宗善通寺派の大本山。
別名を小野門跡ともいう。平安時代中期の正暦2年（991）、
仁海が牛皮曼荼羅（承久の乱で焼失）を祀って曼荼羅寺を創始
したことに始まる。五世増俊のときに随心院と改め、七世親
厳のときに門跡寺院となった。承久、応仁・文明の乱で衰退
するが、慶長4年（1599）に本堂が再建されたのを皮切りに復
興した。本堂には本尊の如意輪観音坐像や平安時代の仏師定
朝作とされる阿弥陀如来坐像（重文）、快慶作の金剛薩埵坐像
など見ごたえある仏像が多い。古くからこの地は小野一族の
領地であり、一族のひとり小野小町が移り住んだこともあり、
深草少将の百夜通いなど小町ゆかりの伝説にまつわる史跡が
数多い。
　　欣浄寺は伏見区にある曹洞宗寺院。本尊は伏見の大仏と呼
ばれる丈六の大仏。寺地は深草の少将の邸宅跡と言われ、境
内には少将塚や小町塚、少将姿見の井戸などがある。**勧修寺**
は真言宗山階派の大本山。昌泰3年（900）の開創。後に醍醐
天皇の勅願寺となった。本尊の千手観音は醍醐天皇の等身大
と伝える。**補陀落寺**は左京区静市市原町にある。通称小町寺。
小野小町の墓所と伝え、小町の老衰像などゆかりの史跡があ
る。

27 解答

ウ 随心院

問
28

大覚寺の客殿（正寝殿）、狭屋の間の明かり障子
の腰板に描かれている重要文化財「野兎図」は
誰の筆とされているか。

ア 渡辺始興 　　　イ 伊藤若冲

ウ 長沢芦雪 　　　エ 岸駒

「野兎図」＝写真＝を描いたのは江戸時代中期の京都の画家、
渡辺始興（1683～1755）である。はじめ狩野派を学んだが、後
に尾形光琳に師事して琳派的な装飾画風を継承した。「野兎図」
は正寝殿の腰障子12面に描かれ、「四季花鳥図」と表裏をなし
ている。「野兎図」は兎と草だけをモチーフにしているが、兎
の毛色やポーズに変化をもたせ、配置の仕方に工夫を見せて、
総計19羽の兎の姿態が愛らしく、見る者の心を和ませる名作
である。

　伊藤若冲（1716～1800）は江戸時代中期の京都の絵師。鶏を
庭に飼って観察し、濃彩精緻で個性的な画風を確立、京都の
代表的な画家となった。代表作に「動植綵絵」（30幅）など。

　長沢芦雪（1754～99）は江戸時代中期の京都の絵師。円山応
挙の高弟の一人で代表作に「虎図」や「山姥図」などがある。
機知に富む奔放大胆な描写を得意とし、紀南地方の寺院（草
堂寺など）に多くの障壁画を残す。なお、令和5年（2023）現在、
草堂寺の障壁画は和歌山県立博物館に委託されている。

　岸駒（1756～1839）は江戸時代後期の絵師。虎の絵の名手と
して活躍、岸派を開いた。

28 解答

ア 渡辺始興

235

問
29

日本最初の公立の美術学校でもある京都府画学
校の創立を建議し、竹内栖鳳や上村松園といっ
た画家を育てた人物は誰か。

ア 森寛斎　　　　　　イ 横山華山

ウ 幸野楳嶺　　　　　エ 中村大三郎

幸野楳嶺(こうの ばいれい)(1844～1895)が正解。幕末から明治の激動期を生き
た楳嶺は、京都の自然や風土、生活感情に深く結びついた
円山・四条派の絵画の伝統を自らの作風に統合、当時最高の
栄誉だった帝室技芸員に昇りつめて新しい日本画の指針を示
す一方、日本最初の公立の絵画学校である京都府画学校の設
立を建議。30歳以下の若い世代の画家が出品して平等な審査
を受けられる「京都青年絵画研究会」を創設するなど、京都画
壇の近代化に向けて多くの基礎を築いた。また厳格な私塾教
育を通して竹内栖鳳や菊池芳文ら新時代の逸材を育てた。京
都市立芸術大学のキャンパスには、学校設立の功労者を顕彰
する胸像が今も残る。

森寛斎(1814～1894)は幸野楳嶺、岸竹堂と並ぶ明治の三巨
頭の一人。明治23年(1890)に制度化された帝室技芸員に京都
で初めて任命された。

横山華山(1781/4～1837)は江戸時代後期に京都で活躍し
た絵師。風俗画や祭礼図に優れ、晩年の祇園祭礼図巻は上下
巻合わせて30メートルに及ぶ大作で代表作。

中村大三郎(1898～1947)は昭和初期の帝展で現代女性の風
俗画的な美人図を発表して人気を博し、近代的な女性美で注
目された。

29 解答

ウ 幸野楳嶺

問
30

松尾芭蕉の『おくのほそ道』を題材にして絵を
添えた作品「奥の細道図巻」が今年（2022）、
新たに１件見つかり京都国立博物館で公開され
た。これを描いたのは誰か。

ア 池大雅　　　　　イ 与謝蕪村
ウ 円山応挙　　　　エ 原在中

　新発見の「奥の細道図巻」の作者は江戸時代中期に俳人、画
家として名をなした**与謝蕪村**（1716〜84）。摂津国毛馬村（現
在の大阪市都島区毛馬町）に生まれ、江戸に出て俳人として
活動したあと諸国を巡歴、後年、丹後に滞在した頃から絵を
本格的に描き、京都に戻って以降は、画家として評価を高め、
池大雅とともにわが国の南画（文人画）を大成した。蕪村は俳
聖松尾芭蕉を深く敬愛して俳諧紀行『おくのほそ道』の全文を
書写し、関連する絵を添えた『奥の細道図巻』を数々描いてお
り、これまで重文指定３件を含む４件の現存が知られてきた。
新たに発見、公開された『奥の細道図巻』は、諸作中最も早い
時期の制作で、それらの起点となる重要作と位置付けられ、
注目された。
　池大雅（1723〜76）は江戸時代中期の京都の画家。蕪村とと
もに南画を大成した。
　円山応挙（1733〜95）は江戸時代中期の京都で活躍。写生を
重視した清新な画風で人気を博した円山派の祖。
　原在中（1752〜1837）は江戸時代後期の京都の画家。原派を
組織して祖となった。

30 解答

イ 与謝蕪村

問 31

住宅密集地を避け、一部の陶工たちが宇治市の炭山工芸村などに移転し、大衆品から芸術性の高い作品を生産している伝統的工芸品は何か。

ア 京焼・清水焼　　　イ 京漆器

ウ 京仏具　　　　　　エ 京指物

　江戸時代初期に御室仁和寺の門前に窯を開いた野々村仁清は京焼の祖と称され、継承者の尾形乾山は鳴滝で開窯した。その後、奥田穎川が粟田口で磁器を作り始めて以来、青木木米、仁阿弥道八、永樂保全らの名工が、清水寺そばの五条坂辺りを中心に制作していったため京焼は清水焼として広く知られるようになった。戦後になると五条坂周辺も住宅が密集してきたことや焼成方法が従来の登り窯からガス窯や電気窯が主流になったこともあって、山科区の清水焼団地に窯元や卸問屋が軒を並べるようになった。一部の窯元は宇治市の炭山地域＝写真＝へ移り、京焼・清水焼の伝統を受け継いで制作を続けている。

　京漆器、京仏具、京指物は京焼・清水焼と同様に経済産業大臣指定の伝統的工芸品。京漆器は現在は茶道具が主体で高級品が多い。京仏具は木地、彫刻、漆芸、金箔押、蒔絵、彩色、錺金具などの高い技術が一体となってできている。京指物は金釘を使わずに木を組んで作る。総桐たんすは最高級品。

31 解答

ア 京焼・清水焼

問
32

素朴な土焼きに彩色を施し、全国の土人形の元
祖ともいわれる人形はどれか。

ア 賀茂人形　　　　イ 御所人形

ウ 嵯峨人形　　　　エ 伏見人形

伏見人形は、江戸時代初め頃から伏見稲荷大社の土産物と
して作り始められたとされ、全国の土人形の元祖と言われる。
おおらかで庶民的な素朴さが漂う。粘土で型をとって焼成し
て岩絵具などで彩色するが、窯元によって型も彩色の仕方も
違う。縁起物から子どもの遊ぶ姿や動物を模したもの、時代
の風俗や説話を取り入れたものなど多種多様さが特徴で、残っ
ている原型・土型は2000種に及ぶ。「饅頭喰い」＝写真＝や「お
使姫のお狐さん」、江戸時代の歌舞伎役者・七代目市川團十郎
の「成田屋人形」などが有名。江戸時代後期の最盛期には約60
軒の窯元があったが、現在は寛延年間（1748〜51）創業の「丹嘉」
のみが制作を続けている。

　賀茂人形は、江戸時代中期に上賀茂神社の神官に仕えてい
た雑掌が作った木目込み人形が始まりとされる。**御所人形**は、
宮中や公家に好まれた、ふくよかで愛らしい幼い子どもの人
形。**嵯峨人形**は、江戸時代初期から幕末まで嵯峨で作られて
いた仏像の衣を装飾する盛り上げ彩色を施
した木彫り人形。

32 解答

エ 伏見人形

4 芸術・文化に関する記述について、最も適当なものをア～エから選びなさい。

問 33

古代以来の秀歌を集めた「小倉百人一首」の撰者を務めた鎌倉時代の歌人は誰か。

ア 藤原俊成　　　イ 藤原定家

ウ 藤原為家　　　エ 冷泉為相

　古代以来の秀歌を集めた『小倉百人一首』の撰者を務めた鎌倉時代の歌人は、**藤原定家**(テイカとも)(1162～1241)である。定家は、藤原俊成と藤原親忠の娘（美福門院加賀）の間に生まれた。藤原北家御子左流。新古今時代の代表歌人で、その和歌・歌論は以後の文芸や文化に深い影響を与えた。『新古今和歌集』や『新勅撰和歌集』の撰者でもある。「小倉百人一首」は、定家が宇都宮頼綱（蓮生）の依頼で、蓮生の小倉山麓中院の山荘の障子に貼る色紙形の和歌として100首の歌を選んだものが原型となったと言われるが諸説ある。

　藤原俊成（シュンゼイとも）（1114～1204）は、平安時代後期から鎌倉時代の公家で歌人。藤原定家の父。『千載和歌集』の撰者。

　藤原為家（1198～1275）は定家の三男。『続後撰和歌集』を選進。『続古今和歌集』（1265）の選者の一人。晩年、後妻阿仏尼との間にもうけた**冷泉為相**（1263～1328）を溺愛して、歌道家が二条、京極、冷泉の3家に分立する要因ともなった。冷泉為相は、冷泉家の祖である。

33 解答

イ 藤原定家

4 芸術・文化に関する記述について、最も適当なものをア〜エから選びなさい。

問 34

江戸初期に本阿弥光悦、近衛信尹と並んで「寛永の三筆」と呼ばれたのは誰か。

ア 松花堂昭乗　　　イ 橘逸勢

ウ 烏丸光広　　　エ 藤原佐理

松花堂昭乗（しょうかどうしょうじょう）(1584〜1639) である。江戸時代初期に本阿弥光悦（ほんあみこうえつ）、近衛信尹（このえのぶただ）と並んで「寛永の三筆」と呼ばれた。昭乗は、尊朝法親王に青蓮院流の書を学び、また空海の書を慕って大師流を修得して、自らの書風を確立した。漢字は空海の唐風、かなは平安時代の和風を復興したもので松花堂流または滝本流という。

橘逸勢（たちばなのはやなり）(？〜842) は、平安時代前期の官人で能書家。延暦23年 (804)、留学生となって遣唐使と入唐し、大同元年 (806) に帰国。唐で琴と書を学ぶ。大内裏北面の三門の額を書く。嵯峨天皇、空海とともに三筆と言われる。

烏丸光広（からすまるみつひろ）(1579〜1638) 江戸時代前期の公卿、歌人、能書家。細川幽斎から古今伝授を受ける。設問の「寛永の三筆」とほぼ同時代の人で、三筆と並び称されたが、書流とはなりえず、光悦流に含まれることがほとんどである。

藤原佐理（ふじわらのすけまさ）（サリとも）(944〜98) は、平安時代中期の官人。小野道風（おののみちかぜ）、藤原行成（ふじわらのゆきなり）とともに三賢と言われ、その筆跡は道風の野蹟（やせき）、佐理の佐蹟（させき）、行成の権蹟（ごんせき）と呼ばれ三蹟という。

34 解答

ア 松花堂昭乗

問
35

江戸後期、煎茶手前を創案して煎茶家元の先駆けとなり、公家や文人に煎茶道を流行させた人物は誰か。

ア 山本嘉兵衛　　　**イ** 田中仙樵

ウ 久田宗栄　　　　**エ** 小川可進

　選択肢の中で、煎茶で名をはせた人物といえば**山本嘉兵衛**と**小川可進**(1786～1855)の2人である。山本は元禄3年(1690)に江戸日本橋で創業した茶商で、代々嘉兵衛を名乗る。一方、緑茶の代表、常用飲料の一つとしての煎茶とは異なり、手前や作法を伴う茶道の形式にまで高め、喫茶の新たな趣向と局面を切り開いたのが小川可進である。

　可進は漢方医で、公家の御典医を務めていたが、「茶は渇を止むるに非ず、喫するなり」(『喫茶辮』)と主張し、また「莵道茶(うぢちゃ)と称する中にも、大鳳寺尤も勝れたり。木幡これに継ぐ」(同上)と宇治の最高級茶葉を用いるとともにそれにふさわしい淹茶法、小川流煎茶法を編み出した。文人趣味と中国文化への傾倒という風潮のなか近衛忠熙、一条忠香それに岩倉具視らも関心を寄せ、また青木木米や頼山陽などとも交流し、近代的な煎茶文化・煎茶道の礎を築くことに貢献した。

35 解答

エ 小川可進

問 36

三千家が指定した茶道具の職方は千家十職と呼ばれる。この中で大西清右衛門家の職方は何か。

ア 釜師 　　　イ 塗師

ウ 表具師 　　エ 茶碗師

　千家に出入りする職家が十家として確認されるのは、宝暦8年（1758）に行われた宗旦百年忌の茶会記録が最も古く、その後徐々に固定されていったものと考えられている。天保11年（1840）の利休250年忌には、奥村吉兵衛（**表具師**）、黒田正玄（竹細工・柄杓師）、土田友湖（袋師）、永樂善五郎（土風炉・焼物師）、樂吉左衛門（**茶碗師**）、飛来一閑（一閑張細工師）、中川浄益（鋳師）、余三右衛門（**塗師**）、駒沢利斎（指物師）、そして設問の大西清右衛門はもちろん**釜師**としてそれぞれ招かれている。

　大西家は初代浄林（1590～1663）から現在の三条通新町西入ルの釜座町に居を構え、今日まで釜師として活躍している。

　二代浄清（1594～1682）は徳川家将軍三代の号を鋳込んだ大梵鐘を造るなど江戸幕府に奉仕。織田有楽斎、古田織部、小堀遠州、細川三斎など大名茶人の釜師を務めたほか、千宗旦へ釜を納め、千家との往交を始めた。なお、「千家十職」とは、各々が数百年にわたり千家の型を継承しながら、茶の湯において独自の役割を担ってきた10軒の職家をいう。

36 解答

ア 釜師

4 芸術・文化に関する記述について、最も適当なものをア～エから選びなさい。

問 37

茶の湯の隆盛とともに人気となった、形式にとらわれず、自然の姿をそのままいかしていける手軽ないけばなの様式は何か。

ア 供華（くげ）
イ 立華（りっか）
ウ 抛入花（なげいればな）
エ 生花（しょうか）

　いけばなの源流は、仏や神に供える**供華**に求められる。『法華経』（ほけきょう）には、仏を供養する方法の一つとして花が挙げられている。

　室町時代に成立したいけばなは、「た（立）てる」花と「い（生）ける」花に大別される。「たてる」花は、枝数が多く格調高い**立華**（立花）と呼ばれる様式へと発展し、江戸時代前期に池坊専好（せんこう）（二代）によって大成された。

　「いける」花は、「枝をなびかせて器に入れる花」という意味で**抛入花**とも呼ばれた。天井から吊るした舟形の器や柱に掛けた器にもいけられ、立花よりも軽やかで自由度が高い。江戸時代前期、貞享元年（1684）刊行の『抛入花伝書』＝写真＝は、抛入花が流行していたことを示す。

　江戸時代中期になると、「いける」花にも格調を求める風潮が高まり、**生花**と呼ばれる様式が成立した。抛入花が姿を整えたもの、立花を略したものという両様の解釈ができる。

37 解答

ウ 抛入花

問
38

左京区岡崎円勝寺町に昭和33年（1958）に開場
した能・狂言の観覧施設はどれか。

ア 金剛能楽堂　　　　イ 大江能楽堂

ウ 河村能楽堂　　　　エ 京都観世会館

　能・狂言を鑑賞する施設としては、京都市内では下の3施
設がよく知られている。もちろんほかにも能楽堂はあり、ま
た西本願寺のように、国宝の能舞台を持つ寺院もある。下の
3施設の中では、**金剛能楽堂**（上京区烏丸通中立売上ル）は金
剛家邸内の能舞台を移築したもので、唯一京都に宗家を置く
金剛流の本拠となっている。

　観世流は、京都では昭和33年（1958）、岡崎文化ゾーンの一
角に**京都観世会館**を設立した。ここの能舞台には、京都を代
表する日本画家・堂本印象が描いた老松がある。開館から60
年以上を経た今でも、伝統と創生を象徴する斬新さを感じさ
せる。**大江能楽堂**は、明治41年（1908）、観世流大江家が御所
の南に創建した木造能楽堂である。

38 解答

エ 京都観世会館

4 芸術・文化に関する記述について、最も適当なものをア～エから選びなさい。

問
39

五花街のをどりで、喜劇王チャップリンが昭和11年（1936）に京都を訪れた時にも観劇したとされる、春に行われる先斗町の舞踊公演は何か。

ア 都をどり　　　　イ 京おどり

ウ 鴨川をどり　　　エ 北野をどり

花街で春に開催される「春のをどり」の一つ、先斗町の**鴨川をどり**は、明治5年（1872）に催された第1回京都博覧会の観光客誘致をうながす行事の一環として始められた。昭和初期には洋楽を用いたり、少女レビューを取り入れたりと、新しい趣向にも挑戦。昭和11年（1936）には、フランスの芸術家ジャン・コクトーやイギリス出身の喜劇王チャールズ・チャップリンらも公演を鑑賞している。昭和26年から平成10年（1998）までは、春季だけでなく秋季にも公演されていたことから、春のをどりの中で最も上演回数が多い。現在は毎年5月1日から24日まで開催されている。主催は先斗町歌舞会。内容は2部構成で、第1部はストーリーが楽しめる舞踊劇、第2部は「踊り絵巻」と称される華麗な純舞踊。踊りの流派は尾上流である。

都をどりは祇園甲部、**京おどり**は宮川町、**北野をどり**は上七軒による春のをどり。

39 解答

ウ 鴨川をどり

問40

花街のしきたりで、「店出し」が決まった舞妓が最初に結う髪型は何か。

ア 割れしのぶ　　　イ おふく

ウ 奴島田　　　　　エ 先笄

　舞妓は地毛で日本髪を結っているが、その髪型は舞妓になってからの年数により変化する。舞妓の髪型は、あどけなさが残る少女から、大人の女性へと成長していく変遷でもあるのだ。店出しをしたら、まずは**割れしのぶ**＝イラストはイメージ＝。頭の高めで結った丸い髷を割るように赤い鹿の子がのぞく。髷の真ん中には「鹿の子留め」を飾る。店出しの折には鬢の左右に銀の「びらびら」、以後はびらびらと小花などの可憐な花簪を挿す。

　舞妓になって数年すると髪型は**おふく**となる。割れしのぶよりも髷をふくらませ、髷には「おふくがけ」をかけ、落ち着いた雰囲気を漂わせる。衿替えを2週間後に控えると、**先笄**という独特の髪型にして横一文字の笄を挿す。また、おふくの期間、始業式や八朔など正装の黒紋付きを装う時は、襟足を3本に白粉を塗って、**奴島田**という髪型に結う。祇園祭の期間には、大きめの髷の勝山という髪型になる。

40 解答

ア 割れしのぶ

問
41

皇服茶は、空也が薬茶をふるまったことに始まり、村上天皇も服したことに名が由来する。1月1日から3日間、この茶がふるまわれる寺院はどこか。

ア 萬福寺　　　　　イ 高山寺

ウ 建仁寺　　　　　エ 六波羅蜜寺

六波羅蜜寺では正月三が日、初詣に訪れた人達に「皇服茶」が授与される。皇服茶の言われは、天暦5年（951）疫病に苦しむ人々に、六波羅蜜寺の開山・空也上人が茶を振る舞った故事による。その茶は梅干しと結び昆布の入った薬茶だったという。村上天皇にも献じられたことから「帝が服した茶」として皇服茶と呼ばれるようになった。皇服茶の行事は民間にも広まり、年賀の習わしの一つとして定着した。一般には「大福茶」と書き、無病息災や招福を願って正月に飲用する。

『喫茶養生記』を記した**建仁寺**の開山・栄西（ヨウサイとも）禅師は「日本の茶祖」と呼ばれる。栄西禅師が宋から持ち帰った茶の種は、**高山寺**を再興した明恵上人にも譲られ、日本最古の茶園が営まれたとされる。**萬福寺**の開祖・隠元禅師が中国の精進料理「普茶料理」を伝えた。普茶とは、普く大衆に茶を供するという意味。

41 解答

エ 六波羅蜜寺

5 祭りと行事に関する記述について、最も適当なものをア〜エから選びなさい。

問 42

精華町で1月の申の日から3日間にわたって行われる祭りで、2日目に大松明が焚かれ、3日目の昼に竹で邪鬼をかたどった綱を引きあう神事が行われる。この京都府無形民俗文化財指定の奇祭は何か。

ア 棚倉の居籠祭　　イ 仏舞

ウ 鎮花祭　　エ 祝園の居籠祭

　『日本書紀』には、崇神天皇に対して武埴安彦命が謀反を起こし木津川両岸で対陣し、追討された記録がある。屍の山となった一帯は、羽振苑と言われ祝園の地名となった。武埴安彦の首は祝園に、胴体は棚倉に残ったという。**祝園の居籠祭**＝写真＝は武埴安彦命の鎮魂のため、里人が忌み籠ったことに由来する。京都府指定無形民俗文化財。

　同じく武埴安彦命の鎮魂儀礼と伝わる**棚倉の居籠祭**は、和伎座天乃夫岐賣神社（通称：涌出宮）で行われる。南山城地方最古の祭りといわれ、1年の豊作を予祝する室町時代からの農耕儀礼を伝える。宮座という氏子組織に支えられた行事で、他の宮座行事と共に国の重要無形民俗文化財に指定されている。舞鶴市の松尾寺の**仏舞**は、中世より伝わるもので、釈尊の生誕を寿ぎ5月8日に奉納される。一般には卯月八日の仏舞と呼ばれている。国の重要無形民俗文化財に指定。亀岡市の丹波国一之宮・出雲大神宮の**鎮花祭**は、花の飛散に伴う疫病を鎮める祭で、毎年4月18日に行われる。

42 解答

エ 祝園の居籠祭

5 祭りと行事に関する記述について、最も適当なものをア～エから選びなさい。

問 43

節分の際、赤、青、黒の三匹の鬼が登場する鬼法楽が行われ、紅白一粒ずつ食べると寿命が延びるとされる「蓬莱豆」を授与するのはどこか。

ア 吉田神社 　　**イ** 北野天満宮
ウ 八坂神社 　　**エ** 廬山寺

廬山寺（ろざんじ）は、比叡山天台十八世座主元三大師（がんざんだいし）良源（りょうげん）により創建された。追儺式鬼法楽（ついなしきおにほうらく）＝写真＝は、村上天皇御世に元三大師が宮中にて300日の護摩供を修した際に現れた3匹の悪鬼を独鈷三鈷（こさんこ）で退散させた故事にちなむ。3鬼は人間の善根を毒する3種の煩悩である貪欲（どんよく）、瞋恚（しんい）、愚痴を表現する。

内裏の鬼門に位置する**吉田神社**の追儺式は、古式に則り行われる。本殿前で陰陽師がご祭文を読み上げ、黄金の四つ目の仮面を被り、玄衣朱裳を身に着け、鉾楯を持つ方相氏（ほうそうし）が、大声を発し楯をうち舞殿を巡る。**北野天満宮**は、節分で追われた鬼が逃げていく「乾（北西）の隅（すみ）」の守護として創建された。節分祭では本殿の節分祭神事の後、茂山千五郎社中による「北野追儺狂言（きたのついなきょうげん）」が奉納される。これは摂社福部社の祭神・福の神（ふくべしゃ）が鬼を追い払うもので、北野社独特の演目である。**八坂神社**の節分祭では、祇園甲部、宮川町、先斗町、祇園東という4花街歌舞会の舞踊奉納の後、芸舞妓による豆撒きが華やかに行われる。

43 解答

エ 廬山寺

5 祭りと行事に関する記述について、最も適当なものをア～エから選びなさい。

<table>
<tr><td>問
44</td><td>藤森神社で行われる藤森祭の中で、馬場を駆け抜ける馬の上でさまざまな技を披露する祭事はどれか。</td></tr>
</table>

ア 賀茂競馬 イ 駈馬神事

ウ 白馬奏覧神事 エ 歩射神事

駈馬神事＝写真＝は、藤森神社の春祭「藤森祭」の中心行事の一つで、毎年5月5日に開催される。奈良時代に光仁天皇の皇子、早良親王が陸奥で起きた反乱の討伐に出陣した威容を再現したという。以来、約1200年続き、江戸時代には奉行所の武士や各藩の馬術指南役が技を披露した。現在は地元の保存会が技を継承している。

駈馬の場所は境内の参道馬場約150メートル。騎手は疾走する馬上で、敵から姿を隠す「横乗り」、矢に当たったと見せて駆け抜ける「藤下がり」などの妙技を次々に披露。境内には毎年、大勢の見物客が繰り出す。

同じ5月5日、葵祭の関連祭事として上賀茂神社では寛治7年（1093）から続く**賀茂競馬**が行われ、下鴨神社では葵祭の安全を祈って楼門の屋根を越えるように鏑矢を放つなどの射儀を行う**歩射神事**がある。**白馬奏覧神事**は1月7日の「人日の節句」に、上賀茂神社で白馬を神前に引き出す行事。宮中行事の「白馬節会」に由来するとされる。

44 解答

イ 駈馬神事

問
45

葵祭(賀茂祭)にかつて奉仕していた斎王の初代
を務めた女性は誰か。

ア 有智子内親王　　イ 井上内親王

ウ 祥子内親王　　エ 正子内親王

　葵祭のヒロインといえば斎王代、と今では固有名詞のように
なっているが、本来は「斎王の代理」という意味。平安時代
には代々、内親王か女王が務めるのが習わしであった。これ
は嵯峨天皇が、皇女である**有智子**(ウチシとも)**内親王**(807
〜47)を斎王として選び、紫野の賀茂斎院に遣わして祭りに
奉仕させたのが始まりとされている。
　以来、葵祭の斎院から本列に合流する女人列は祭りの花形
として、『源氏物語』にも描かれるように、貴賤を問わず見物
する人々でごった返した。しかし鎌倉時代初期の後鳥羽院皇
女、礼子内親王を最後に、400年近く続いた伝統が途絶えてし
まった。承久の乱(1221年)がきっかけであった。その後、昭
和の戦後復興を機に、斎王代が一般から選ばれるようになっ
て、今日に至っている。
　井上(イカミとも)**内親王**(717〜75)は聖武天皇の皇女で、
伊勢神宮の斎王を務めた。**祥子**(サチコとも)**内親王**(生没年
不詳)は後醍醐天皇皇女で、伊勢神宮の最後の斎王となった。

45 解答

ア 有智子内親王

問
46

祇園祭の山鉾のうち、唯一からくりが施されているものはどれか。

ア 蟷螂山 　　　　 イ 鶏鉾

ウ 鯉山 　　　　　 エ 鷹山

蟷螂はカマキリのことで、**蟷螂山**では、このカマキリと御所車の車輪が動く。御所車の屋根に乗る大カマキリが羽根を広げ、鎌を上に持ち上げる姿は愛らしく、このからくり仕掛けが人気。中国の故事にちなんだもので、自分の力量をかえりみず強敵に立ち向かうことを「蟷螂の斧」という。かつてこの町内に住まいした貴族で、室町幕府第二代将軍足利義詮に挑み敗れた四条隆資の武勇を称えて山としたと伝わる。

鶏鉾も中国の故事にちなむ。天下がよく治まり、訴訟用の太鼓も用がなくなると苔が生え、鶏が宿ったことから、鉾頭は太鼓に産みつけられた鶏卵を表すともいう。

鯉山は、左甚五郎作と伝わる龍門の滝を上る鯉、すなわち登龍門を表す。

鷹山は令和4年（2022）、196年ぶりにめでたく巡行への本格復帰を果たした。「鷹つかい山」と言われ、鷹匠・樽負・犬飼の3者を御神体人形とする。

46 解答

ア 蟷螂山

253

5 祭りと行事に関する記述について、最も適当なものを ア〜エ から選びなさい。

問 47

五山の送り火で、松ヶ崎の山に灯されるのは何か。

ア 妙・法　　　　　**イ** 船形

ウ 左大文字　　　　**エ** 鳥居形

　京都五山送り火（8月16日）で、松ヶ崎の山に灯されるのは「**妙・法**」。松ヶ崎西山の万灯龍山（約133メートル）に「妙」、同東山の大黒天山（約187メートル）に「法」を同時点火する。万灯龍山では地元・涌泉寺の住職らが読経して精霊を送る。

　涌泉寺では同夜、送り火終了後に地元民による伝統の「題目踊り」と、「さし踊り」が催行される。題目踊りは14世紀初めに松ヶ崎全村が日蓮宗に改宗したのに歓喜して踊ったのが始まりとされる。「妙法」と染め抜いた浴衣姿の住民らが扇子を手に輪になって踊る姿は、中世芸能の面影をよく残している。

　船形は、西賀茂の船山（約317メートル）に鉦の合図で点火。終了後は、地元の西方寺で保存会員らによる西方寺六斎念仏（国の重要無形民俗文化財）を奉納する。**左大文字**は、金閣寺北側にある大北山大文字山（約230メートル）麓の法音寺で手松明に火を移し、地元住民らが松明行列を組んで山に上り点火する。**鳥居形**は、嵯峨鳥居本の曼荼羅山（約100メートル）に、太鼓の合図で点火。松明を各火床に突き刺して燃やす。

47 解答

ア 妙・法

問48

御香宮神社の神幸祭は、伏見九郷の総鎮守の祭りであることから「伏見祭」とも呼ばれるが、出し物が由来になっているもう一つの通称は何か。

ア 櫛祭　　　　　　イ 花傘祭
ウ やすらい祭　　　エ 瑞饋祭

御香宮神社の神幸祭＝写真＝は、別名「**花傘祭**」とも呼ばれる。祭りは10月のスポーツの日の前日の日曜を本宮として9日間催行され、見せ場は本宮の神輿渡御。御香宮の祭神が神輿に乗って氏子町内を巡行する。各町内は初日と8日目の宵宮の2回、祭神を迎える「お迎え提灯」として、美しく飾りつけた長柄の花傘を仕立て神社に集まる（花傘総参宮）。総参宮に向かう道中では、氏子らが「アラウンヨイヨイ」「アラウントマカセ」の掛け声とともに、花傘を揺すりながら大手筋商店街などを練り歩く。

櫛祭は安井金比羅宮で、女性が使い古した櫛やかんざしを捧げ供養する9月の行事。**やすらい祭**は、疫神を鎮める春の行事として今宮神社など北区の4カ所に伝わる。花傘を中心に赤毛、黒毛の鬼が列になって踊り歩く。京の三大奇祭の一つとされる。**瑞饋祭**は五穀豊穣に感謝して10月に行う北野天満宮の行事。芋茎で屋根を葺いた瑞饋神輿が巡行する。

48 解答

イ 花傘祭

問
49

時代祭の最大の人数を誇る行列で、維新勤王隊列、維新志士列の後に続く、「ヒーサー」の掛け声や動作が人気の列はどれか。

ア 徳川城使上洛列　　イ 織田公上洛列

ウ 城南流鏑馬列　　エ 白川女献花列

　時代祭＝写真＝の行列は、維新勤王隊列、維新志士列と始まって、古い時代にさかのぼっていく。その中で、「ヒーサー」の掛け声といえば、**徳川城使上洛列**と覚えておこう。祭りの行列が始まってまもなく、この列の先頭を行く槍持ち・傘持ち・挟箱持ちの若衆が、独特の掛け声と派手なパフォーマンスで人目を引く。江戸幕府はこのようにして親藩・譜代の大名が多数の従者を従えて上洛し、皇室に対して礼を尽くした。「ヒーサー」という掛け声も、毛槍交換の動作も、当時を再現している。

　織田公上洛列は、立入宗継を筆頭に、羽柴秀吉、丹羽長秀、そして織田信長ほか、騎馬の列が続く。

　城南流鏑馬列は鎌倉時代、後鳥羽上皇が朝廷の威信回復を計ろうと、城南離宮での流鏑馬に託して多数の武士を召し集めた様子を表す。流鏑馬の的持ちが、この列を象徴している。

　白川女献花列は、時代祭では神事の献花を担当するので、行列の最後を行く神幸列に続いて進む。

49 解答

ア 徳川城使上洛列

5 祭りと行事に関する記述について、最も適当なものを ア ～ エ から選びなさい。

問 50

12月14日、山科区民が隊列を組んで練り歩く
「山科義士祭」の最終目的地はどこか。

ア 毘沙門堂　　　　イ 瑞光院

ウ 大石神社　　　　エ 山科区役所

20回3級

21回3級

21回2級

21回1級

　現在の山科義士まつりは、昭和49年（1974）から始まった区民参加行事。「大石内蔵助（良雄）が討ち入り前の約1年、山科に隠棲した」という故事にちなむ。毎年12月14日、討ち入り衣裳の義士行列が**毘沙門堂**を出発して目的地の**大石神社**まで約6キロを練り歩く。ルートは旧三条通から外環状道を南に向かい、市東部文化会館を経て山科区役所前交差点を右に折れ、新十条通を西進。途中、抜刀して勝ちどきを上げるなどしながら、岩屋寺に立ち寄り大石神社に至る。出発に先がけ、内蔵助役など一行代表メンバーは毘沙門堂南側の**瑞光院**に参拝する。

　大石神社は、有名浪曲師だった吉田奈良丸が建立を提唱。京都府、市が賛同して昭和10年に創建され、大石内蔵助を祀る。瑞光院は、瑤泉院（浅野内匠頭長矩の妻）とつながりが深く、赤穂浅野家の祈願寺になっていた。今も長矩の供養塔と義士の遺髪塔がある。毘沙門堂は天台宗の門跡寺院。元禄期の門跡・公弁法親王は、義士たちの処分を江戸幕府第五代将軍徳川綱吉から相談され、切腹させるよう勧めたとする記録もある。

50 解答

ウ 大石神社

問 51

台盤（机）の上に並べられたため「台盤料理」と
も称される、公家を中心に発展してきた料理は
何か。

ア 本膳料理　　　イ 懐石料理

ウ 普茶料理　　　エ 大饗料理

　現在伝えられている料理様式の中で、最も古いとされてい
るのが、平安時代に始まった**大饗**（オオアエとも）**料理**である。
「大饗」には、皇族が行う「二宮大饗」の他に、高位の貴族
が正月や大臣就任の祝いに盛大に催す「大臣大饗」などがあっ
た。大饗はその折に供される儀式料理も指した。
　大饗料理は、複数の客が「台盤」と呼ばれる大型の卓上を囲
んで食する形式。盤上には、多数の料理が並べられる。料理
といっても味付けされたものではなくて、生物や干物などを
切って高盛りしたものである。客自身が小さな皿で塩や酢、
醤などを好みで合わせて、これにつけて食べたと思われる。
手元には箸以外に匙も用意され、椅子と机での食事法であり、
また唐から伝わった「唐菓子」が並んでいることからも、大饗
料理が中国の影響を受けていることが伺える。
　料理の皿の数は偶数に決められており、客の身分によって
皿数が異なった。

51 解答

エ 大饗料理

問
52

淡白な味で甘みは少なく水気が多いのが特徴の、安楽寺で中風除けにふるまわれることでも知られる京野菜は何か。

ア 桂うり

イ 鹿ヶ谷かぼちゃ

ウ 聖護院かぶ

エ 京山科なす

鹿ヶ谷の安楽寺では毎年7月25日に「中風まじない鹿ヶ谷カボチャ供養」が行われている。中風とは脳血管性の病気のこと。寺伝によると、220年ほど前、当時の住職・真空益随が本尊の阿弥陀如来より「夏の土用の頃に、かぼちゃを振舞えば中風にならない」という霊告を受けたという。今もなお供養日には、檀信徒によって調理された**鹿ヶ谷かぼちゃ**の煮物が参拝者に振る舞われている。

鹿ヶ谷かぼちゃは「京の伝統野菜」の一つ。文化年間（1804〜18）に、現在の京都市東山区粟田口の農家である玉屋藤四郎が、青森からかぼちゃの種を持ち帰り、鹿ヶ谷の同じ農家に託して栽培したところ、ひょうたんのような形のかぼちゃが誕生した。淡泊な味わいで、粘り気のある食感。生産量は少なくて珍しい野菜。

桂うりと**聖護院かぶ**も鹿ヶ谷かぼちゃと同様に、発祥の地が野菜の名前に冠されている京の伝統野菜。明治時代以前からの歴史を持つ。

52 解答

イ 鹿ヶ谷かぼちゃ

6 京料理、京菓子、ならわし、ことばと伝説に関する記述について、最も適当なものをア〜エから選びなさい。

問 53

織田信長に攻められた石山本願寺の門徒が兵糧にしたことに由来するという、現在も西本願寺の御用菓子になっているものは何か。

ア 松風　　　　　イ 鎌餅

ウ 洲浜　　　　　エ どら焼

　西本願寺の門前に店舗を構える亀屋陸奥は、山科に本願寺が建立された当初から本願寺に仕えてきた。元亀元年（1570）より天正8年（1580）まで、石山本願寺と織田信長の間で続いた石山合戦の折には、寺内に籠城する門徒の人々のために、当家の三代目・大塚治右衛門春近が兵糧の代用品としての菓子を創製。この菓子は、石山合戦以後に十一世法主・顕如が詠んだ歌「わすれては波のおとかとおもうなり　枕に近き庭の松風」から「松風」＝イラストはイメージ＝と命名されたと伝えられている。

　松風は、小麦粉と砂糖、麦芽糖、白味噌を混ぜ合わせた生地を自然発酵させ、表面にケシの実をふりかけて一文字鍋で焼き上げた菓子。西本願寺の最も重要な供饌菓子の一つである一方、一般にも販売され、土産ものとしても人気がある。

　大黒屋鎌餅本舗の鎌餅は、もとは鞍馬口の茶店の餅菓子だった。笹屋伊織のどら焼は、東寺の「弘法さん」ゆかりの銘菓。

53 解答

ア 松風

6 京料理、京菓子、ならわし、ことばと伝説に関する記述について、最も適当なものを**ア**～**エ**から選びなさい。

問 54

秋の野趣あふれる風情をあらわし、干菓子盆に美しく盛り付けて供される菓子は何か。

ア 唐板　　　　　**イ** 吹き寄せ

ウ 真盛豆　　　　**エ** 金平糖

吹き寄せ＝イラストはイメージ＝とは、風などに吹かれたものが一カ所に寄せられること。干菓子の吹き寄せは秋の季節菓子であり、紅葉や黄葉、松葉、銀杏、松ぼっくりなどが秋風に寄せ集められた風情を表現している。生地には打ち物や押し物、有平糖、生砂糖、片栗など干菓子のほとんどの種類が揃っている。秋の茶会では、漆塗りなどの菓子器で供される。

金平糖は安土桃山時代にポルトガルより伝来した南蛮菓子の一つ。現在の金平糖は、回転する大きな釜を使い、小さな芯に砂糖の液体を何度もかけて結晶を作り、イガ（角）のある丸い形状に仕上げる。金平糖の専門店の緑寿庵清水では、果物などの素材を加え、様々な味と色彩の金平糖を生み出している。

唐板は上御霊神社の門前菓子で、鳥居前に店を構える水田玉雲堂の銘菓。貞観5年（863）に神泉苑で行われた御霊会の供物「唐板煎餅」を起源としている。**真盛豆**は、天台真盛宗の開祖・真盛上人が聴衆に授けた豆菓子に由来する。

54 解答

イ 吹き寄せ

問 55

一心に願うことこそ成就につながるとされ、とりわけ、祇園花街に伝わる祇園祭の7月17日から24日までの間に四条寺町の御旅所をお詣りすることで有名なものは何か。

ア ぬけ参り　　　イ 都七福神まいり

ウ 千日詣り　　　エ 無言詣り

祇園祭の神幸祭が行われる7月17日の夜から四条通寺町の御旅所（おたびしょ）に渡っていた神輿（みこし）は、24日の還幸祭で八坂神社に還る。八坂の神が御旅所に留まっている期間、祇園の芸舞妓が御旅所に詣でる習わしを**無言詣り**という。四条大橋より鴨川を渡り御旅所までの道のりを、一言も話さずに通いつめると願いごとが叶うと言われ、挨拶一つしても祈願は反故となってしまうとされる。

日向大神宮（ひむかい）の境内にある天の岩戸ではくぐり抜けることで厄を祓い、運を開ける「**ぬけ参り**」ができ、節分には特にご利益があると言われる。

毎月7日は都七福神の縁日で、七福神が祀られている特定の寺社を巡ると福運を授かるといい、特に正月の**都七福神まいり**の功徳が大きいとされる。**千日詣り**とは寺社に千日間参詣し続けること。特定の一日の参拝だけで千日分の利益が得られることもあり、夏場に行われる愛宕神社や清水寺の千日詣りが有名。

55 解答

エ 無言詣り

6 京料理、京菓子、ならわし、ことばと伝説に関する記述について、最も適当なものを**ア**〜**エ**から選びなさい。

問 56

五山の送り火の火床に残った「から消し（消し炭）」は、どこに吊るしておくと、厄除け、盗難除けになるといわれるか。

ア 門口   **イ** 居間

ウ 台所   **エ** 蔵

20回3級

21回3級

21回2級

21回1級

　京都五山送り火の火床に残った「から消し（けし炭）」は、厄除け、盗難除けになると言われている。そのために、から消しを半紙で丁寧にくるんで水引をかけ、吊るしておく習慣がある。吊るす場所は家の**門口**。

　台所に貼るのは、「火迺要慎」の護符。京都では昔から、愛宕山頂付近にある愛宕神社で授かる護符を多くの家が台所に祀って、火の用心のお守りとしている。

　また昔なら、おくどさんの荒神棚に煤けた布袋さんが並んでいたものだ。これは伏見人形で、小さいものから大きなものへと毎年買い足していくのが習わしとなっている。

56 解答

ア 門口

6 京料理、京菓子、ならわし、ことばと伝説に関する記述について、最も適当なものをア～エから選びなさい。

問
57

京ことばで「オタメ」の意味はどれか。

ア 上品で明るい
イ 意気地なし
ウ 悪ふざけ
エ 贈り物を受けた時の返礼

オタメは、京都独特の贈答習慣といえるが、京ことばとしてその意味を問われれば「**贈り物を受けた時の返礼**」となる。

すなわち贈り物をいただいた時、すぐにその場で簡単な物をお返しする習慣がある。このお返しをオタメ、またオウツリともいう。お金をいただいた場合は、一般にその1割を一帖の半紙とともに持参された広蓋に載せてお返しする。

上品で明るい、の京ことばは「ハンナリ」だろうか。ただしハンナリは、色合いについていうことが多い。

意気地なし、弱虫を京ことばにすると「アカンタレ」。だめだ、いけない、という意味を「アカン」という。これは関西で広く一般に使われるが、アカンタレはその派生語。

悪ふざけ、は京ことばで「イチビリ」、動詞にすれば「イチビル」。「そんなにイチビッてたら、ケガするえ」「あいつ、イチビリやから」などと言う。

57 解答

エ 贈り物を受けた時の返礼

6 京料理、京菓子、ならわし、ことばと伝説に関する記述について、最も適当な
ものをア〜エから選びなさい。

問 58

京ことばで「セツロシイ」の意味はどれか。

ア 気ぜわしい　　　イ もどかしい

ウ さしつかえない　エ たやすい

「なんかセツロシイわー」「まあセツロシイお人やな」など
と京ことばで使われるセツロシイは、**気ぜわしい**、忙しい、
といった意味である。江戸時代から現れる上方ことばで、京
都では気ぜわしい、忙しいという意味で使われるのに対して、
大阪ではケチな、狭量な、と意味あいが微妙に変化する。

もどかしい、の京ことばは「シンキクサイ」。「そんなシンキ
クサイやり方、あきまへん」といった具合。

さしつかえない、の京ことばは「ダイジナイ」。漢字で書け
ば「大事ない」。それを縮めたような「ダンナイ」という言い
方もある。また「ダイジナイ」は、「ダイジオヘン」とも使わ
れる。「明日まではダイジオヘン」「いなくてもダイジオヘン」
のように使われる。

たやすい、を京ことばでいえば「チョロコイ」。「試験なんて
チョロコイもんや」と言ってみたい気がする。

20回3級

21回3級

21回2級

21回1級

58 解答

ア 気ぜわしい

6 京料理、京菓子、ならわし、ことばと伝説に関する記述について、最も適当なものを7〜エから選びなさい。

問59

顔を洗うときれいになり、産湯に使うと美人になると伝わることわざにあるのは、どこの川の水か。

ア 鴨川　　　　イ 高瀬川
ウ 堀川　　　　エ 白川

　「京美人を育む」と言われた**鴨川**は、古より神聖なる川として清浄が保たれてきた。水源神として貴船神社が鎮座し、上流域には賀茂氏が氏神として上賀茂神社と下鴨神社を祀る。弘仁5年（814）6月19日に天皇が鴨川で禊をした記録があり、以降は公式な禊場となる。承和11年（844）11月4日には川を汚すことを厳しく禁止する法令が出されている。

　高瀬川は、角倉了以と素庵父子が築いた運河である。木屋町二条から伏見に至り、さらに淀川から大阪につながり経済の大動脈となり京都の発展を促した。輸送に活躍したのが高瀬舟である。平安京遷都時に開かれた運河は**堀川**だった。平安時代には物資運搬だけでなく流域に数多あった貴族の邸宅の苑池を潤した。後世になり友禅染などに用いられた。戦後の下水道整備などで消滅したが、近年の復活事業により景観が蘇った。比叡山南麓を水源とする**白川**は、川底を花崗岩から生まれた白砂が覆っていたのでその名が付いた。

59 解答

ア 鴨川

266　令和4年度　第21回京都検定　問題と解説

6 京料理、京菓子、ならわし、ことばと伝説に関する記述について、最も適当なものを**ア**～**エ**から選びなさい。

<table>
<tr><td>問
60</td><td>三条御幸町にあり、男の子がさわれば力持ちになるなどと言い伝えられている石はどれか。</td></tr>
</table>

ア 登天石   **イ** 弁慶石

ウ 亀石   **エ** 月延石

20回3級

21回3級

21回2級

21回1級

弁慶石は、武蔵坊弁慶が愛でた石だという。弁慶没後は、奥州高舘(たかだち)にあったが三条京極(きょうごく)に戻りたいと鳴動し、熱病が流行ったので京都へ送り返されてきたという。この地には弁慶が住んでいたという京極寺があった。移転時に石だけ誓願寺に預けられ、明治に町内の希望により元地に移された。この石にちなみ町名が弁慶石町となっている。

菅原道真の死後、落雷が頻繁に起こり続けた。祈祷の命を受けた法性坊尊意(ほっしょうぼうそんい)が延暦寺から都へ向かう途中で、氾濫する鴨川で祈祷すると、水が引き現れた石の上に道真が現れ昇天した。その石を**登天石**(とうてんせき)という。堀川寺之内にある水火(すいか)天満宮にある。**亀石**は、興聖寺前の宇治川にある大石。甲羅干しをしている亀のような姿をしていることからその名が付いたとされる。宇治川一の名石として知られ、垂仁天皇が鉾で刺した川の中の大亀が石になった、豊臣秀吉が伏見城築城の際に宇治川から城内に水を引く取水口のカモフラージュのためのふたとしたなど、さまざまな伝承がある。**月延石**は、西京区の松尾(まつのお)大社摂社である月読(つきよみ)神社境内にある。神功(じんぐう)皇后が筑紫に滞在された際、腹を撫でて安産された伝説の石である。

60 解答

イ 弁慶石

問
61

空也上人が、平将門の霊を弔った「空也供養の
道場」がかつてあったとされる細い通りはどれ
か。

ア 団栗辻子　　　　イ 了頓図子

ウ 膏薬図子　　　　エ 革堂図子

　膏薬図子は、四条通から途中折れ曲がり綾小路に通じる小
路である。天慶元年（938）、空也上人がここに道場を設け、
念仏修行を始めた。上人は平将門の鎮魂のために、道場の一
角に塚（現在の神田神宮）を建てて供養した。「空也供養の道場」
が訛り膏薬となったという。
　団栗辻子は、鴨川に架かる団栗橋を渡り花街・宮川町に入り、
川端通と大和大路通の間を東西に通る小路。天明8年（1788）
正月30日に起きた京都の歴史上最大規模の火災である「天明
の大火」はこの辻子の民家から出火したので、「団栗焼け」と
呼ばれている。**了頓図子**は、衣棚通の細くなった南端の別名で、
三条通から六角通の間の小路である。名前は、安土桃山時代
の茶人である廣野了頓の邸宅があったことに由来する。この
邸宅には豊臣秀吉や徳川家康も訪れた。**革堂図子**は、革堂（行
願寺）の元地である上京区小川通武者小路下ル革堂町に位置
する小川通と油小路通の間を通る東西の小路である。

61 解答

ウ 膏薬図子

地名、自然、観光、時事に関する記述について、最も適当なものをア〜エから選びなさい。

問
62

上京区の尼門跡寺院宝鏡寺があるところの地名は、同寺の通称の一部にもなっている。その地名は何か。

ア 天使突抜　　　イ 墨染町

ウ 正面町　　　　エ 百々町

20回3級

21回3級

21回2級

21回1級

　宝鏡寺は、在地の**百々町**の地名から別名「百々御所」と呼ばれる。歴代皇女が住職になる尼門跡寺院である。応安年間（1368〜1375）の創建で、光格天皇下賜の人形をはじめ皇室ゆかりの由緒ある人形を多数所蔵する。人形塚では全国から持ち寄られた人形やぬいぐるみが供養され、「人形の寺」と呼ばれるようになった。

　天正18年（1590）豊臣秀吉による京都改造の一環として、五條天神宮（五条天神社）境内を突き抜ける南北の道が通された。この社が「天使社」と呼ばれていたので、現在の東中筋通ができた時に、通りに沿って**天使突抜**１〜４丁目の町名が付けられた。

　寛平３年（891）、堀川太政大臣藤原基経の死を悼んだ、友人の歌人・上野岑雄が「深草の野辺の桜し心あらば今年ばかりは墨染に咲け」という歌を詠んだことから、深草と呼ばれていた地が**墨染町**と称されるようになった。

　豊臣秀吉が建立した方広寺大仏殿の正面につながる道を正面通といい、正面にある町名を**正面町**という。

62 解答

エ 百々町

地名、自然、観光、時事に関する記述について、最も適当なものを**ア**～**エ**から選びなさい。

問 63

下京区悪王子町の由来となった悪王子社は、現在どの神社の境内に移されているか。

ア 八大神社 **イ** 岡崎神社

ウ 八坂神社 **エ** 粟田神社

悪王子社(あくおうじしゃ)は、素戔鳴尊(すさのをのみこと)の御荒魂(あらみたま)を祀る社である。最初は四条通東洞院下ル元悪王子町にあったが、転々とし、明治10年(1877)に素戔鳴尊を主神として祀る**八坂神社**に遷された。令和2年(2020)重文に指定。素戔鳴尊(牛頭天王(ごず))を祀る主な神社は以下の通りである。

八坂神社と同じ神を祀る**八大神社**(はちだい)は、洛北・一乗寺地区の産土神。北天王社(北の祇園社)と称され、都の鬼門を護る。境内地である「一乗寺下り松(いちじょうじさがりまつ)」は、宮本武蔵が吉岡一門と決闘した場所として知られる。

平安京遷都にあたり、方除けの神として牛頭天王を祀る4社が都の四方に建立された。その一つ東天王社が、**岡崎神社**と言われてきた。境内には、狛うさぎ、招きうさぎ、子授けうさぎ等、うさぎ像が多々ある。御祭神・素戔鳴命が三女五男もの多くの御子神をもうけられ子宝に恵まれたので、多産なうさぎが神の使いとされたという。

粟田神社(あわた)で行われる粟田祭の剣鉾は、祇園祭の山鉾の原形と言われ、室町時代には祇園祭が行われない時は粟田祭が御霊会とされた。

63 解答

ウ 八坂神社

問
64

京都府の鳥・オオミズナギドリの集団繁殖地で島全体が天然記念物に指定されているのはどこか。

ア 青島
イ 戸島
ウ 毛島
エ 冠島

出典：京都府データブック2015

冠島（かんむりじま）（別名・雄島（おしま））は舞鶴市の若狭湾にある周囲約４キロの無人の島で、京都府の鳥・オオミズナギドリの集団繁殖地として知られる。島全体が国指定天然記念物になっていて立ち入りは禁止。オオミズナギドリは春から秋にかけて約20万羽がこの島で生息し、冬の間はパプアニューギニアやフィリピンなどに移動する。冠島には老人嶋（おいとじま）神社があり、海の守り神として古代から漁業者の信仰を集めている。毎年営まれている同神社の例大祭「雄島参り」には、近くの漁業者が船に大漁旗や幟（のぼり）を立てて先を競うように集結し、海の安全と豊漁を祈願する。

青島は伊根湾の入り口にある無人島。舟屋の並ぶ伊根浦地区などの守り神として信仰の対象になっている。戸島は舞鶴湾の無人島で明治から大戦終戦まで旧海軍施設があった。毛島は、舞鶴・大浦半島北端近くにある京都府最大の離島。

64 解答

エ 冠島

問
65

京都大学の研究林で、京都丹波高原国定公園に
も含まれる美山町の約4200ヘクタールの森は
何か。

ア 天ヶ森　　　　　イ おかいらの森

ウ 芦生の森　　　　エ 花尻の森

　南丹市美山町には京都大学の研究林である「芦生の森」が広
がっている。地元財産区共有の森で、大正10年（1921）から地
上権を設定して京都大学が教育・研究の場として利用してい
る。総面積約4200ヘクタールのうち、ほぼ人の手が入ってい
ない天然林（原生的自然林含む）が半分を占めるなど原生的な
森林相を保っている。近畿有数のブナ林があるほか、気候が
日本海型と太平洋型の移行帯、植生も標高に沿って冷温帯林
と暖温帯林の移行帯になっている上、森全体が複雑な地形で
あることから1000種を超える極めて多様な動植物が生存して
いる。近年はシカの食害やナラ枯れなどによって植生が変化、
生態系や生物相に深刻な影響を及ぼしている。
　京都北山の天ヶ森は、「ナッチョ」と呼ばれ、登山愛好者に
知られた山。左京区のおかいらの森は、平安時代に瓦窯があっ
た所。現在は崇道神社の御旅所。花尻の森は、源頼朝が寂光
院に隠棲した建礼門院を監視させるために建てた屋敷跡。

65 解答

ウ 芦生の森

7 地名、自然、観光、時事に関する記述について、最も適当なものをア～エから選びなさい。

問
66

今年（2022）、名勝に指定されてから100周年を迎える、松島・厳島とともに日本三景の一つに数えられる名勝地はどこか。

ア るり渓　　　　イ 天橋立

ウ 琴引浜　　　　エ 嵐山

　日本三景の一つ**天橋立**（宮津市）＝写真＝は、宮津湾と阿蘇海との間にできた全長約3.6キロ、幅20～170メートルの白砂青松の砂嘴。約5000本と言われる松が茂っている。古来、神々が天界と地上界を行き来する架け橋として広く知られ、諸説あるが平安時代の歌人・和泉式部は「神の代に神の通いし道なれや 雲井に続く天橋立」と歌っているとも伝わる。室町時代の画僧・雪舟が描いた「天橋立図」（国宝）は有名。陸続きの北側には元伊勢・籠神社や西国三十三所観音霊場第二十八番札所の成相寺が、廻旋橋が架かる南側には「三人寄れば文殊の智恵」で知られる智恩寺がある。天橋立は股の間からのぞくと景色が逆転して見える「股のぞき」発祥の地としても名高い。

　るり渓は南丹市にある長さ約4キロの渓谷と自然林からなる景勝地。**琴引浜**は京丹後市にある鳴き砂の浜。歩くと「キュッキュッ」と音がする。**嵐山**は大堰川そばの「嵐山三山」の一つ。京都を代表する観光地になっている。

66 解答

イ 天橋立

問
67

細川ガラシャの隠棲地としても知られ、水量が多く幽玄な落差35メートルの味土野ガラシャ大滝があるのはどこか。

ア 長岡京市　　　　イ 亀岡市
ウ 宮津市　　　　　エ 京丹後市

　　細川忠興（ほそかわただおき）の正室・細川ガラシャ（当時は玉）が隠棲したのは、現在の**京丹後市**弥栄町味土野（みどの）と伝えている。玉の父・明智光秀が本能寺の変を起こしたことで謀反人の娘となった玉を守るために、忠興は居城のあった海辺の宮津から丹後半島中央部の山深い味土野に幽閉したとされる。玉は子どもと引き離され、ここでの約2年間の不安な生活を送り、その後、侍女・清原マリアの手引きで洗礼を受けて細川ガラシャとなったとされる。隠棲地とされる女城跡には石碑が建てられ、ガラシャが使ったと言われる古井戸、東屋、化粧水場などが残されている。近くには迫力ある味土野ガラシャ大滝＝写真＝もある。

　　玉は天正6年（1578）、勝龍寺城（**長岡京市**）にいた忠興に嫁ぎ2人の子どもをもうけた。その後、丹後の国を任された義父の細川藤孝が築いた宮津城（**宮津市**）に忠興とともに移った。父の光秀が築いた亀山城は現在の**亀岡市**にあった。

67 解答

エ 京丹後市

7 地名、自然、観光、時事に関する記述について、最も適当なものをア〜エから
選びなさい。

問
68

京都市は昭和47年（1972）、町並み景観を保全
するために「特別保全修景地区」制度を設けた
が、その最初の指定地区となったのはどこか。

ア 伏見酒蔵の町並み　　イ 産寧坂

ウ 北野上七軒　　エ 西陣

「特別保全修景地区」の制度は、京都市市街地景観条例（現・
京都市市街地景観整備条例）に基づいて歴史的な街並みを守
る趣旨で、まず**産寧坂**地区（東山区）と祇園新橋地区（同）が
指定された。昭和50年（1975）の文化財保護法改正で「伝統的
建造物群保存地区制度（伝建地区）」ができたことに伴い翌年、
２地区は伝建地区に指定された。昭和54年には愛宕街道沿い
に集落が連なる嵯峨鳥居本地区（右京区）が、昭和63年には社
家町のある上賀茂地区（北区）が追加指定されている。４地区
は伝建地区の中でも特に価値が高い「重要伝統的建造物群保
存地区」に選定され、産寧坂地区には平成７年（1995）、石塀
小路地区が加えられた。

　伏見酒蔵の町並みは、市街地景観整備条例に基づく「美観地
区」のエリアにあり、「伏見南浜」として界わい景観整備地区
にも指定されている。同様に**西陣**は「千両ヶ辻」、**北野上七軒**
は「上京北野」として界わい景観整備地区に指定されている。
いずれも、建物の新築等には市長の認定が必要となる。

68 解答

イ 産寧坂

20
回
3
級

21
回
3
級

21
回
2
級

21
回
1
級

7 地名、自然、観光、時事に関する記述について、最も適当なものをア～エから選びなさい。

問
69

2022年度中に京都での業務を開始する、文化庁が入る建物はどこか。

ア 元立誠小学校　　イ 旧京都府警本部本館

ウ 元新道小学校　　エ 旧京都地方合同庁舎

　文化庁の移転先は、**旧京都府警本部本館**（上京区）。移転に備え本館建物が改修され、隣接地に行政棟が新築された。

　東京一局集中の弊害を打破する首都機能移転の一環として政府は平成27年（2015）、「政府関係機関の地方移転」を打ち出した。42都道府県から69機関の誘致提案があり、京都府が提案したのは文化庁誘致だった。関係機関一体の誘致協議会も作られ、平成29年（2017）には東山区の東大路通沿いに、文化庁地域文化創生本部が開設され、事前準備が進んだ。移転の目的と効果については「文化行政の企画立案の更なる強化や国際発信力の向上が期待できる」「京都に文化政策による求心力と発信力を持たせ、文化財を活用した観光の強化推進が期待できる」などとされている。

　令和5年（2023）3月27日に、文化財第一課・二課、宗務課、政策課など5課が京都へ移り、新庁舎で業務を開始した。

69 解答

イ 旧京都府警本部本館

問 70

2,215試合に連続出場し、「鉄人」と呼ばれた京都ゆかりのプロ野球選手の銅像が今年（2022）、わかさスタジアム京都前に完成した。この選手は誰か。

ア 阪本敏三　　　イ 野村克也

ウ 沢村栄治　　　エ 衣笠祥雄

　2215試合連続出場の日本記録を打ち立てたのは、**衣笠祥雄**（きぬがさ さちお）（1947～2018）。平安高校（現・龍谷大学付属平安高校）から昭和40年（1965）、広島に捕手で入団。内野手に転向後、死球（通算161個）を受け負傷しても試合に出続け、鉄人と称された。誠実な人柄で多くの人に愛され記録達成の昭和62年、プロ野球では2人目の国民栄誉賞が贈られた。2215試合の記録は、平成10年（1998）にメジャーリーグ選手に破られるまで、プロ野球世界記録だった。

　阪本敏三（1943～2022）は立命館大出身の内野手。阪急、東映などパ・リーグで活躍した。**野村克也**（1935～2020）は峰山高出身。南海のテスト生から正捕手となり戦後初の三冠王に輝いた。監督としてはヤクルトを3度の日本一に導いている。**沢村栄治**（1917～1944）はプロ野球草創期を飾る大投手。京都商業から巨人軍に入り、無安打無得点試合3回のほか日米野球での好投は伝説になっている。3度目の応召で戦死した。

70 解答

エ 衣笠祥雄

問 71

絵巻の原型といえる奈良時代の説話画で、釈尊の伝記を描いた「(　　　　)」(国宝)が醍醐寺や上品蓮台寺に残る。

⑦ 平家納経　　　　　⑦ 五月一日経

⑦ 絵因果経　　　　　⊥ 中尊寺経

　絵巻物の原型と言われ、釈尊の伝記を描いた国宝で、醍醐寺や上品蓮台寺に残る巻物は『**絵因果経**』。釈迦の前世の一部と生誕から涅槃までを説く『過去現在因果経』を分かりやすくするために絵を加えて制作してある。下段に経文を写し、上段に絵を描き、経文の意味するところを表現している。本来は全8巻からなる。奈良時代の天平写経のものとしては上品蓮台寺本、醍醐寺(報恩院)本、東京藝術大学本、旧益田家本、出光美術館本があり、その一部が残る。特に醍醐寺本は巻5を完全な形で伝えている。天平写経の巻物は書体が当時の奈良朝風、絵は中国六朝風の古体で描かれていて、鎌倉時代の絵因果経とは区別されている。

　平家納経は、平清盛が一門の繁栄を祈願して一族に書写させて厳島神社に奉納した経。**五月一日経**は、光明皇后が両親の菩提を弔うために発願して書写させた一切経。**中尊寺経**は、奥州平泉の藤原氏三代が発願奉納した経の総称。

71 解答

⑦ 絵因果経

<table>
</table>

問
72

曼殊院所蔵の絵画で「不動明王像」(国宝)は、
通称(　　　)と呼ばれる。

ア 赤不動　　　　　イ 黄不動

ウ 石不動　　　　　エ 青不動

　正解は**黄不動**である。黄不動と呼ばれる不動明王像は、智証大師円珍が承和5年（838）に山中で修禅中、目の前に「魁偉奇妙」な「金人」不動明王が出現し、円珍は直ちに画工に命じて写し取らせたという。この黄不動感得説話に基づく黄不動の絵画は三井寺に秘仏として保存されている不動明王像が最古とされる。曼殊院の不動明王像は平安時代後期に写したもので原本に次ぐ古さと平安時代後期特有の美しい色彩で描かれ、両眼を張り裂けんばかりに見開き、上半身裸体で隆々たる筋骨の姿態は黄不動の由来となった色彩も美しく、ひときわ異彩を放つ名品とされる。

　赤不動は高野山明王院にある体が赤色の不動明王像で、黄不動とともに三不動の一つ。

　青不動は青蓮院の不動明王二童子像の呼び名で、三不動の一つ。不動明王の体が青色で描かれている。

　石不動は下京区の明王院不動寺の本尊で、弘法大師作と伝えられる石仏不動明王の通称。

72 解答

イ 黄不動

問 73

水墨画の名手（　　）は、妙心寺の塔頭・退蔵院に所蔵されている「瓢鮎図」（国宝）を描いたことで知られる。

ア 呉春　　　　　　イ 明兆

ウ 如拙　　　　　　エ 周文

　正解は室町時代初期の画僧、**如拙**（生没年不詳）。足利将軍家と密接な関係を持っていた京都の相国寺で活動、やはり相国寺の画僧であった**周文**（生没年不詳）の師と伝えられている。「瓢鮎図」は如拙の代表作。鮎は中国の漢字本来ではナマズを意味する。右上の序に書かれているように「丸くすべすべした瓢箪で、ねばねばした鮎（なまず）を押さえることができるかという」新しいテーマを、室町幕府第四代将軍足利義持が如拙に命じて「新様」（新しい画風）で描かせた。図の中央に水中を泳ぐ鮎と瓢箪で捕えようとする男を描き、左手に数本の竹、後方に山並みを描き、大きな空間の中に主題を表現した名品。当時の臨済宗京都五山の名僧ら31人の賛がある。

　呉春（1752〜1811）は江戸時代後期の京都の絵師。円山応挙、与謝蕪村の画風を統一し、洒脱な情趣を加えた新様式の画風で「四条派」の祖となった。

　明兆（1352〜1431）は南北朝・室町時代初期の東福寺で活躍した画僧。堂宇を守る役職にあり「涅槃図」「達磨図」など大幅の力強い筆致の多くの仏画や頂相を描いた。

　周文は室町時代後期の画僧。如拙から絵を学び、後に室町幕府の御用絵師も務めた。

73 解答

ウ 如拙

【公開テーマ問題】京の国宝〜美術工芸品〜に関する記述について、(　　　)に
入れる最も適当なものを ア〜エ から選びなさい。

問
74

建仁寺が所蔵する俵屋宗達筆の「風神雷神図屏風」（国宝）は、元は右京区の(　　　)に伝来していた。

ア 鹿王院	イ 等持院
ウ 妙光寺	エ 龍安寺

20回3級

21回3級

21回2級

21回1級

「風神雷神図屏風」が伝来していたのは京都市右京区にある
妙光寺である。臨済宗建仁寺派の末寺の妙光寺は、俵屋宗達
からおよそ百年後、琳派の表現美を大成した尾形光琳の実弟
で陶芸に才能を発揮した尾形乾山が開いた鳴滝窯から程近く、
乾山が作陶法を学んだ野々村仁清の墓所でもある。絵画制作
を始めていた光琳は、宗達の表現や技法を捜し集めた遺作を
通して学んでおり、乾山の窯を訪ねる経過の中で、妙光寺に
伝わる風神雷神図と出合って宗達の偉大さを発見、自ら風神
雷神図を模写し、自身の風神雷神図屏風を描き上げるなど後
世に宗達の存在や琳派表現の美を伝える役目を果たした。

鹿王院は臨済宗単立寺院。足利義満が開創。宝幢寺の開山
塔所を造営し、鹿王院と称した。

等持院は臨済宗天龍寺派の寺院。足利尊氏が夢窓疎石を開
山として創建。室町幕府の歴代将軍の墓所。

龍安寺は臨済宗妙心寺派の寺院。有名な枯山水の石庭は国
の史跡、特別名勝。

74 解答

ウ 妙光寺

8 【公開テーマ問題】京の国宝～美術工芸品～に関する記述について、(　　　)に
入れる最も適当なものを▶~エから選びなさい。

問
75

刺繍の大作である「刺繍釈迦如来説法図」(国宝)
は、「(　　　)繍帳」とも呼ばれ、現在は奈良
国立博物館に所蔵されている。

ア 醍醐寺　　　　　イ 法界寺

ウ 勧修寺　　　　　エ 一言寺

　世に「勧修寺繍帳」の名で知られるように上代刺繍の大作「刺
繍釈迦如来説法図」(国宝)は、山科区にある真言宗山階派の
大本山勧修寺に伝来した。勧修寺は昌泰3年(900)に醍醐天
皇の生母・藤原胤子の願いで開創、後に醍醐天皇の勅願寺と
なった。明治維新までは法親王が住持する格式のある門跡寺
院だった。「刺繍釈迦如来説法図」は宝樹・天蓋の下、獅子座
に座る朱衣の釈迦如来を中心に諸菩薩や聴聞の十大弟子らが
集まり、雲上には奏楽の天人や飛鳥にまたがる神仙を配した
仏国浄土における釈迦説法の荘厳を表現したものとされる。
奈良時代染織遺品中の屈指の名品。

　醍醐寺は真言宗醍醐派の総本山。世界文化遺産。仏教美術
の宝庫。

　一言寺は醍醐寺の境外塔頭。かつては醍醐五門跡の一つ。
本尊の千手観音は一言観音とも呼ばれる。

　法界寺は伏見区日野にある真言宗醍醐派の寺院。国宝の阿
弥陀堂には本尊阿弥陀如来坐像(国宝)が安置されている。

75 解答

ウ 勧修寺

【公開テーマ問題】京の国宝～美術工芸品～に関する記述について、(　　　)に
入れる最も適当なものを ア～エ から選びなさい。

問 76

妙法院が所蔵する「ポルトガル国印度副王信書」
(国宝)は、ポルトガル領ゴアのインド副王から
(　　　)に送られた外交文書である。

ア 足利義満　　　**イ** 織田信長

ウ 豊臣秀吉　　　**エ** 徳川家康

　ポルトガル国印度副王信書は、インド副王(ゴア総督)が天
正16年(1588)に**豊臣秀吉**(1537～98)に宛てて書いた。秀吉
が聚楽第でイエズス会の巡察使ヴァリニャーノから受け取っ
たのは3年後の天正19年3月3日のことだった。羊皮紙にポ
ルトガル語で書かれた内容は、秀吉による天下統一を祝賀し、
巡察使や司祭の布教活動への庇護を請うたもの。金泥を混ぜ
た豪華な料紙装飾の上部にはローマの紋章と7つの丘、軍神
のマース、海神のイルカ、その両端には男の持つ楯の絵が極
彩色で描かれており、当時の絵画資料としても貴重。

　足利義満(1358～1408)は室町幕府第三代将軍。北山に山荘
を営み金閣をつくり、北山文化を花咲かせた。

　織田信長(1534～82)は戦国・安土時代の武将。天下統一の
覇者となるべく諸国平定を進めたが、京都本能寺で明智光秀
に襲われて自刃。

　徳川家康(1542～1616)は豊臣秀吉の没後、豊臣家を倒し、
江戸幕府を開いて徳川の世を導いた。

76 解答

ウ 豊臣秀吉

8 【公開テーマ問題】京の国宝～美術工芸品～に関する記述について、(　　)に入れる最も適当なものをア～エから選びなさい。

問
77

仁和寺が所蔵する「宝相華迦陵頻伽蒔絵壜冊子箱」（国宝）には、空海が唐から請来した「(　　)」（国宝）が納められている。

ア 風信帖　　　　　イ 医心方

ウ 如意宝珠　　　　エ 三十帖冊子

　正解は『三十帖冊子』である。空海（774～835）が中国への求法の旅で在唐中（804～806）に青龍寺の恵果ほかから修得した密教関係の経典・儀軌類などを唐の写経生らに書写させ、また自らも書写して持ち帰った冊子本。30帖に仕立てられているためこの名がある。空海の真跡を含んでおり書道史研究の上で重要な遺品であり、仏教典籍として書誌学研究の資料として日本文化史における至宝とされる。空海入定の際に東寺経蔵に納められ、霊宝として東寺長者に守護されてきたが、後に仁和寺に納められた。

　『風信帖』は空海が最澄に宛てた真筆の書簡。第1通の初めが風信で始まるためこの名がある。書道史の名品で国宝。

　『医心法』は平安時代の永観2年（984）に丹波康頼によって著された日本最古の医書。

　如意宝珠は仏教で民衆の願いを成就させてくれるという仏の徳の象徴。如意輪観音や地蔵菩薩が左手に持つ珠。

77 解答

エ 三十帖冊子

8 【公開テーマ問題】京の国宝～美術工芸品～に関する記述について、(　　　)に入れる最も適当なものを**ア**～**エ**から選びなさい。

問
78

両脇侍が大和坐りという独特の座り方をしている「阿弥陀三尊像」(国宝)は、(　　　)に安置されている。

ア 東寺 　　　　　　　　**イ** 三千院

ウ 清凉寺 　　　　　　　**エ** 仁和寺

　正解は**三千院**。延暦年間 (782～806) に伝教大師最澄が比叡山東塔に建てた草庵が始まり。明治に三千院に併合された往生極楽院本堂は入母屋造杮葺き、間口三間、奥行き四間の小さな阿弥陀堂。小舟を逆さに伏せたようなアーチ型の特色ある舟底天井の堂内には本尊の阿弥陀如来坐像が安置され、その両脇向かって左に勢至菩薩、右側に観音菩薩が蓮台上に跪座する。両菩薩とも正座の形で大腿部を少し広げ前かがみのポーズ、いわゆる大和坐りの姿勢。この三尊像＝写真＝は、阿弥陀如来やその眷属が極楽浄土から往生者を迎えに来る様子を表現した来迎相にふさわしい姿である。勢至菩薩の像内の墨書銘から久安4年 (1148) につくられたことが判明している。

　東寺は東寺真言宗の総本山。教王護国寺の通称。平安遷都直後の創建。弘仁14年 (823) に空海に下賜され真言密教の根本道場となった。**清凉寺**は浄土宗寺院。三国伝来とされる本尊釈迦如来立像 (国宝) は有名で嵯峨釈迦堂の呼び名でも知られる。**仁和寺**は真言宗御室派の総本山。宇多天皇が仁和4年 (888) に創建、出家後に住まいとし御室御所と呼ばれた。

78 解答

イ 三千院

問
79

優れた金工の技で作られた平等院鳳凰堂の「金銅鳳凰」（国宝）一対は、( )で公開されている。

ア 羅漢堂 イ 養林庵書院

ウ ミュージアム鳳翔館 エ 阿弥陀堂

正解は**ミュージアム鳳翔館**。高さ約1メートル、青銅製の一対の鳳凰は、創建当時から平等院の**阿弥陀堂**（鳳凰堂）の中堂の屋根の両端に飾られ、江戸時代初めに鳳凰堂の名でも呼ばれるようになった由縁となっていたが、長年の風雨で傷みが増したため、復元模造の鳳凰に取り換えられた。創建以来の鳳凰は平成13年（2001）に宗教法人としては初の総合博物館として開館したミュージアム鳳翔館に展示されている。国宝の梵鐘や、長押上部の白壁にかけられている雲中供養菩薩像のうち26躯の仏像品などとともに、平等院の歴史と文化を語りかける展示の役割を果たしている。

羅漢堂は平等院の塔頭、浄土院の中にある禅宗様式建築の堂。十六羅漢を祀る。

養林庵書院は平等院の塔頭、浄土院にある建物。寛永の三筆のひとり松花堂昭乗の扁額がかかる。

阿弥陀堂は平等院の中心建造物。定朝作の阿弥陀如来坐像（国宝）が安置されている。

79 解答

ウ ミュージアム鳳翔館

8 【公開テーマ問題】京の国宝〜美術工芸品〜に関する記述について、（　　　）に入れる最も適当なものを**ア**〜**エ**から選びなさい。

問 **80**

文武天皇２年（698）鋳造の日本最古の梵鐘で、「戊戌年（ぼ じゅつねん）」の銘のある「黄鐘調の鐘」（国宝）は（　　　）にある。

ア 妙心寺　　　**イ** 神護寺

ウ 仁和寺　　　**エ** 清水寺

「黄鐘（おうじき）調の鐘」＝写真＝を所蔵するのは臨済宗妙心寺派大本山の**妙心寺**である。妙心寺は花園天皇を開基に関山慧玄（かんざん え げん）を開山として延元２・建武４年（1337）に創建。臨済宗の五山の一つであり、臨済禅と禅文化の中枢としての歴史を誇る。国宝の梵鐘は鐘の内側にある銘記から文武天皇２年（698）に現在の福岡県糟屋郡にあたる北九州の地でつくられた。日本最古の鐘は兼好法師の『徒然草』の中で「およそ鐘の音は黄鐘調なるべし」と綴られた著名な鐘。その音色が雅楽十二律の下から８番目の黄鐘に合うことから名付けられた。

神護寺は京都市右京区高雄にある真言宗寺院。古くは高雄寺・高雄山寺とも言われた。最澄や空海も入寺した名刹で仏像、絵画など美術品の宝庫。紅葉の名所としても知られる。

仁和寺は右京区御室にある真言宗御室派の総本山。宇多天皇が創建、出家後に住居としたため御室御所と呼ばれた。空海が入唐中に集めた密教関連文献の集成『三十帖冊子』を所蔵。

清水寺は京都市東山区にある北法相宗の寺。本尊は十一面千手観音立像。平安時代以降観音霊場として多くの尊信を集め、清水寺の舞台など今も屈指の観光名所。

80 解答

ア 妙心寺

9 「源氏と平氏」に関する記述について、(　　　)に入れる最も適当なものを
　　ア～エから選びなさい。

　平安末期の源平合戦の史跡は諸国に点在しているが、京都に
も数多くある。後白河天皇の第三皇子・(　81　)が平氏追討
の令旨を下したことが、源平合戦の発端となった。それに応じ
た源頼政と平氏軍との合戦があったのが宇治川で、この時の戦
いでは、平氏軍相手に筒井浄妙と(　82　)が奮戦したエピソー
ドが知られる。祇園祭ではそれをモチーフにした浄妙山があ
り、(　82　)が筒井浄妙の頭上を飛び越えて先陣をとってし
まったという一瞬の姿を表している。宇治川の中州になってい
る橘島には「宇治川先陣之碑」があるが、これは佐々木高綱と
(　83　)の先陣争いを記念したものである。

　平氏の館として知られる西八条第は、(　84　)のあたりに
あったが、平氏の都落ちの際に火がかけられた。都落ちのあと
に京都に最初に入ったのは源義仲であったが、都人の信頼を
得られず、後白河法皇の院御所法住寺殿を攻め、法皇を幽閉
するという事態にまで発展した。法住寺殿の一画にある後白
河法皇の勅願で創建された三十三間堂には、千体の(　85　)
(国宝)を安置している。翌年、義仲は宇治川の合戦で源義経に
敗れ、近江粟津で敗死。首塚が八坂塔と呼ばれる五重塔があ
る(　86　)の境内にある。

　平氏は、都に戻ることはなく関門海峡の壇ノ浦で滅亡し
た。その哀話は『平家物語』や『源平盛衰記』などに語り継
がれている。捕虜となった平氏一門のうち、平清盛の五男の
(　87　)は、木津川の畔で斬首された。壇ノ浦の合戦で安徳
天皇とともに入水した(　88　)は、助けられ、帰京後出家し
て大原の寂光院に隠棲した。

　源氏方の武者、那須与一は屋島の戦いで扇の的を射たことで
有名だが、泉涌寺の子院(　89　)に墓がある。六波羅蜜寺には、
巻物を持つ(　90　)とされる僧形像が伝わっている。

(81)
- ア 惟喬親王
- イ 護良親王
- ウ 以仁王
- エ 興世王

(82)
- ア 藤原保昌
- イ 浄蔵貴所
- ウ 武蔵坊弁慶
- エ 一来法師

(83)
- ア 北条義時
- イ 和田義盛
- ウ 梶原景季
- エ 畠山重忠

(84)
- ア 岡崎公園
- イ 梅小路公園
- ウ 円山公園
- エ 鳥羽離宮跡公園

(85)
- ア 地蔵菩薩立像
- イ 千手観音立像
- ウ 不空羂索観音立像
- エ 薬師如来立像

(86)
- ア 六道珍皇寺
- イ 法観寺
- ウ 正林寺
- エ 法輪寺

(87)
- ア 平宗盛
- イ 平重盛
- ウ 平重衡
- エ 平基盛

(88)
- ア 待賢門院
- イ 建礼門院
- ウ 建春門院
- エ 美福門院

(89)
- ア 雲龍院
- イ 来迎院
- ウ 悲田院
- エ 即成院

(90)
- ア 平資盛
- イ 熊谷直実
- ウ 平忠盛
- エ 平清盛

(81) 解説

　治承4年（1180）に平家追討の令旨を下したのは、後白河天皇皇子の**以仁王**（1151〜80）である。その令旨は全国に送られ、反平家の内乱を引き起こすことになる。伊豆に流されていた源頼朝の挙兵も以仁王の令旨に応えたものであった。

　惟喬親王は平安時代前期の文徳天皇の皇子。母が藤原氏ではなかったために天皇に即位することはできず、晩年は出家して北山の小野で暮らしたと伝えられる。後醍醐天皇皇子の**護良親王**は鎌倉幕府を滅ぼすのに功を挙げたが、足利尊氏と対立して失脚、鎌倉で殺害された。**興世王**は武蔵権守として東国に居住し、平将門の乱に加担してその重臣となった。

81 解答　**ウ**　以仁王

(82) 解説

　以仁王の変では、宇治川を挟んで平家軍と以仁王を守る源頼政軍とが合戦となった。三井寺（園城寺）の僧であった筒井浄妙は平家軍に立ち向かったが、同じく三井寺の**一来法師**（1164〜80）が「悪しゅう候、御免あれ」と叫んで浄妙の頭上を飛び越えて先陣を切ったと伝えられている。

　藤原（平井）**保昌**は平安時代中期の貴族で、祇園祭の「保昌山」は、彼と和泉式部との恋愛伝承をもとに作られている。**浄蔵貴所**は平安時代中期の僧。祇園祭の「山伏山」は、山伏姿の浄蔵が大峰山に入る姿を表す。**武蔵坊弁慶**は源義経の郎党であり、『義経記』においては義経の忠臣として描かれていた。

82 解答　**エ**　一来法師

(83) 解説

　平安時代末期の寿永3年（1184）、京都を押さえていた源（木曽）義仲の軍と、鎌倉の源頼朝の代官として軍事上洛した源範頼・義経の軍とが、宇治川を挟んで激突した。『平家物語』によるとこの時、頼朝の御家人であった佐々木高綱と**梶原景季**（1162～1200）が、それぞれ頼朝から賜った名馬にまたがって川に乗り入れて先陣争いをし、高綱が勝ったという。

　北条義時は鎌倉幕府第二代の執権、**和田義盛**は初代の侍所別当、**畠山重忠**も幕府の重臣となった。しかし、北条氏は元久2年（1205）の畠山重忠の乱と建暦3年（1213）の和田合戦で重忠と義盛を滅ぼした。

83 解答　　**ウ**　梶原景季

(84) 解説

　六波羅と並んで京都の平家の本拠であった西八条第は、平安京左京八条一坊の南半分（北は八条坊門小路、南は八条大路、東は大宮大路、西は坊城小路）のほとんどを占める広大な邸宅群であった。

　西八条第跡は、現在の**梅小路公園**の南半分からその南の線路敷に該当する。左京区の**岡崎公園**は、明治28年（1895）の第4回内国勧業博覧会の跡を利用して造られた。東山区の**円山公園**は明治19年に開設され、七代目小川治兵衛により日本庭園が作られた。伏見区の**鳥羽離宮跡公園**は、白河上皇の鳥羽殿（鳥羽離宮）跡の一部を整備した公園である。

84 解答　　**イ**　梅小路公園

(85) 解説

　後白河法皇の院御所・法住寺殿の中心的な御堂が三十三間堂（蓮華王院）である。その内陣には1001体の**千手観音立像**（1体の坐像と1000体の立像）が安置されている。当初の建物は平清盛が長寛2年（1164）に建設して法皇に献上したものであったが、建長元年（1249）に焼失、現在の堂は文永3年（1266）に再建されたものである。

　京都の仏像としては、広隆寺講堂の**不空羂索観音立像**（奈良時代末期～平安時代初期）や神護寺の**薬師如来立像**（平安時代）が国宝に指定されている。**地蔵菩薩立像**の中で、「京都六地蔵」の一つである伏見区の大善寺の像（重文）は9世紀に遡る古例である。

85 解答　**イ** 千手観音立像

(86) 解説

　源（木曽）義仲は以仁王の令旨に呼応して挙兵、寿永2年（1183）には平家を都落ちに追い込んだ。しかし、寿永3年には源頼朝の命にて上洛した源範頼・義経の軍に敗れ、粟津の戦いで戦死する。**法観寺**（八坂の塔）に存在する一石五輪塔が義仲の首塚という伝承を持っている。

　六道珍皇寺はお盆の「六道まいり」で知られている。「小松谷御坊」の別称をもつ**正林寺**は、藤原（九条）兼実が法然のために建立したと伝える。**法輪寺**は同名の寺院が複数存在するが、嵐山の法輪寺は本尊の虚空蔵菩薩の信仰によって著名で、京都の人々は「十三まいり」の寺としても親しんでいる。

86 解答　**イ** 法観寺

(87) 解説

　平清盛の五男の**重衡**(1157〜85)は治承4年(1180)の興福寺・東大寺攻撃の総大将となり、その結果として東大寺大仏殿が焼亡した（南都焼討）。寿永3年（1184）の一ノ谷の戦いで源頼朝の鎌倉軍の捕虜となり、興福寺・東大寺に引き渡され、奈良の北側の木津川において斬首された。

　平重盛は清盛の長男で後継者であったが、治承3年（1179）に世を去った。**平基盛**は清盛の次男で、保元の乱などで活躍するが、24歳で早世した。**平宗盛**は三男で、父清盛が亡くなった後に平家の棟梁となるが、平家の衰運を止めることはできず、壇ノ浦の戦いで敗れて鎌倉軍の捕虜となり、文治元年（1185）に斬首された。

87 解答　ウ　平重衡

(88) 解説

　壇ノ浦の戦いで安徳天皇とともに入水したが、助けられて京都に戻ったのは、天皇の母であった**建礼門院**平徳子（1155〜1214）である。彼女は平清盛と継室の平時子の間の娘で、高倉天皇の中宮となって安徳天皇を生んだ。

　待賢門院（藤原璋子）は閑院流藤原氏の藤原公実の娘で、鳥羽天皇の中宮となって崇徳・後白河両天皇を生んだ。**建春門院**（平滋子）は平時信の娘で、平清盛の継室の平時子の異母妹である。後白河上皇の女御となって高倉天皇を生み、皇太后に昇った。**美福門院**（藤原得子）は藤原長実の娘で、鳥羽上皇に寵愛されて同上皇の皇后となり、近衛天皇の母となった。

88 解答　イ　建礼門院

(89) 解説

　選択肢に挙げられた寺院はいずれも泉涌寺の塔頭または別院となっている。

　那須与一は鎌倉幕府の御家人で下野国（栃木県）の武士。実像は必ずしも明らかではないが、『平家物語』の「扇の的」の挿話で知られる。**即成院**は那須与一が信仰したと伝えられており、本堂の裏にある石造の宝塔が与一の墓であると言われる。

　雲龍院は北朝四代の後光厳天皇の勅願によって建立された。**来迎院**は空海作と伝える三宝荒神を祀る。**悲田院**は平城京の福祉施設で、室町時代には寺院となって一条安居院に移り、さらに江戸時代初期に泉涌寺境内に移されてその塔頭となった。

89 解答　**エ**　即成院

(90) 解説

　六波羅蜜寺は平安時代中期に空也が開いた西光寺を前身とする。平安時代後期にはこの近辺が平家の六波羅第となった。同寺に伝わる巻物を持つ僧の木像は、いつの頃からか**平清盛**（1118〜81）像と言われるようになった。

　平忠盛は清盛の父で、白河法皇や鳥羽法皇に奉仕して出世し、平家の隆盛への基礎を築いた。**平資盛**は清盛の孫で、平重盛の次男で、『平家物語』に記された摂政藤原基房とのトラブル（殿下乗合事件）で知られる。**熊谷直実**は鎌倉幕府の御家人であったが、一ノ谷の戦いで平敦盛を殺害したことを悔やみ、後に法然のもとで出家して「蓮生」と名乗った。

90 解答　**エ**　平清盛

日本で初めて銀貨の鋳造所である「銀座」が設けられた場所として、今も町名が残っているのはどこか。

ア 下京区　　　イ 中京区

ウ 伏見区　　　エ 東山区

　伏見区の伏見大手筋商店街に「此付近伏見銀座跡」と刻まれた石碑が建っている。商店街に直交して南北に走る両替町通沿いに銀座町１～４丁目の町名が見える。

　関ケ原の合戦で豊臣側に勝利した徳川家康は翌年の慶長6年（1601）、伏見城下の地に銀貨の鋳造所を造らせた。長らく混乱する貨幣の状況を良質な金貨・銀貨を供給することで整え、安定した貨幣制度の樹立を目指したとされる。堺で銀を扱っていた大黒常是(生年不詳〜1633)が家康に取り立てられ、伏見に設けた銀座で銀貨を鋳造、刻印し品質保証する役職に就き、代々の大黒家が銀座を仕切った。

　銀座は7年後に伏見から洛中に移され、近くの金座と合わせて両替町と称されることになった。家康が隠居した駿府に設けられていた銀座も江戸に移転したが、銀座は江戸に集中されることはなく、大坂、長崎に支所が残った。東の金貨に対して、銀貨の流通が西日本中心だった歴史をうかがわせる。

91 解答

ウ 伏見区

問
92

歌舞伎は京都で始まった「かぶき踊り」がルーツとされるが、その祖とされるのは誰か。

ア 市川團十郎　　イ 坂田藤十郎

ウ 出雲の阿国　　エ 中村歌右衛門

　南座は、京都における歌舞伎の聖地。その南座の一角に阿国歌舞伎発祥之地を示す石碑が立っている。かつて興行で賑わったであろう四条河原に面した場所である。また南座の北側、四条大橋東詰の緑地には、**出雲の阿国**（生没年不詳）がかぶき踊りを踊っている像もある。

　市川團十郎は、江戸歌舞伎きっての名門・成田屋。令和4年（2022）秋に、海老蔵が十三代團十郎白猿の名跡を襲名した。

　坂田藤十郎は、江戸の市川團十郎と肩を並べた上方歌舞伎の名跡であり、この伝統の名跡を復活させたのが四世藤十郎（1931〜2020）であった。屋号は山城屋。

　中村歌右衛門は成駒屋。六世歌右衛門（1917〜2001）は、戦後の女方最高峰と言われ、人間国宝でもあった。

92 解答

ウ 出雲の阿国

10 京都が発祥地で知られるものに関する記述について、最も適当なものを ア〜エ から選びなさい。

問
93

六角獄舎のあった地に「日本近代医学発祥之地」の碑が建っており、宝暦4年（1754）、日本で初めて人体解剖を行ったのは誰か。

ア 山脇東洋
イ 曲直瀬道三
ウ 野間玄琢
エ 賀川玄悦

　幕府医官の**山脇東洋**（やまわきとうよう）（1706〜62）である。長く仏教や儒教的観念から人体の解剖は禁じられていたが、東洋の意を受けた藩医らが京都所司代に願い出て許された。刑場で処された遺体を解剖させて記録に残し、5年後に『蔵志』2巻を刊行した。大腸と小腸の区分を見落とす誤りがあったが、自分の目で人体の中を確かめた意義は大きい。20年後に杉田玄白（すぎたげんぱく）らが西洋解剖書を翻訳し、『解体新書』を出す動機になったと言われる。
　曲直瀬道三（まなせそうさん）（1507〜94）は室町幕府第十三代将軍の足利義輝らの厚遇を得て、わが国最初の系統的な医学教育をした。**野間玄琢**（まげんたく）（1590〜1645）は徳川秀忠の侍医を務めた後、京に戻り禁裏付け医となった。一方で鷹峯の本阿弥光悦や詩仙堂の石川丈山らと交流し、洗練された文化形成に関わった。**賀川玄悦**（かがわげんえつ）（1700〜77）は医家に入門しなかったが、多様な施術で出産を助け、産科学の基礎を築いたとされる。

93 解答

ア 山脇東洋

京都が発祥地で知られるものに関する記述について、最も適当なものを
ア〜エから選びなさい。

問
94

明治28年（1895）、日本初の路面電車として開
業した京都電気鉄道の路線はどれか。

ア 烏丸線　　　　イ 出町線

ウ 北野線　　　　エ 伏見線

　東洞院塩小路の七条停車場と伏見の下油掛町（約6キロ）を
結ぶ**伏見線**である。それぞれに「発祥の地」の石碑＝写真は七
条停車場の碑＝が立っている。実業家の高木文平（1843〜
1910）が、完成したばかりの琵琶湖疏水の水力で発電し、電
車を走らせる計画を立て京都電気鉄道（京電）を設立した。疏
水事業を任された田邉朔郎と視察した米国で電車を見て発案
したと言われる。
　同じく明治28年には岡崎で開催された第4回内国勧業博覧
会と七条停車場をつなぐ木屋町線の敷設工事が進められてい
たが、伏見線が2カ月先行して開業したのは、工事が容易だっ
たからと推測される。その後、路線は西洞院から堀川通、北
野天満宮へと拡張された。しかし、明治45年開業の京都市営
電車と激しい競争となり、京電は大正7年（1918）に京都市に
買収された。**北野線**は「チンチン電車」と呼ばれて親しまれ、
昭和36年（1961）まで走り続けた。京都市電に受け継がれた伏
見線は、車の通行量が激増する中で昭和45年に廃止された。

94 解答

エ 伏見線

問
95

三条通に建設された煉瓦造の洋風建築で、古い
外観を残し、建物の中は改築するファサード保
存を日本で初めて採用したのはどこか。

ア 中京郵便局
イ 京都府京都文化博物館　別館
ウ 京都府立図書館
エ 京都府庁　旧本館

中京郵便局は、三条東洞院の角にある現役の郵便局で、所
有者は日本郵政。明治35年（1902）に当時の逓信省によって建
設された赤煉瓦の壁体に白い石材を配するルネサンス様式の
建築である。設計者は、同省技師だった吉井茂則、三橋四郎
とされている。昭和48年（1973）に郵政省が建物の改革を発表
したが、この頃三条通の歴史的景観の意義が広く認識され始
めていた。保存運動側の具体的な提案として、古建築の街路
側の外壁のみを残し室内を新築する手法「ファサード保存」が
示され、昭和53年に中京郵便局は現地で外壁が保存された日
本で最初の例となった。

この他、ファサード保存で知られる他の京都における近代
建築の代表は明治42年に建てられた武田五一（1872～1938）設
計の**京都府立図書館**である。平成13年（2001）に改築されたが、
神宮道に面した正面外壁が保存されている。

95 解答

ア 中京郵便局

問
96

昭和31年（1956）に全国初の自治体直営オーケ
ストラとして発足した京都市交響楽団の第1回
定期演奏会が行われたのはどこか。

ア 京都市円山公園音楽堂
イ 国立京都国際会館
ウ 弥栄会館
エ 先斗町歌舞練場

　京都市円山公園音楽堂の野外会場である。京都市交響楽団
（京響）が発足して、わずか2カ月後の6月19日、音楽堂には
4500人以上の聴衆が詰めかけ、演奏会は好評を博した。大き
な反響を呼び各地から演奏依頼が寄せられ、翌年秋には早く
も東京公演を実現させた。

　日本は高度経済成長の緒についたばかりで、社会に文化を
享受する余裕はあまりなかった。しかし、当時の高山義三市
長は「国際文化観光都市」として市民の情操を高めるため京響
を設立し、京都市の誇る新しい文化財として育て上げようと
したと言われる。

　初代常任指揮者には、ドイツから京都に移り住んだ京都市
立音楽短期大学の客員教授カール・チェリウスが就いた。厳
格な指導で、猛練習を求めた。しかし、楽団員にも市民にも
親しまれ、5年後に京都を去る際には「さようならの集い」が
円山音楽堂で開かれ、会場は超満員。入れなかった聴衆は木
に登って最後の演奏に聴き入ったという。

96 解答

ア 京都市円山公園音楽堂

京都が発祥地で知られるものに関する記述について、最も適当なものを
ア～エから選びなさい。

問 97

明治30年（1897）の冬、日本映画発祥の地である旧立誠小学校付近で日本初の映写機試写会を行ったのは誰か。

ア 島津源蔵　　　　イ 稲畑勝太郎

ウ 村井吉兵衛　　　エ 井上喜太郎

20回3級

21回3級

21回2級

21回1級

日本初とされる映写機試写会（スクリーン上映）を行ったのは京都の実業家である**稲畑勝太郎**（1862～1949）。稲畑はフランスのリュミエール兄弟が発明したシネマトグラフ（映写機兼撮影機）の映像を、京都電灯の中庭で試写して見せた。老舗和菓子店の長男だった稲畑は、京都府派遣の留学生に選ばれ、フランス・リヨンの工業学校で染色技術を学んだ。その頃の学友にリュミエールの兄がいた。帰国して数年後に紡織会社を設立し、仕事で3度目の渡仏の際にリュミエール兄と再会、当時評判だったシネマトグラフを見て驚き、上映興行権を譲り受けた。試写の後、大阪・難波での初興行は大盛況となった。稲畑は関東での興行を旧友の実弟の横田永之助に依頼。横田は後に京都で映画製作会社「横田兄弟商会」を設立、日本活動写真（日活）の社長になる。

島津源蔵（初代1839～94）は明治時代初期に理化学機器を製作し、京都の殖産興業に貢献、**村井吉兵衛**（1864～1926）は紙巻きたばこ製造で成功し、円山公園の南に長楽館を建てた。**井上喜太郎**は京都ホテルの経営者。

97 解答

イ 稲畑勝太郎

問
98

国による制度の創設よりも３年早い、明治２年
（1869）、江戸時代から続く自治組織である町
組を基礎として、京都の市民が資金を出し開設
したものは何か。

ア 女紅場　　　　　　イ 集書院
ウ 旧制第三高等学校　エ 番組小学校

　明治の新時代となり、京都の町組は番号をつけた「番組」に
再編され、それぞれに小学校が造られた。新政権による学制
に先駆けた日本初の「学区制」小学校の誕生であり、64の**番組
小学校**が開校した。設立運営の費用は、京都府から借りるだ
けでなく、住民が「竈金」として出し合っている。番組小学校
は子どもたちの教育の場と同時に、会所になっていて地域行
政の仕事を役員らが務めた。さらに消防、警察の役割も担っ
ていた。また、地域互助の組織として作られた小学校会社は、
金融の機能も有し、利子などの運用益で学校の営繕などに充
てられていたという。
　女紅場は女子教育の場として明治５年（1872）に丸太町橋西
詰近くに創設され、翌年には**集書院**が三条通東洞院東に開設
され後に府立図書館となる。大阪の第三高等中学校が同22年
に現在の左京区に移転、５年後に改称したのが**旧制第三高等
学校**である。

98 解答

エ 番組小学校

京都が発祥地で知られるものに関する記述について、最も適当なものを
ア〜エから選びなさい。

問99

江戸中期に四条河原や北野天満宮などで
「辻咄」を披露し人気を博したことから上方落
語の祖とされ、その業績を称え、北野天満宮に
歌碑がある人物は誰か。

ア 安楽庵策伝　　　イ 露の五郎兵衛

ウ 米沢彦八　　　　エ 鹿野武左衛門

20回
3級

21回
3級

21回
2級

21回
1級

＜人草や来たの（北野）は**露の五郎兵衛**＞と、もてはやされ
た露の五郎兵衛（1643〜1703）である。元は日蓮宗の談義僧で
辻説法をしていたのが、人の集まる場所で滑稽な辻咄を始め
て評判になった＝写真は歌碑＝。机の前で扇子を片手に語る
姿が絵に残っており、今に続く上方落語のスタイルと似てい
る。五郎兵衛が書いた軽口本には「親子酒」「池田の猪買い」
などの落語の原型が見える。

少し遅れ大坂の生玉神社などで辻咄を聞かせたのが**米沢彦
八**（？〜1714）である。看板を出して物真似で笑わせ、大阪落
語の元祖と言われる。同神社では上方落語協会主催の「彦八
まつり」が毎年催されている。ほぼ同時期に江戸に現れたの
が**鹿野武左衛門**（1649〜99）。上方と違い、座敷や小屋がけ興
行で咄をした。**安楽庵策伝**（1554〜1642）は話の名手で『醒睡
笑』を残しているが、あくまで説教僧である。

99 解答

イ 露の五郎兵衛

303

10 京都が発祥地で知られるものに関する記述について、最も適当なものを
ア～エから選びなさい。

問
100

大正6年（1917）、京都三条大橋から東京上野
不忍池までを23区間にわけて開催された、三
条大橋東詰に出発地として発祥の地の石碑があ
る競技は何か。

ア 駅伝　　　　　　　　　　　イ トライアスロン

ウ クロスカントリー　　　　　エ 競歩

　東京・上野で開かれた「奠都（てんと）50周年記念大博覧会」に協賛し
た「東海道五十三次駅伝徒歩競走」で、日本初の**駅伝**となった。
　主催した新聞社の幹部だった歌人・土岐善麿（とき ぜんまろ）の発案で、駅
伝の名称は奈良時代から主要道を走りつなぐ「駅馬」「伝馬」
の制度に由来する。当初は地域別に3チームで競う計画だっ
たが、一部は選手がそろわず「関東組」と名古屋勢による「関
西組」の2チームのみとなった。4月27日から3日間、東海
道500キロ超をランナーたちがリレーして走った。関東のアン
カーはストックホルム五輪出場のマラソン選手・金栗四三（かなくり しそう）で、
上野にゴールした時には大勢の市民が沸いたという。タイム
は41時間44分。
　今日では駅伝は全国に広がり、ゆかりの京都では皇后盃全
国都道府県対抗女子駅伝競走大会が冬の風物詩になってい
る。タスキをつなぐリレー長距離走は海外でも「EKIDEN」と
して知られる。

100 解答

ア 駅伝

問 1
宮殿を都城の北部に配し、天子が南面する平安京のような都市を何というか。

北闕型都市という。後漢初期の洛陽において「坐北朝南（北に坐して南を朝す）」、北に座って政務を執るという、皇帝の宮闕（宮殿）を京域の中央北部に営む都市プランが制定され、中国の長い伝統となる。平安京は、中国の長安城をモデルにしており、大きさは長安城の約3分の1で、京域の北端中央に大内裏を設け、そこから市街の中心に朱雀大路を京の正門の羅城門まで通して左右に京を分けた。京内は、整然としたグリッド方式の碁盤目状の街区を設けた。

1 解答例　北闕型都市

問 2
平安時代の京都の様子が記され、「西京は人家いよいよ稀にして、殆んど幽墟にちかし」と右京の衰退を記した描写でも知られる『池亭記』を著した人物は誰か。

慶滋保胤（？〜1002）である。保胤は、平安時代中期の漢学者。もと賀茂氏で陰陽家賀茂忠行の次男。後に慶滋と改姓。家業であった陰陽道を捨て、文章道へ進み、浄土教成立にも大きな役割を果たした。『池亭記』の前半部は右京の荒廃、左京の人口稠密化など、平安京の都市的実態の推移を活写したものとして有名。阿弥陀信仰にも関心を持ち、空也に帰依し、源信や奝然とも交わり、『日本往生極楽記』をまとめた。

2 解答例　慶滋保胤

1 歴史・史跡について、次の問いに答えなさい。

問
3

護王神社の祭神のうちの一人で、京中の孤児を集め養育したという故事から、育児の神としても信仰されている女性は誰か。

　護王神社の祭神は和気清麻呂公命と**和気広虫**姫命である。清麻呂の姉・広虫（730〜799）は、孝謙天皇の女官として後宮に入り、桓武天皇までの長きにわたり忠勤し、歴代天皇に厚く信頼された。天平宝字5年（764）の藤原仲麻呂の乱では乱に連座し、死刑が確定した375人の減刑を天皇に懇願し、流刑にさせて命を救った。戦火で身寄りを失い孤児になった83人を養子とした功績から、「子育て明神」として崇敬を集める。

3 解答例　和気広虫

問
4

天長5年（828）、空海が藤原三守の邸宅を譲り受けて設置したとされる学校は何か。

　綜芸種智院である。空海が日本で最初に開設した庶民のための学校で、藤原三守より東寺の東隣の土地と邸宅を譲り受けて開設。命名は、「衆芸を兼ね綜ぶ」（『大日経』具縁品）と、「一切種智をもって一切法を知る」（『大般若経』六喩品）から取られた。20年足らずで廃校。学則の『綜芸種智院式』には、教育環境の充実、教育の機会均等、在家の博士を迎えての内外の典籍を研究する総合教育、教師と学生の経済的な保証等がうたわれ、いずれも密教の思想と深いつながりがある。

4 解答例　綜芸種智院

1 歴史・史跡について、次の問いに答えなさい。

足利尊氏が後醍醐天皇の菩提を弔うため天龍寺を開創した際、造営費用の調達のために天龍寺船を就航させ貿易を行ったが、その貿易相手の王朝は何か。

　足利尊氏とその弟の直義が、天龍寺の造営費用をまかなうために天龍寺船を送ったのは、中国の元王朝である。船の運航は博多の商人であった至本という人物に請け負わせることとし、康永元年（1342）に船は元に渡ることができた。天龍寺はここで得られた利潤を建設費に充当し、同4年（1345）に伽藍が完成、落慶法要が行われた。

5 解答例　元

東福寺の三門を再興したとされる人物で、楼上に掲げられている扁額「妙雲閣」の筆者でもある室町幕府の第四代将軍は誰か。

　東福寺の三門の扁額「妙雲閣」は室町幕府第四代将軍の**足利義持**（1386〜1428）の筆。現在の三門は義持によって再建されたもので応永12年（1405）の建立とされ、現存する禅宗寺院の三門では最古のものとして国宝に指定されている。五間三戸二階二重門、入母屋造、本瓦葺、両山廊付、各切妻造、本瓦葺で、大仏様の挿肘木が取り入れられており、大規模建築への大仏様の採用や、初期の禅宗建築を知る上で貴重な建物とされる。

6 解答例　足利義持

問
7

千利休の高弟の七人、いわゆる「利休七哲」に数えられる茶人で、利休が自刃した後に千少庵を保護し、徳川家康とともに千家の再興に尽力した武将は誰か。

正室の相応院は織田信長の娘。豊臣秀吉からも一目置かれ会津への異動が命じられると、**蒲生氏郷**（1556〜95）は七層もの天守を持つ大きな城、通称鶴ヶ城に改築した。千利休の自刃後、利休の弟子であり、息子の少庵をかくまった。利休の茶道が途絶えるのを惜しんだ氏郷は、徳川家康とともに千家再興を秀吉にとりなす。氏郷と家康の連名で秀吉の赦免の意を伝えた少庵召出状により、少庵は京都に帰ることを許され千家を再興した。「氏郷無くしては」と語られる由縁がここにある。

7 解答例　蒲生氏郷

問
8

元和9年（1623）にできた淀藩の初代藩主として着任し、淀城を築城した大名は誰か。

松平定綱（1592〜1652）である。元和9年（1623）、松平定綱が遠江国掛川藩より3万5000石で入ったことにより、淀藩が立藩した。これは、先年に廃藩となった伏見藩に代わって、新たに京都を防備するために立てられたものである。そのため伏見城は廃城し、淀城を再興することが求められた。定綱は淀城の築城に尽力し、淀城は伏見城の材を転用して寛永2年（1625）に完成した。定綱は寛永10年3月に美濃大垣藩に移された。

8 解答例　松平定綱

1 歴史・史跡について、次の問いに答えなさい。

問 **9**

慶応4年（明治元年・1868）1月、鳥羽伏見の戦いがここから始まったことを示す「鳥羽伏見戦跡」の石碑がある橋はどこか。

　旧幕府軍は薩摩藩の罪状を記した「討薩表（討薩の表）」を用意し、大坂から鳥羽や伏見に向けて進軍した。鴨川に架かる**小枝橋**の東には、現在、開戦地を示す石碑が立っている。旧幕府軍の先発隊は、京都見廻組の佐々木只三郎が率いる隊だった。旧幕府軍は鳥羽街道を封鎖していた薩摩藩兵と押し問答になり、押し通ろうとしたところ、薩摩軍から一斉射撃を受け、大砲も撃ち込まれた。

9 解答例　**小枝橋**

問 **10**

明治3年（1870）、科学技術の研究教育機関として夷川通河原町東入に設立され、現在、その跡地が京都市立銅駝美術工芸高等学校となっているのは何か。

　事実上の東京遷都で衰退する京都の再興を図るために設立された**舎密局**である。後に京都府第二代知事となる槇村正直が力を入れた殖産興業政策の一環で、近代的な工業技術を担う人材の育成と同時に、ビールやガラス、石けんなどを製造した。さらにドイツ人の化学者ゴットフリード・ワグネルを招き、伝統産業の陶磁器の改良なども進めた。

10 解答例　**舎密局**

2 神社・寺院について、次の問いに答えなさい。

問
11

東福寺の塔頭で、鶴島、亀島の石組がある方丈南
庭が雪舟による作庭と伝えられ、「雪舟寺」の通称
名で知られる寺院はどこか。

　東福寺の**芬陀院**は「雪舟寺」と称され、方丈南庭が室町時代
の禅僧である雪舟等楊（1420～1506）の作庭と伝わる。二度
の火災と長い歳月の中で荒廃し、林泉愛好家から惜しまれて
いたが、昭和14年（1939）作庭家の重森三玲の手により、一石
の補足もなく復元された。

11 解答例　芬陀院

問
12

山科区の神社で、境内奥の天岩戸をくぐると厄が
抜けるとされる「ぬけ参り」の習わしで知られる
のはどこか。

　日向大神宮は、朝日が昇る日ノ岡地区にある京都最古級の
社で「京の伊勢」と親しまれてきた。神体山・日御山山頂付近
には伊勢神宮遥拝所があり、伊勢の方向を向いて鳥居が建っ
ている。第二十三代顕宗天皇の御世に筑紫日向の高千穂より
神蹟を勧請して創建。内宮・外宮があり「ぬけ参り」をする天
岩戸を節分祭にくぐると、立春から節分までの1年間の厄を
落とせるという。

12 解答例　日向大神宮

問 13 かつて土佐藩邸内にあり、同社に参詣する町人のため、藩邸内の通行が許可されていた神社はどこか。

　土佐藩の京都藩邸は、高瀬川沿いの旧立誠小学校から河原町通にかけての地に江戸時代初期から置かれていた。一帯には諸藩の藩邸が建ち並び、幕末動乱期には尊攘派志士らも頻繁に行き交って、天誅など襲撃事件が絶えなかった。藩邸跡を示す石碑が高瀬川の脇に立つが、そこから西にすぐの**土佐稲荷（岬神社）**は、元は藩邸敷地内にあって、同社に参拝する庶民には藩邸内の通り抜けが許されていたという。

13 解答例　土佐稲荷（岬神社）

問 14 山号は歌中山で、幕末の勤皇僧である月照と西郷隆盛が密議を交わしたことで知られる寺院はどこか。

　清水寺塔頭・成就院（じょうじゅいん）の僧月照（げっしょう）と、薩摩藩士の西郷隆盛が幕末の政争激化の折、対幕府の謀議を交わしたと伝わるのは清水山中にある**清閑寺（せいかんじ）**の茶室・郭公亭（かっこうてい）で、今、その跡には「大西郷月照王政復古謀議旧址」の石碑が立つ。２人は幕府の追及を逃れ、薩摩・錦江湾で入水自殺を図るが、西郷だけ奇跡的に生還し、月照の菩提を終生弔い続けた。清水寺境内には月照を悼んだ西郷の詩碑が、月照の歌碑と並んで立つ。

14 解答例　清閑寺

問 15

伝教大師最澄の創建と伝え、ゆかりの薬師如来を本尊とし、西行や平康頼が隠棲したことでも知られる、円山公園の南側にある寺院はどこか。

八坂神社の東、円山公園のすぐ南にある**雙林寺**は、桓武天皇が最澄を開基として創建したと伝えられ、一帯は真葛やススキ、茅が生い茂り、真葛ヶ原と称する歌枕の地だったとされる。平家打倒を目論む鹿ケ谷の陰謀が露見して鬼界ヶ島に流された平康頼や漂泊の歌人・西行らがこの地に隠棲したのはよく知られるところで、境内には康頼、西行と、西行を慕った南北朝時代の歌人・頓阿(トンナとも)の供養塔が並んで立つ。

15 解答例　雙林寺

問 16

浄土宗の大本山のひとつ百萬遍知恩寺で、法然上人と第二世源智上人の墓石を覆う形の廟堂として建てられた御廟の入口にある門の名前は何というか。

百萬遍知恩寺は浄土宗開祖・法然上人が住まいとした賀茂社の神宮寺を前身とする。建暦２年(1212)法然が入滅した時、法然の高弟である**勢観房源智上人**が師の恩に報いるためには「恩」を「知」らなければならないと、知恩寺と命名した。御廟は、享保16年 (1731) に建立。御廟と歴代墓地の入り口にある結界を示すと言われる**念字門**は、「念仏」「五念門」等に通じ、「念」の字を模った珍しい形をしている。

16 解答例　念字門

2 神社・寺院について、次の問いに答えなさい。

問
17

比叡山開創1150年を記念して設けられた延暦寺の大書院は、誰の邸宅を移築したものか。

　昭和3年（1928）、昭和天皇の御大典と比叡山開創1150年を記念する一大事業として、延暦寺の本坊となる大書院の造営が決まり、当時、煙草王（たばこおう）の名で知られた**村井吉兵衛**（1864〜1926）の東京赤坂の邸宅を譲り受けて、東塔文殊楼（とうどうもんじゅろう）前に移築された＝写真＝。武田五一設計による木造2階建て建築面積839平方メートルの純和風建築で、唐破風（からはふ）の車寄せがある玄関

棟、大客室棟、観月台を備えた2階建ての居間棟からなる。普段は非公開だが、特別公開されることもある。

17 解答例　村井吉兵衛

問
18

「市屋道場」「一夜道場」と呼ばれ、重要文化財の「遊行上人縁起絵」や空也上人像も所蔵している時宗寺院の名称は何か。

　下京区本塩竈町（もとしおがま）の**金光寺**（こんこうじ）は、空也上人が建てた七条堀川の念仏道場が始まりで、そこが平安京の東市の中にあることから「市屋道場」と呼ばれた。当初は天台宗だったが、後に京都遊行中の一遍上人が寺を訪れ、当時の住職が一遍に帰依してより時宗に改めた。室町時代に将軍足利義晴（よしはる）が宿泊したことで「一夜道場」の呼び名もある。天正19年（1591）、西本願寺の寺地移転に伴い、豊臣秀吉によって現在地に移された。

18 解答例　金光寺

2 神社・寺院について、次の問いに答えなさい。

問
19

鹿王院では毎年10月15日、ある人物が宋から得たという仏牙舎利を開帳する。その人物は誰か。

　鹿王院は、足利義満が春屋妙葩を開山に建立した宝幢寺の開山塔所で、宝幢寺が応仁・文明の乱で廃絶の折にも唯一災禍を免れ、伽藍を今に伝えてきた。境内には、嵐山を借景とする枯山水庭園の中央に舎利殿が建ち、鎌倉幕府第三代将軍の**源実朝**（1192～1219）が宋より請来した仏牙舎利（釈迦の遺骨のうち歯を指す）が祀られている。通常非公開だが、それが博多に無事着いた日に当たる10月15日に毎年「舎利会」を催し、一般に公開している。

19 解答例　源実朝

問
20

龍安寺の「西の庭」にある廟に木像が祀られている人物は、今年（2022）550年忌を迎えた。その人物は誰か。

　龍安寺は、室町幕府の管領で応仁・文明の乱では東軍の総大将であった**細川勝元**（1430～73）が、宝徳2年（1450）に妙心寺の義天玄詔を開山に招いて創建した。「石庭の寺」として高い人気を誇るが、他にも鏡容池をめぐる庭園や、水戸光圀寄進の「知足のつくばい」など見所には事欠かない。昭和57年（1982）に室町風に復元された「西の庭」には、庭の中央に建つ細川廟に、創建者・勝元の木像が安置されている。

20 解答例　細川勝元

20回3級

21回3級

21回2級

21回1級

3 建築・庭園・美術について、次の問いに答えなさい。

問 21

京町家の多くにみられる、外壁に柱を見せる造を何というか。

　真壁造は、柱を露出させて壁を造る構法で、一般的な京町家や数寄屋造、書院造の建物に多く見られる。柱と柱の間に細目の間柱を立て、割竹を格子状に組み間柱に固定した下地の上を塗っていく。建物の外側だけでなく室内も柱はもちろん、鴨居や、時には梁も露出させて仕上げる。柱を露出することで壁の中に湿気がたまりにくくする構法でもあり、特に夏場は高温多湿に悩まされ風通しのよい家造りが求められた京都に適した建築構法だ。

21 解答例　真壁造

問 22

二条城の南方に位置する重要文化財に指定されている住宅で、大名等が宿泊する施設に当てられたことで知られる民家は何か。

　小川家住宅＝写真＝は寛文年間（1661〜1673）に京都町奉行の訴訟人を泊める公事宿として建てられた。小川家は、両替商等を営むかたわら諸大名の御用達となり、屋敷を上洛時の宿舎として提供したこともある。創建当初の屋敷は天明の大火で焼失したが、嘉永年間（1624〜1644）に再建された屋敷が現存しており、主屋と土蔵2棟が昭和19年（1944）に旧国宝に、昭和25年には重要文化財に指定された。宿泊客の目を癒やす意匠の

ほか、巧妙な防衛建築、大火を教訓とした精緻な防火建築が特徴的な町家で、「二條陣屋」の通称名で知られる。

22 解答例　小川家住宅

問
23

桂離宮の建築のなかで、唯一の瓦葺の建物で、仏像と桂宮家の位牌などを祀っていたという持仏堂の名称は何か。

桂離宮の中にある持仏堂は**園林堂**（おんりんどう）である。内部には須弥壇があり、かつては宮家代々の位牌を安置するとともに、観音像や八条宮家（桂宮家）と関わりの深い細川幽斎を画いた掛軸と細川幽斎が詠んだ和歌の短冊が置かれ、仏事の供養具である三具足（みつぐそく）（燭台・香炉・花瓶）が置かれていたとされる。桂宮内では唯一瓦葺きの建物で、堂の周囲に打たれた方形の切石の飛石とともに、重厚で引き締まった神聖な空間を作り上げている。

23 解答例　　園林堂

問
24

平安時代の庭園遺構で、大覚寺の大沢池にある巨勢金岡が立てたと伝えられる二島一石の石は何か。

大沢池は平安時代初期に嵯峨天皇（786〜842）が造営した離宮である嵯峨院の園池。中国の洞庭湖を模して造られたとされ、広大な園池の北部には西に天神島、東に菊ヶ島を配し、その2島をつなぐようなかたちで「**庭湖石**（ていこせき）」と呼ばれる立石を池中に据えている。また、大沢池には嵯峨院庭園の遺構である名古曽滝の滝石組が残り、「大沢池　附　名古曽滝跡」として国の名勝に指定されている。

24 解答例　　庭湖石

3 建築・庭園・美術について、次の問いに答えなさい。

醍醐寺三宝院にある藤戸石は、源平の合戦「藤戸の戦い」で活躍した武将の逸話がもととなって名がついたとされる。それは誰か。

　平安時代末期、備前国児島（岡山県倉敷市）で展開された源平合戦「藤戸の戦い」の逸話にちなむ武将は源氏の**佐々木盛綱**（1151～？）。藤戸の海峡で対峙していた平家軍に浅瀬を馬で渡って攻め入ったが、盛綱は引き潮で浅瀬になる場所を聞き出した漁師を殺して先陣の功を手にしたとされる。その浅瀬にあったなどとされるのが藤戸石。室町時代に次々と武将の手に渡ったが、最終的に豊臣秀吉が醍醐寺三宝院庭園に据えた。

25 解答例　佐々木盛綱

妙満寺・清水寺・北野天満宮の各成就院（成就坊）にあった「雪月花の三庭苑」のうち、今年（2022）「花の庭」が再興された。その作庭者と伝わる江戸時代の歌人・俳人は誰か。

　三庭苑の作庭者は、俳諧「貞門派」の創始者として名高い**松永貞徳**（1571～1654）とされている。北野天満宮の「花の庭」は、明治の廃仏毀釈後に失われたが、令和4年（2022）1月、約150年ぶりに再建された。妙満寺の「雪の庭」も同年3月に改修工事が完成。清水寺の「月の庭」（国の名勝）と合わせ、「令和の雪月花三庭苑再興」として京都の明るい話題になった。

26 解答例　松永貞徳

問
27

江戸中期の絵師で、虎の絵を得意とし、清水寺の西門下にある虎の絵を刻んだ石燈籠でも知られる人物は誰か。

加賀（石川県）金沢に生まれ、上洛して独学で当時の絵画の諸派を折衷した個性的な画風を確立、岸派の祖となった江戸時代後期の画家、**岸駒**（がんく）（1756～1839）である。虎の絵の名手として活躍し、虎の絵は岸派のお家芸ともなった。清水寺西門石段下の南端に立つ石灯籠は、岸駒の虎の図を彫り刻んでおり、この虎が毎夜、水を呑みに石灯籠から抜け出すという言い伝えも。虎の絵の名手とうたわれた岸駒らしい風説。

27 解答例　岸駒

問
28

東寺金堂の薬師三尊像を手掛け、桃山時代から江戸初期にかけて活躍した仏師は誰か。

現存する東寺金堂の薬師三尊像は、文明18年（1486）に罹災焼失した創建当初の三尊像を桃山時代に再興したもの。その造像にあたったのは京都の七条大仏師、**康正**（こうしょう）（1534～1621）である。父康秀の跡を受けて東寺大仏師職の任にあった康正は、当時最も著名な仏師の一人であり、実弟や嫡子ら一門挙げて取り組み、慶長7年（1602）の着手からおよそ1年半の歳月をかけて完成、慶長11年の金堂の落慶法要と共に開眼供養が行われた。

28 解答例　康正

3 建築・庭園・美術について、次の問いに答えなさい。

京都国立博物館所蔵の「鶴下絵三十六歌仙和歌巻」は本阿弥光悦の書で知られるが、鶴の絵を描いた絵師は誰か。

　鶴の絵を描いたのは桃山・江戸時代初期の京都の画家、**俵屋宗達**（生没年不詳）。長さ14メートルにおよぶ巻物画面に鶴の群れが水辺から飛び立ち、波の上を連なりながら越え、また舞い降りてくる連続的な光景を、時間的な経過を感じさせながら金銀泥のみで見事に描き上げている。光悦の書と宗達の下絵とが装飾美を伴って豊かに響き合い、両者の合作の中でも最高の作品に位置付けられている。重文に指定。

29 解答例　俵屋宗達

大徳寺塔頭真珠庵所蔵の「花鳥図」を描いたことで知られ、長年途絶えてた朝廷の絵所預に復帰したことから土佐家中興の祖とも呼ばれている江戸時代を代表する絵師は誰か。

　室町時代から幕末まで主として武家の御用絵師として繁栄を築いた狩野派に対し、宮廷の絵所預として画事をほぼ独占してきたのが土佐派である。15世紀後半の土佐光信以降、戦国末期の家系断絶によって地位を失っていた宮廷の絵所預職に復権し、土佐派の再興を果たしたのは江戸時代前期の**土佐光起**（1617～91）である。堺に生まれ、後に京都に移住。宮廷の絵所預に返り咲いて内裏造営に参加、土佐派中興の祖となった。

30 解答例　土佐光起

問
31

経済産業大臣指定伝統的工芸品で、絹地の一部を糸で括り、巻き締めて防染して染め、そのあと糸を解くと染め残りがまだらに残る染色技法は何か。

京鹿の子絞という。布を糸で括って染め上げる染色技法で、括られた部分が染色されずに白く残る。手絞りによる複雑で精巧な模様表現が特徴である。布地全体を隙間なく詰める「疋田絞」の他、50種類以上の絞り技法がある。熟練の職人が全て手で括るもので、大変な時間と労力がかかる。浸染で染め、最後に糸を解いた後、布に立体感が残るのも味がある。絞りに京繍や友禅が組み合わされた豪華な衣装は江戸時代に奢侈禁止令で贅沢品として禁止された。

31 解答例　京鹿の子絞

問
32

三条大橋東詰に「われをわれと　しろしめすぞや　皇の　玉のみこへの　か＞る嬉しさ」の歌碑がある。この歌を詠んだのは誰か。

　歌碑がある三条大橋東詰には、歌を詠んだ**高山彦九郎**（本名は正之、1747～93）が御所を遥拝する像が建つ。郷土の上野国の農家に生まれ、若くして尊皇の志に目覚めた彦九郎は、公家や学者らと広く交流。全国を行脚して尊皇思想を説いた。入洛は生涯5回あり、2～3年滞在したこともある。寛政3年（1791）、光格天皇に名を覚えられる栄に浴し、歌はその感動を詠んだ。尊王思想を取り締まる幕府に監視され、九州で自刃した。

32 解答例　高山彦九郎

4 芸術・文化、生活・行事について、次の問いに答えなさい。

問
33

歌道の冷泉家では、月次歌会など王朝以来の貴重
な行事を今に伝えているが、その中で公家の七夕
行事は何か。

乞巧奠といい、一般の七夕行事とはかなり違って、中国か
ら伝わった星祭の原型がここに見られる。もとは牽牛・織女
の2星に裁縫技芸が巧みになることを願う行事で、奠はお供
え物の意味。冷泉家では「星の座」と呼ばれるお供え物の祭壇
を南庭に設け、そこに海の幸、山の幸、五色の糸と反物、和
歌を記した短冊、秋の七草、和琴と琵琶もお供えして、雅楽
や和歌を披露する。

33 解答例　乞巧奠

問
34

12月の京都南座「吉例顔見世興行」では、劇場正
面に、役者の名前を「勘亭流」と呼ばれる書体で
記したまねき看板が掲げられる。例年、その看板
が書かれる場所となっている寺院はどこか。

例年、顔見世興行が始まる前に、「まねき上げ」が行われる
のが11月末。京都では必ずニュースに取り上げられるが、こ
の看板を書くのを「まねき書き」といって、11月初〜中旬に、
伝統を受け継ぐ書家が一人で書き上げる。その場所を提供し
ているのは日蓮宗本山**妙傳寺**。境内の日蓮聖人像が目印となっ
ている。妙傳寺には初代片岡仁左衛門（1656〜1715）の墓があ
り、屋号である松嶋屋の定紋「七つ割丸に二引」を掲げた片岡
碑も立っている。

34 解答例　妙傳寺

4 芸術・文化、生活・行事について、次の問いに答えなさい。

問35

京都では公家や武家、寺院などそれぞれで料理が発達し、これらが混在して京料理が形成された。公家を中心に発達した料理は何か。

　平安時代の公家や貴族によって行われた大饗宴で供された料理を「**大饗料理**」という。「台盤」と呼ばれる大型の卓上に、数多くの生ものや干物が盛り付けられており、複数の客が料理を取って、塩や酢、醤（ひしお）など自ら調合したタレにつけて食べた。味付けという調理法は未完であったようだが、「庖丁人」による庖丁さばきは進んでいたと思われる。大饗料理は賞味すると共に、鑑賞する料理でもあった。

35 解答例　**大饗料理**

問36

新年、祇園甲部の始業式では、京舞井上流家元が祝いの地唄を舞って締めくくる。この舞は何か。

　五花街の一つ祇園甲部の新春は、1月7日の始業式から始まる。正装した芸妓舞妓をはじめ花街の関係者が一堂に集まって、一年の精進を誓い合う。
　式典を締めくくるのは、京舞井上流五世家元・井上八千代が舞う恒例の地唄舞「**倭文**（やまとぶみ）」。年明けを寿ぐのにふさわしく、岩戸開きを表した曲が厳かに舞われる。神楽には三番叟（さんばそう）の振りを取り入れられ、清らかな鈴の音が会場内に満ちる。

36 解答例　**倭文**

4 芸術・文化、生活・行事について、次の問いに答えなさい。

問 37

祇園祭の会期中である7月15日から24日の間にだけ開かれる、烏丸通に面する井戸の名前は何か。

烏丸通錦小路上ル東側、ちょうど四条烏丸バス停前に石鳥居が立ち、その井戸、**御手洗井**はある。町名も手洗水町。ビルに囲まれ普段は目立たないが、祇園祭の会期中、神輿が神社に戻るまでは提灯が立ち、近所の人も名水を汲みにくる。もとはここに祇園社御旅所があり、御旅所は織田信長によって移転させられたが、信長は名水と知って祭りの期間だけ井戸を開放するよう命じた。それが今に受け継がれているという。

37 解答例　御手洗井

問 38

真如堂では、毎年3月に涅槃会が行われ、大涅槃図が公開される。その時に授与される、無病息災のご利益がある京菓子は何か。

真如堂では毎年3月15日に涅槃会が行われ、1日から31日まで本堂に巨大な大涅槃図を公開する。涅槃会に参拝すると、無病息災の利益がある**花供曽**が授与される。花供曽とは田丸弥で製菓される小粒のあられ。黒砂糖をかけただけの素朴な菓子で、米の風味が際立っている。昔は家庭で作られることもあり「お釈迦さんの鼻くそ」などと親しみをこめて呼ばれていた。

38 解答例　花供曽

4 芸術・文化、生活・行事について、次の問いに答えなさい。

問39 寒暖差の大きい盆地ならではの現象で、冷気によって大原の里山に棚引く霞を何と呼ばれているか。

「都近き小野大原を思ひ出づる」と西行が歌にも詠んだ洛北大原の里は、周囲を山に囲まれた盆地で昼夜の寒暖の差が激しく、雨がやんだ冬の朝などは山を包みこむように霞が棚引いているのが見られる。この厳しい冬の訪れを告げる自然現象を**小野霞**（おのがすみ）と呼ぶ。この寒暖差と霞がもたらす適度な湿り気こそが、身が引き締まって甘みをたたえた「大原の野菜」を生み出す天の恵みだという。

39 解答例　小野霞

問40 古来、厄除けの植物とされ、祇園祭の期間中、床の間や玄関へ飾る習慣がある、黄色や橙色の花が咲き、扇状の葉を持つアヤメ科の多年草は何か。

提供：華道家元池坊

祇園祭は、梅雨に流行しやすい疫病の退散を祈る祭りで、それにふさわしい植物とされるのが**檜扇**（ひおうぎ）。その名は、葉のつき方が、檜の薄い板を重ねてとじた扇に似ていることに由来する。扇の起こす風によって、悪霊を追い払うことが期待された。古名の烏扇（からすおうぎ）は、種子が烏のように黒いことによる。種子を表す「ぬばたま」は、黒いものを形容する枕詞として用いられた。

40 解答例　檜扇

20回3級

21回3級

21回2級

21回1級

325

5 【公開テーマ問題】「京の茶室」に関する次の記述について、(　　　)に入れる最も適当な語句を書きなさい。

　茶室は茶の湯を行うために特別に設けた部屋または建物で、露地と呼ぶ導入のための庭園を伴っている。村田珠光の茶の湯を継承した(41)は四畳半の質素な草庵風茶室を営んだ。千利休はさらに手を加え、亭主と客の距離を縮めた極小の空間を作った。妙喜庵にある利休作とされる現存唯一の茶室・待庵（国宝）は(42)畳であるが、藁すさを見せる荒壁仕上げや抽象画にも似た窓の配置、入隅の柱を隠し、天井まで壁で塗り込めた室床などによって小さい空間を広く見せている。

　利休の孫にあたる宗旦は、床なしの一畳半（一畳台目）の茶室を造り、それを三男の江岑宗左に譲った。江岑はそれを改作し、平三畳台目としたのが、表千家の不審菴である。不審菴はもともと利休屋敷に建てられた四畳半の茶室の名で、大徳寺百十七世の(43)が利休から庵号を求められて「不審花開今日春（ふしんはなひらくこんにちのはる）」という詩句からつけられたという。一方、隠居した宗旦が隠居所に一畳半の茶室を造ったのが裏千家の(44)で、四男の仙叟宗室が継承した。また、宗旦の次男(45)が興した武者小路千家の官休庵は、道具畳と客畳との間には半板が敷かれ、主客に余裕を持たせるよう新たな試みを加えた。

　藪内家初代の剣仲紹智は(41)に茶を学び、利休の媒酌によって(46)の妹を妻に迎えた。その(46)が剣仲に譲ったとされる茶室が燕庵である。

　(47)（国宝）はもともと織田有楽斎が建仁寺正伝院を再興した際に造ったもので、明治時代の廃仏毀釈を受け、愛知県犬山市に移し建てられた。現在、建仁寺塔頭正伝永源院には本歌を写した茶室が建てられている。

　大徳寺塔頭真珠庵にある(48)は、金森宗和好みと伝わる。内坪と呼ばれる建物内の露地を持つのが特徴である。大徳

寺塔頭（　49　）にある密庵（国宝）は、小堀遠州が江月宗玩のために建てた茶室で、南宋の密庵咸傑墨蹟（国宝）を掛けるために設けられた書院床は「密庵床」と呼ばれ、席名ともなった。大徳寺塔頭孤篷庵の（　50　）も遠州の作で、「露結の手水鉢」と寄燈籠を近景とし、書院直入軒の庭を遠景として取り込んでいる。

(41) 解説

武野紹鷗（たけ の じょうおう）（1502〜55）は室町時代後期の堺の商人・茶人で、村田珠光の茶にみられるわびを深めた。千利休はその弟子であり、津田宗及（つ だ そうぎゅう）や娘婿の今井宗久（いまい そうきゅう）らと茶の湯で交った。

紹鷗好みの茶室として『山上宗二記』に紹鷗四畳半の図が掲載されており、一間床を設けた茶室で、上り口には簀子縁を付している。この四畳半と一畳敷の勝手を隔て、二部屋続きの四畳半の書院があり、独立した茶の湯の専用空間の初期の事例であるという。

41 解答例　武野紹鷗

(42) 解説

京都山崎の妙喜庵内に現存する待庵は、国宝に指定されている千利休の作とされる茶室。二畳隅炉で、床を塗り回しの室床とし、壁には苆（すさ）を入れ、天井を棹縁天井と化粧屋根裏に分けている。二畳と襖を隔てて一畳板畳付次の間・勝手の間が付属する。屋根は切妻造り、柿葺、土廂つき。

利休は、亭主と客が心を交わらせて座をつくるという「一座建立」の精神に基づき、茶室の極小化を指向したとされる。同時に利休は、都市の中にあっても俗世を離れた山里の風情を宿す「市中の山居」を理想としており、それが待庵に表れている。

42 解答例　二

(43) 解説

　臨済宗大徳寺派の僧、**古溪宗陳**（1532〜97）。蒲庵と号した。
越前の武将朝倉氏の出自。天正元年（1573）、正親町天皇の勅
により大徳寺の住持に出世。のち堺の南宗寺第五世となる。
豊臣秀吉からの帰依が厚く、大徳寺総見院の開山に招かれ、
織田信長の葬儀には導師を務めた。その後、石田三成の讒言
により筑前博多に配流されたが、やがて赦免され帰京。大徳
寺に戻り、のち洛北の常楽庵に隠棲して茶の湯三昧の余生を
送った。千利休や古田織部ら多くの茶人の参禅の師で、数寄
者としても知られた。慶長元年（1596）、後陽成天皇から大慈
広照禅師の号を賜る。翌年66歳で示寂。

43 解答例　古溪宗陳

---

(44) 解説

　宗旦は茶室の席開きの日、禅の師である大徳寺の清巌宗渭
（1588〜1661）を客として招いた。しかし和尚は定刻になって
も来ない。宗旦は「明日おいでください」の伝言を残し外出。
遅れて来た清巌は、茶室の腰張りに「懈怠比丘不期明日」と書
き残して去っていった。「怠け者の僧である私は、明日と言わ
れても約束はできかねる」の意味である。帰宅した宗旦は、少
し先のことも分からない世の中に明日の再会を求めたことを
悔い、懈怠と酷似した邂逅の字に置き換えた書を認め返信と
した。邂逅、明日ではない今日の巡り会いを大切にすること
を誓って、茶室の名を**今日庵**としたという。

44 解答例　今日庵

(45) 解説

　千宗旦の次男は**一翁宗守**（1605〜76）。はじめ吉文字屋（吉岡家）に養子に入り甚右衛門と称し、塗師として活躍した。周りからの勧めで千家に戻ったのがすでに還暦前という。塗師の家業は女婿の中村八兵衛（初代宗哲）に譲られた。

　讃岐国高松の松平頼重の元に茶道指南として長年出仕し、武者小路に茶室官休庵＝写真＝を開いた。庵名の由来は、仕官を辞して休むとの説が有力。また似休斎の号からは利休を追慕する念がうかがえるとされる。

45 解答例　一翁宗守

(46) 解説

　美濃に生まれる。名は重然。織田信長の死後秀吉に仕え、**古田織部**（1544〜1615）の通称で知られる。利休の堺蟄居に際して、細川忠興とともに淀の河原で見送った話は有名。利休亡きあと茶湯名人の評判をとり、利休七哲の一人に数えられる。江戸幕府第二代将軍徳川秀忠には柳営茶道役として召されたが、大坂の陣で豊臣方への内通が疑われ伏見の邸内で自刃し、大徳寺三玄院に葬られた。茶風は利休の茶を継承しつつも、沓形茶碗や独特の意匠に見られるように、不完全な美を追求したとされる。また、藪内家にある燕庵は織部好みの代表的な茶室とされ、以降の武家社会に受け入れられた。上御霊前通の興聖寺内には木像が祀られ墓地もある。

46 解答例　古田織部

(47) 解説

　織田信長の実弟で大名・茶人である織田有楽斎（おだうらくさい）（1547〜1622）が建仁寺内に元和4年（1618）に再興した正伝院の茶室は**如庵**（じょあん）である。その後いくつかの変遷を経て、昭和26年（1951）に国宝に指定された後、昭和47年名古屋鉄道の所有となり、愛知県犬山城下の現在地に移された。平成8年（1996）には京都・正伝永源院に復元されている＝写真＝。

　二畳半台目、床脇に三角の地板を入れ、中柱を特別な位置に立て、手前畳を中心とする炉脇を広くする。大小五つの窓

や躙口（にじりぐち）、反古紙の腰張りなどの意匠なども斬新な趣向を凝らしている。

47 解答例　　如庵

---

(48) 解説

　解答は**庭玉軒**である。大徳寺塔頭真珠庵にある茶室で、客殿の北にある通僊院（つうせんいん）の北東に附属し、金森宗和（かなもりそうわ）（1584〜1657）好みとされる。

　書院の東側の庭園が外露地にあたり、縁が腰掛けにあてられている。南側の潜りを入ると内部は一坪半ほどの土間で飛石が打たれた内坪となっており、中に蹲踞や刀掛が設けられている。つまり、内坪は内露地の役割を果たしており、内露地が屋内化されている。内坪と室内は直結しており、室内は二畳台目。

48 解答例　　庭玉軒

(49) 解説

　龍光院は、福岡藩主・黒田官兵衛（如水）の菩提寺として、子長政によって慶長11年（1606）に建立された大徳寺の塔頭。春屋宗園を開祖、江月宗玩を開山とする。江月は堺の豪商天王寺屋の津田宗及の子。慶長17年（1612）に小堀遠州が龍光院内に孤篷庵を建立した。

　中国南宋の禅僧・密庵咸傑（1118〜86）の墨跡を架ける密庵床をもつ四畳半台目の茶室・密庵席を含む書院は国宝に指定されている。密庵席の違棚の地袋に建てる小襖は松花堂昭乗筆。

49 解答例　龍光院

(50) 解説

　忘筌席は小堀遠州の菩提寺である大徳寺孤篷庵にある十二畳の茶室。角柱、長押、張付壁で、その縁先には中敷居をわたして上に障子を入れ、その下は躙口のような役割をもたせると同時に、内露地の景観を室内から眺められるように開放している。内露地は軒内の三和土に飛石が一直線に打たれており、その終点に露結の手水鉢が据えられている。

　孤篷庵は寛永20年（1643）に龍光院から現在地に移され、小堀遠州によって建築や庭園が造られたとされるが、寛政5年（1793）に焼失した。その後、松平不昧らによって復元された。席名は『荘子』の「得魚而忘筌、得兎而忘蹄」から来ており、「筌」は「うえ」といい、魚を捕獲する道具。

50 解答例　忘筌席

6 京都の名水について、( )にあてはまる最も適当な語句を書きなさい。

社寺名	名水の名称	ご利益・いわれ
(1)	御香水	香りの良い水が湧き出し、これを飲むとどんな病気も治るという奇跡が起こったことからこの名がある。環境省の「名水百選」にも選ばれる。
市比賣神社	(2)	洛陽の七名水の一つに数えられ、皇子・皇女の産湯に使われたと伝わる。水を飲み、絵馬に一つだけ願い事を書いて奉納すると叶うとされる。
八坂神社	美容水	境内摂社の(3)の社前に湧く。祭神が容姿端麗であったとの言い伝えから、美容の神として信仰がある。
(4)	菊水若水	この水によって霊元法皇の歯痛が治ったという言い伝えがある。お百度を踏んで祈願し、水を持ち帰る習慣も伝わる。
天橋立神社	(5)	四面海水の中にありながら、少しも塩味を含まない清浄な淡水が湧き出ていることから、古来より不思議な名水とされる。環境省の「名水百選」にも選ばれる。

（1）解説

　御香水は**御香宮神社**の境内に湧く。同社はかつて御諸神社と称していたが、湧き水の奇跡を知った清和天皇より貞観4年（862）、御香宮と名付けられたと伝わる。安産の神様として知られ、徳川御三家の始祖3人、義直（尾張）、頼宣（紀州）、頼房（水戸）が伏見城で誕生した際には、その産湯として御香水が用いられたという（義直については異説もある）。戦後になって一時、水が涸れたが昭和57年（1982）に復旧している。昭和60年、環境省の全国名水百選に選定された。古くは「石井の御香水」とも呼ばれ、伏見七名水の一つにも数えられる。

1 解答例　御香宮神社

（2）解説

　市比賣神社の境内に清水を湧かせるのは、**天之真名井**。清和天皇から後鳥羽天皇まで27代の間は、皇子・皇女の降誕ごとに、この井戸の若水が産湯に使われたとする伝承が残る。

　市比賣神社は、左大臣だった藤原冬嗣が延暦14年（795）、官営市場の守護神として堀川七条付近に勧請したと伝わる。天正年間に豊臣秀吉が当地に移し、井戸も動かされたという。祭神の多紀理比賣命など五柱が、すべて女神であることから、女性の守り神として崇敬を集める。「皇室守護の社」として、神社では珍しく本殿が北向きに建てられている。

2 解答例　天之真名井

（3）解説

八坂神社の美容水は、本殿東側にある**美御前社**（うつくしごぜんしゃ）＝写真＝の社前に湧く。肌につけると「心身ともに美しくなる」と言われる。祭神は、「宗像三女神」と呼ばれる多岐理毘売命（たぎりびめのみこと）、多岐津比売命（たぎつひめのみこと）、市杵島比売命（いちきしまひめのみこと）。いずれも美容の神で、中でも市杵島比売命は飛びぬけて美しい女神で、しばしば仏教の弁財天と習合する。三女神は天照大神と素戔嗚尊（すさのをのみこと）との間で交わされた誓約（うけい）から生まれたとされ、海上安全や財福、芸能の神としても知られる。

毎年11月には美御前社で理容、美容の感謝祭を行う。理・美容業界の他に、芸妓や舞妓など花街関係者の崇敬も厚い。令和2年（2020）、重文に指定。

3 解答例　美御前社

（4）解説

菊水若水（きくすいわかみず）は、**城南宮**の手水舎のご神水。江戸時代の巷談集『月堂見聞集』に、「飲むとあらゆる病気が治ると評判で、多数の男女が参詣している。霊元法皇もこれを飲んで歯痛が治った」と記されている。城南宮は平安京の南に鎮まり、都と国土を守る神社で、城南宮を取り囲むように鳥羽離宮が造営された。離宮には菊水という泉水が湧いていたとも伝わる。今も水量は豊富で、お百度を踏んで願掛けをした人が水を持ち帰る習慣が伝わる。奈良・東大寺のお水取り行事で汲み上げられるお香水は、若狭国から菊水若水の下を通って、二月堂の若狭井に到達しているという言い伝えもある。

4 解答例　城南宮

（5）解説

　日本三景の一つ、天橋立（宮津市）を南の智恩寺側から北へ進むと、天橋立公園内の濃松と呼ばれる場所に天橋立神社＝写真＝が建つ。その脇の境内地にある井戸から湧く淡水は磯清水（いそしみず）と呼ばれる。

　古くから崇められ、「橋立の松の下なる磯清水　都なりせば君も汲ままし」の一首が知られる。作者は平安時代の歌人、和泉式部とする説もあるが、よく分かっていない。天橋立神社

は橋立大明神、磯清水神社とも呼ばれ、智恩寺に属する神社だったとみられる。現在は、恋愛成就のパワースポットとして人気がある。磯清水は誰でも汲めるが、飲料には適さない。

5 解答例　磯清水

7 京都ゆかりの文豪・小説家について、（　　　）に入れる最も適当な語句を書きなさい。

川端康成の京都を舞台にした小説『（　　　）』は、別々の人生を歩んだ双子の女性を主人公に、背景には京都のさまざまな文化や年中行事、産業が描かれている。

　昭和36年（1961）10月から翌年1月まで新聞に107回連載された『**古都**』である。川端康成（1899〜1972）は下鴨神社近くの邸宅別棟に1年余り借り住まいして、小説の準備にあたり執筆に追われた。「京都はよく知りません」と事前に書いていたが、通りを歩き、老舗店を訪ねるなどして取材を重ねたという。春から冬へ季節の移ろいを、花見や葵祭、祇園祭、大文字送り火、事始めなどの年中行事に描き、平安神宮や錦市場、西陣、植物園、チンチン電車、北山しぐれなどの名所・風物を織り込んでいる。双子の姉妹が主人公だが、京都の風土・風物が大きな魅力になっている。

　一方で、当時の新聞記事に目を通して知った古都の変化も取り込んでいて、見方によっては真の主人公は京都と指摘する評論もある。海外では、タイトルを『kyoto』とした翻訳本もあるという。この小説で北山杉の美しさが見出されるなど、新しい京都観光としても受け止められ、広く読まれた。

1 解答例　**古都**

7 京都ゆかりの文豪・小説家について、(　　　)に入れる最も適当な語句を書きなさい。

問 **2**

夏目漱石は京都を訪れたとき、祇園のお茶屋「大友」の女将(　　　)と交友を持ち、木屋町通の宿で「春の川を 隔て>男女哉」の句を送った。その歌碑が御池大橋西詰に建てられている。

「文芸芸妓」と呼ばれた**磯田多佳**（いそだたか）（1879〜1945）である。幼い頃から読書が好きで、和歌を歌人に習い俳句を詠み、古風でやわらかい文章で随想を綴っている。書や絵も描く。母親から継いだ祇園・白川のお茶屋「大友」（だいとも）には、谷崎潤一郎や尾崎紅葉、巌谷小波ら文学者のほか、浅井忠や横山大観ら美術家らが集い文化サロンさながらだった。三味線をつまびき、一中節や河東節を聞かせる一方で、客と古美術を談じたり墨絵を共作したりした。

夏目漱石の句は、多佳との約束を巡る行き違いの時に詠んだものだが、突然の胃痛で大友に泊まった際には、多佳が懸命に看病している。谷崎は多佳の追悼文で「文学上のたしなみは、昔の遊女が和歌俳諧の道を心得ていた、あの伝統を引くもの」と評している。戦時中の建物疎開で大友が取り壊された2カ月後、多佳は67歳で亡くなった。

2 解答例　磯田多佳

問
3

『細雪』などで知られる谷崎潤一郎は晩年、京都に
移り住み、下鴨神社近くに居を構え、62歳から70
歳までをここで過ごした。転居後もしばしば京都
を訪れ、その墓所も左京区の寺院（　　　）にある。

鹿ケ谷の**法然院**である。九鬼周三や河上肇、内藤湖南らの
墓も見られる。谷崎潤一郎（1886〜1965）は墓に自筆文字の「寂」
を彫らせただけで、俗名や戒名を刻んでいない。好みの紅枝
垂れ桜を植えさせている。

東京・日本橋生まれの谷崎は、関東大震災後に阪神間に移
り住み、終戦後は疎開地から京都に転居した。南禅寺から下
鴨神社の近くに移った住まいを「潺湲亭」と称し、その家と庭
の様子は中編小説『夢の浮橋』に描いている。しかし、京都の
底冷えが高齢となった身にこたえ、「いくら京都好きだと云っ
ても、健康には替えられない」と随筆「京都を想ふ」に書き、
京料理を口にできないのを惜しんでいる。その後も京都を訪
れ、自身の墓所を探して回っている。墓石も石材店の案内で
鴨川近辺の自然石を丹念に選び、法然院に運んだという。79
歳で亡くなる3年前である。

3 解答例　法然院

7 京都ゆかりの文豪・小説家について、(　　　)に入れる最も適当な語句を書きなさい。

問
4

水上勉は、幼い頃に相国寺瑞春院で得度し13歳まで禅の修行をした。その当時の体験を基に、昭和36年(1961)に発表した『(　　　)』は、直木賞を受賞した。

『別冊文藝春秋』75号に一挙掲載された『**雁の寺**』である。このあと『第二部雁の村』『第三部雁の森』『第四部雁の死』が2年にわたって同誌に掲載されている。

編集者から長編推理小説を求められて書いた作品で、衣笠山麓の寺が舞台。愛人を抱えた住職を弟子の小僧が殺し、犯行を隠す筋立てだが、水上は「寺院生活のある部分は、私自身の経験をそのまま書いてある」と明かしている。といっても殺人事件は架空だが、事実と虚構を織り交ぜて本音と建前、寺院生活の内側、少年僧の孤独などを描き出している。

修行時代に「人間苦の問題」を教えられたといい、修行僧が起こした金閣寺放火事件を元にした『金閣炎上』『五番町夕霧楼』は弱者の視点から書いている＝写真は瑞春院＝。

なお、水上は19歳で寺院を脱走したと書き残している。

4 解答例　雁の寺

提供：瑞春院

7 京都ゆかりの文豪・小説家について、（　　　）に入れる最も適当な語句を書きなさい。

問
5

旧制第三高等学校で文学にのめり込んだ（　　　）が発表した短編小説『檸檬』では、主人公が京都の書店に爆弾に見立ててレモンを置いたというシーンで有名である。

　『檸檬（れもん）』は梶井基次郎（かじいもとじろう）（1901〜32）の代表作である。旧制第三高等学校での内的体験を下敷きに習作を重ね、東京帝国大学に進んだ後に文学仲間と出した同人誌『青空』創刊号に発表した。

　「えたいの知れない不吉な塊」に心が押さえつけられて、主人公は京都の街をさまよい歩く。みすぼらしくても美しいものに引き付けられて、寺町二条の八百屋で見かけたレモン1個を買う。その重みと冷たさに心が高まり、三条麩屋町の丸善に入ると色とりどりの美術画集を積み重ねた上にレモンを置いて立ち去る。主人公は「黄金色に輝く恐ろしい爆弾」が大爆発するのを空想する――。

　当初は文壇から無視されたが、発表7年後に小林秀雄が高く評価した。京都ではレモンを買って丸善へ、という若者がいたというが、今は舞台となった八百屋は廃業している。

5 解答例　梶井基次郎

8 徳川家康と京都の寺院との関わりについて150字以上200字以内の文章で書きなさい。

（「家康が母の菩提寺と定めた浄土宗の総本山」「その寺に墓がある家康の孫娘で、豊臣秀頼の正室」「家康を支え『黒衣の宰相』と呼ばれた南禅寺塔頭・金地院の僧」「家康が慶長８年（1603）、将軍宣下を受けた城」「家康の命により活字本『伏見版』の印刷事業を行った寺院」の名称は必ず含むこと）

「家康が母の菩提寺と定めた浄土宗の総本山」は**知恩院**である。家康は慶長８年（1603）に知恩院を永代菩提所と定めて寺領703石余を寄進し、翌年には寺地を拡大し諸堂を建立している。

「その寺に墓がある家康の孫娘で、豊臣秀頼の正室」は**千姫**（1597〜1666）で、墓は知恩院の濡髪大明神前にある。千姫は徳川秀忠の娘で、豊臣秀頼の正室であったが大坂夏の陣で救出された。江戸で亡くなると、知恩院にも分骨された。

「家康を支え『黒衣の宰相』と呼ばれた南禅寺塔頭・金地院の僧」は**以心崇伝**（1569〜1633）である。崇伝は臨済宗の僧で、金地院に住んだことから金地院崇伝とも呼ばれた。徳川幕府内で、外交事務、方広寺鐘銘事件や寺社行政、諸法度の起草、キリスト教の禁圧、紫衣事件に関与し、幕府の基礎作りに貢献したことから、「黒衣の宰相」と言われた。

「家康が慶長８年（1603）、将軍宣下を受けた城」は**伏見城**である。伏見城は、慶長５年の関ヶ原合戦の前哨戦で落城するが、家康によって再建される。慶長８年に家康は伏見城で征夷大将軍の宣下を受けた。その後、同年竣工の「二条城」へ拠点を移し、後に伏見城は廃城となった。

「家康の命により活字本『伏見版』の印刷事業を行った寺院」は**圓光寺**である。慶長６年（1601）徳川家康は国内教学の発展を図るため、伏見に圓光寺を建立し学校とした。圓光寺学校には、僧俗を問わず入学を許した。また『孔子家語』『貞観政要』など多くの書籍を刊行し、これらの書物は伏見版または圓光寺版と称された。

【解答例】

　慶長8年に伏見城で征夷大将軍となった徳川家康と京都の寺院との関わりは深い。知恩院は家康が母の菩提寺に位置づけ、家康の孫で豊臣秀頼の正室となった千姫の墓もここにある。家康を支えたブレーンとして南禅寺の以心崇伝が活躍したことも見逃せない。かつて伏見にあった圓光寺では、家康の命で活字本「伏見版」と呼ばれる印刷事業が行われていた。

9 錦市場について150字以上200字以内の文章で書きなさい。

(「『錦小路』と改名される前の通り名」「錦市場の青物問屋の生まれで『動植綵絵』などの作品で知られる絵師」「祇園祭の神輿３基のうち、錦市場を通る神輿」「京の台所を支えた名水として知られる地下水」「友好協定を締結した市場があり、京都市の姉妹都市でもあるイタリアの都市」の名称は必ず含むこと)

　「京の台所」と親しまれる錦市場は、錦小路通の高倉通から寺町通にわたる約390メートルの細長い市場。120軒以上の店舗が軒を連ねている。

　錦小路は平安時代には「**具足小路**（ぐそく）」と称し、言葉をもじって「**糞小路**（くそ）」とも呼ばれていた。伝承では天喜２年（1054）に「錦小路」と改名されたという。

　市場としての起こりは平安時代にまでさかのぼると推測される。元和元年（1615）には、江戸幕府から三店魚問屋（さんたな）（上の店、錦の店、六条の店）の一つとして、特権的な魚問屋の称号が許可された。

　錦小路で鮮魚をはじめ生鮮食品の市が発達したのは、地下水に恵まれていたからである。平均水温が15度から18度に保たれており、食品の加工や保存にも適していた。地下水を利用した「降り井戸」が設けられ、錦の名水は後年に「**錦の水**」と呼ばれるようになった。

　江戸時代中期の絵師・**伊藤若冲**は、錦市場の青物問屋の出であり、錦市場の存続に尽力した町年寄でもある。現在、錦市場のあちこちに若冲の作品をモチーフにしたタペストリーなどが飾られている。

　平成18年（2006）にイタリア・**フィレンツェ**のサンロレンツォ市場と友好協定を締結し、食文化の交流をすすめている。

　錦市場は祇園祭の神輿の**西御座**を出す地域でもある。

【解答例】

　かつて具足小路と呼ばれた錦小路では、時代を経ると市場として賑わいを見せるようになった。「京の台所」と称されるが、錦の水と呼ばれる豊富な地下水に支えられており、それは錦天満宮の境内にも湧きだしている。江戸時代の絵師、伊藤若冲も錦市場出身の人物として知られている。錦市場は現在、フィレンツェの市場と友好協定を結んでいる。祇園祭の神輿渡御では、3基の神輿のうち西御座が錦市場を通過する。

10 萬福寺について150字以上200字以内の文章で書きなさい。

(「今年（2022）、350年大遠諱にあたる萬福寺を開山した人物」「天王殿に安置される都七福神の像」「法堂などにある異国情緒ある高欄（勾欄）の意匠」「開山した人物が中国から伝えた精進料理」「日常の行事や儀式の刻限を知らせる鳴らし物」の名称は必ず含むこと）

　萬福寺は、中国・明から弟子20人とともに渡海してきた隠元隆琦（1592〜1673）が開いた黄檗宗の大本山。承応3年（1654）に来日した隠元は各地で教義の普及に努め、当初は3年後に帰国の予定だったが、信奉者らの強い慰留と、将軍徳川家綱も隠元に深く帰依し、宇治に土地を用意して寺院建立を決めたことで日本永住を決意。寛文元年（1661）に同寺を創建して伽藍の整備に努め、30余の塔頭を持つ大寺院を築き上げた。

　境内伽藍は創建当時の建築が今も残り、中心伽藍の法堂に見られる「卍字くずし」の意匠を施した高欄など、明代の様式を色濃く残す。同様に、斎堂の入口に吊された巨大な魚の形の開梛も、それを叩いて行事や儀式の刻限を知らせるための道具だが、異国の香りを漂わせたユーモラスな見た目で、参拝者の目を引いている。この寺で供される隠元由来の精進料理は「普茶料理」の名で知られ、植物油をふんだんに使った味わい。本来は大皿で取り分けるスタイルだが、寺では弁当などのかたちで一般にも提供している。

　また、京都近郊の7社寺をめぐる「都七福神まいり」の札所としても知られ、天王殿に安置され、弥勒菩薩の化身とされるふくよかな姿の布袋像が、都七福神まいりの布袋尊として、福を授ける神の役割を担っている。

【解答例】

　明から渡来した禅僧で、後水尾天皇など貴紳の崇敬を集めた<u>隠元</u>によって、黄檗山萬福寺は創建された。異国情緒あふれる寺院として知られ、法堂などに見られる<u>卍字くずし</u>の高欄や、<u>開梆</u>と呼ばれる鳴らし物は独特な意匠である。天王殿に祀られている<u>布袋像</u>は弥勒菩薩の化身とされ、都七福神めぐりの１つとしても親しまれている。隠元が中国から伝えた精進料理は<u>普茶料理</u>と呼ばれ、本山や塔頭で食することができる。

—— メ　モ ——

── メ モ ──

— メ モ —

― メ　モ ―

問題・解答

用語索引

第20回3級・第21回3級・2級・1級の問題
および解答中に出てくる用語を収録しています。

あ行

あ行

阿弥陀三尊像⋯⋯⋯⋯285
会津藩⋯⋯⋯⋯⋯⋯222
阿吽の龍⋯⋯⋯⋯⋯35
葵祭⋯⋯51, 150, 252
青木木米⋯⋯⋯⋯⋯138
粟生光明寺⋯⋯⋯⋯120
青島⋯⋯⋯⋯⋯⋯⋯271
青不動⋯⋯⋯⋯⋯⋯279
明石博高⋯⋯⋯⋯⋯17
県神社⋯⋯⋯⋯⋯⋯195
県祭⋯⋯⋯⋯⋯⋯⋯151
赤不動⋯⋯⋯⋯⋯⋯279
秋元神社⋯⋯⋯⋯⋯195
悪王子社⋯⋯⋯⋯⋯270
明智光秀⋯⋯⋯⋯⋯112
朝倉義景⋯⋯⋯⋯⋯112
芦生の森⋯⋯⋯⋯⋯272
足利尊氏⋯⋯212, 308
足利義政⋯⋯⋯⋯⋯12
足利義満⋯⋯⋯12, 283
足利義持⋯⋯⋯⋯⋯308
東男に京女⋯⋯⋯⋯72
愛宕神社⋯⋯102, 226
化野⋯⋯⋯⋯⋯77, 176
化野念仏寺⋯⋯105, 194
安土桃山時代⋯⋯13, 14
後祭⋯⋯⋯⋯⋯53, 152
姉小路公知⋯⋯⋯⋯183
油座⋯⋯⋯⋯⋯⋯⋯227
あぶり餅⋯⋯⋯⋯⋯166
安倍晴明⋯⋯⋯⋯⋯179
阿呆賢さん⋯⋯⋯⋯223
天ヶ森⋯⋯⋯⋯⋯⋯272
天橋立⋯⋯⋯⋯⋯⋯273
天橋立神社⋯⋯⋯⋯333
阿弥陀堂⋯⋯⋯⋯⋯286
阿弥陀仏⋯⋯⋯⋯⋯36
天之真名井⋯⋯⋯⋯334
文子天満宮⋯⋯92, 219
綾部市⋯⋯⋯⋯⋯⋯229
嵐山⋯⋯⋯⋯⋯⋯⋯273

嵐山モンキーパークいわた
やま⋯⋯⋯⋯⋯⋯⋯205
荒布と揚げ⋯⋯⋯⋯160
有栖川宮⋯⋯⋯⋯⋯217
在原業平⋯⋯⋯173, 224
粟田神社⋯⋯⋯204, 270
安楽寺⋯⋯⋯⋯62, 259
偉鑒門⋯⋯⋯⋯⋯⋯209
生きた化石⋯⋯⋯⋯196
池田屋事件⋯⋯⋯⋯216
池大雅⋯⋯⋯⋯⋯⋯237
池坊⋯⋯⋯⋯⋯⋯⋯42
いけばな⋯⋯⋯42, 244
伊佐家住宅⋯⋯⋯⋯230
石川丈山⋯⋯⋯⋯⋯134
石田家住宅⋯⋯⋯⋯230
石不動⋯⋯⋯⋯⋯⋯279
石山本願寺⋯⋯⋯⋯260
維新勤王隊列⋯⋯⋯256
維新志士列⋯⋯⋯⋯256
以心崇伝⋯⋯⋯⋯⋯342
維新の道⋯⋯⋯⋯⋯177
医心方⋯⋯⋯⋯⋯⋯284
和泉式部⋯⋯⋯⋯⋯142
和泉式部寺⋯⋯⋯⋯26
和泉流⋯⋯⋯⋯⋯⋯44
出雲寺⋯⋯⋯⋯⋯⋯218
出雲の阿国⋯⋯⋯⋯296
磯清水⋯⋯⋯⋯⋯⋯336
磯田多佳⋯⋯⋯⋯⋯338
一翁宗守⋯⋯⋯⋯⋯330
市川團十郎⋯⋯⋯⋯296
一言寺⋯⋯⋯⋯⋯⋯282
一汁三菜⋯⋯⋯⋯⋯58
一乗寺⋯⋯⋯⋯⋯⋯64
一条戻橋⋯⋯⋯⋯⋯76
市比賣神社⋯⋯⋯⋯333
一文橋⋯⋯⋯⋯⋯⋯76
一夜道場⋯⋯⋯⋯⋯314
市屋道場⋯⋯⋯⋯⋯314
一来法師⋯⋯⋯⋯⋯290
一休寺⋯⋯⋯⋯⋯⋯26
一休宗純⋯⋯⋯⋯⋯231
厳島神社⋯⋯⋯74, 219

伊藤若冲⋯⋯235, 344
稲畑勝太郎⋯⋯⋯⋯301
稲穂⋯⋯⋯⋯⋯⋯⋯146
稲荷山⋯⋯⋯⋯⋯⋯75
戌⋯⋯⋯⋯⋯⋯⋯⋯168
犬矢来⋯⋯⋯⋯⋯⋯29
井上喜太郎⋯⋯⋯⋯301
井上内親王⋯⋯⋯⋯252
亥子祭⋯⋯⋯⋯⋯⋯154
亥の子餅⋯⋯⋯67, 165
いのしし神社⋯⋯⋯178
今熊野⋯⋯⋯⋯⋯⋯213
新熊野神社⋯⋯74, 186
新日吉神宮
⋯⋯⋯⋯186, 201, 221
今宮神社⋯⋯⋯66, 223
斎竹建て⋯⋯⋯⋯⋯99
いもぼう⋯⋯⋯⋯⋯160
岩倉具視⋯⋯⋯⋯⋯183
イワシ⋯⋯⋯⋯⋯⋯148
石清水八幡宮
⋯⋯⋯⋯56, 96, 121
岩田帯⋯⋯⋯⋯⋯⋯168
インクライン⋯⋯⋯79
隠元隆琦⋯⋯23, 145, 346
院政⋯⋯⋯⋯⋯⋯⋯11
院政期⋯⋯⋯⋯⋯⋯10
殷富門⋯⋯⋯⋯⋯⋯209
ウィリアム・メレル・ヴォー
リズ⋯⋯⋯⋯⋯⋯39
五月満月祭⋯⋯⋯⋯50
上村松園⋯⋯⋯⋯⋯236
槇村正直⋯⋯⋯⋯⋯16
鵜飼⋯⋯⋯⋯⋯⋯⋯97
宇治上神社⋯⋯20, 226
宇治川⋯⋯⋯⋯⋯⋯97
宇治川の戦い⋯⋯⋯27
宇治茶⋯⋯⋯⋯⋯⋯164
宇治七名水⋯⋯⋯⋯20
牛祭⋯⋯⋯⋯⋯⋯⋯98
牛若丸⋯⋯⋯⋯⋯⋯19
太秦⋯⋯⋯⋯⋯77, 176
宇多天皇⋯⋯⋯⋯⋯9
歌中山⋯⋯⋯⋯⋯⋯312

あ行

有智子内親王 ……… 252
内野 ……………………… 213
美御前社 ……………… 335
鰻の寝床 ……………… 72
梅小路公園 ………… 291
梅宮大社 ……… 21, 185
裏千家 ………………… 167
盂蘭盆 ………………… 103
美哉山河 ……………… 80
運慶 ……………………… 36
雲龍院 ………………… 294
雲龍図 ………………… 35
永観堂 …………… 34, 81
叡山電車 ……………… 197
叡山電鉄 ……………… 64
絵因果経 ……………… 278
駅伝 …………………… 304
疫病退散 ……………… 192
絵師 …………………… 320
江戸時代 …… 14, 44, 114,
218, 230, 241, 242,
302, 303, 318, 319,
320
えびいも ………… 63, 162
夷川 …………………… 83
恵美須神社 …55, 186, 221
絵巻 …………………… 278
疫社 …………………… 50
縁切り・縁結び碑 ……… 186
圓光寺 ………………… 342
役行者山 ……………… 65
千本閻魔堂 …………… 105
延暦寺 ………… 124, 314
老松社 ………………… 219
扇の芝 ………………… 27
黄鐘調の鐘 …………… 287
応仁・文明の乱 ……… 192
黄檗僧 ………………… 145
近江屋 ………………… 117
大堰川 ………………… 97
大石神社 ……………… 257
大江能楽堂 …………… 245
大江広元 ……………… 211
大坂冬の陣 …………… 126
大沢池 …………… 31, 317
オオサンショウウオ … 196
凡河内躬恒 …………… 40
大茶湯 ………………… 66
大津京 ………………… 108
大友黒主 ……………… 40
大豊神社 ……………… 201
大西清右衛門家 ……… 243
大原 …………………… 325
大原重徳 ……………… 183

大原野神社 …………… 201
皇服茶 ………………… 248
大船鉾 …………… 53, 193
オオミズナギドリ ……… 271
大宮大路 ……………… 110
大山崎町 ……………… 227
おかいらの森 ………… 272
岡崎公園 ……… 131, 291
岡崎神社 ……… 201, 270
尾形乾山 ……………… 138
おかめ塚 ……………… 73
おから ………………… 160
小川可進 ……… 41, 242
小川家住宅 …………… 316
小川治兵衛 …………… 85
置屋 …………………… 46
興世王 ………………… 290
奥田頴川 ……………… 138
おくどさん …………… 169
おくのほそ道 ………… 237
小倉百人一首 ………… 240
お座敷 ………………… 46
オショウライサン …… 103
お煤払い ……………… 57
おせち料理 …………… 159
お雑煮 ………………… 158
織田公上洛列 ………… 256
織田信雄 ……………… 181
織田信孝 ……………… 181
織田信忠 ……………… 181
織田信長 …… 13, 112, 181,
260, 283
織田信秀 ……………… 181
御旅所 ………………… 262
オタメ ………………… 264
御土居 ………………… 13
乙訓 …………………… 108
乙訓寺 ………………… 22
音無の滝 ……………… 31
鬼法楽 ………………… 250
小野霞 ………………… 325
小野氏 ………………… 208
小野小町 ……… 142, 234
お東さん ……………… 28
おふく ………………… 247
お守り ………………… 197
おみくじ ……………… 197
お宮詣り ……………… 157
御室桜 ………………… 118
おもかる石 …………… 24
おもしろ市 …………… 54
織手寺 ………………… 227
園林堂 ………………… 317

か行

海援隊 ………………… 15
快慶 …………………… 234
蚕の社 ………… 21, 185
懐石料理 ……………… 58
開梆 …………………… 346
海宝寺 ………………… 23
回遊式庭園 …… 32, 132
花街 ………… 146, 147, 247
雅楽 …………… 44, 143
賀川玄悦 ……………… 297
花卉 …………………… 226
神楽岡 ………………… 125
駈馬神事 ……………… 251
傘亭 …………………… 232
梶井基次郎 …………… 341
梶原景季 ……………… 291
勧修寺 ……… 122, 234, 282
歌人 …………………… 240
数の子 ………………… 159
風祭り ………………… 98
片山東熊 ……………… 128
花鳥図 ………………… 320
桂うり ………………… 259
桂宮 …………………… 217
桂離宮 …… 32, 215, 317
歌道 …………………… 322
華道 …………………… 42
加藤熊吉 ……………… 85
門口 …………………… 263
首途八幡宮 …………… 19
金森宗和 ……………… 41
狩野山楽 ……………… 136
狩野探幽 ……………… 35
狩野派 ………………… 137
歌舞伎 …… 44, 143, 296
かぶき踊り …………… 296
歌舞練場 ……………… 46
鎌倉時代 …… 129, 164,
227, 229, 240
鎌倉幕府 ……………… 111
釜師 …………………… 243
鎌餅 ………… 165, 260
上賀茂神社
…… 51, 100, 154, 204
上御霊神社 …………… 66
上七軒 ………………… 147
亀石 …………………… 267
亀岡市 ………………… 274
亀の井 ………………… 18
亀山 …………………… 14
カモ …………………… 203
蒲生氏郷 ……………… 309

か行

鴨川 …………………… 97, 266
鴨川をどり ………… 47, 246
賀茂競馬 …………………… 251
賀茂なす ………… 63, 162
賀茂人形 …………………… 239
唐板 …………………………… 261
唐菓子 ……………………… 166
からくり …………………… 253
から消し(消し炭) …… 263
烏相撲 ……………………… 154
烏丸光広 …………………… 241
唐門 ………………… 123, 182
枯山水 …… 132, 231, 233
川端康成 …………………… 337
河村能舞台 ……………… 245
川床料理 …………………… 60
閑院宮 ……………………… 217
寛永の三筆 ……… 37, 241
閑臥庵 ……………………… 23
官休庵 ……………………… 141
勧業場 ……………………… 79
岸駒 ………… 136, 235, 319
函谷鉾 ……………………… 53
観世流 ……………………… 144
岩船寺 ……………………… 225
勘亭流 ……………………… 322
『雁の寺』 ………………… 340
観音殿 ……………………… 127
関白 ………………………… 179
桓武天皇 ………… 9, 184
冠島 ………………………… 271
祇園花街 …………………… 262
祇園閣 ……………………… 131
祇園甲部 ………… 147, 323
祇園甲部歌舞会 ……… 47
祇園放生会 ……………… 52
祇園祭 …… 53, 61, 65, 95,
152, 253, 262, 324,
325
菊水若水 ………… 20, 333
杦殻邸 ……………………… 134
岸派 ………………………… 137
北垣国道 …………………… 78
北白川 ……………………… 81
北白川山 …………………… 75
北能舞台 …………………… 43
北野上七軒 ……………… 275
北野線 ……………………… 298
北野天満宮 ……… 66, 125,
180, 219, 250, 303,
318
北野をどり ……… 47, 246
北山殿 ……………………… 12
吉例顔見世興行 ……… 322

木津川 …………………… 97, 230
乞巧奠 ……………………… 322
吉祥院天満宮 …………… 92
キツネ ……………………… 199
きぬかけの路 …………… 177
衣笠祥雄 …………………… 277
紀貫之 ……………………… 40
吉備観音 …………………… 222
吉備真備 …………………… 222
黄不動 ……………………… 279
貴船 ………………………… 60
貴船神社 …… 96, 109, 204
君の名は。 ……………… 140
木屋町通 …………………… 16
旧京都府警本部本館 … 276
宮城十二門 ……………… 209
旧制第三高等学校 …… 302
久蔵 ………………………… 135
宮廷建築様式 …………… 128
弓道 ………………………… 187
旧前川邸 …………………… 216
旧立誠小学校 …………… 301
教育用理化学器械 …… 17
京印章 ……………………… 38
京うちわ …………………… 38
京おどり ………… 47, 246
京菓子
…… 67, 165, 166, 324
京鹿の子絞 ……… 139, 321
京くみひも ……………… 140
京黒紋付染 ……………… 140
狂言 …………………… 44, 245
京極高知 …………………… 214
京ことば …… 70, 71, 170,
264, 265
京小紋 ……………………… 140
京指物 ……………………… 238
京漆器 ………… 38, 238
行者餅 ……………………… 65
京象嵌 ……………………… 140
京たけのこ ……………… 162
京田辺市 …………………… 26
京丹後市 …………………… 274
京都観世会館 …………… 245
京都御苑 ………… 178, 220
京都国立博物館
………… 128, 237, 320
京都五山 …………………… 10
京都御所 ………… 82, 217
京都三大奇祭 …………… 50
京都三大祭 ……………… 51
京都三珍鳥居 ………… 219
京都市交響楽団 ……… 300
京都市考古資料館 …… 128

京都市円山公園音楽堂
………………………… 300
京都商工会議所初代会長
………………………… 87
京都市立銅駝美術工芸高等
学校 ……………………… 310
京都新城 …………………… 113
京都水族館 ……………… 205
京都大学 ………… 125, 272
京都大博覧会 …………… 131
京都タワービル ……… 131
京都丹波高原国定公園
………………………… 272
京都電気鉄道 …… 87, 298
京都の名水 ……………… 333
京都博覧会 ……………… 47
京都府画学校 …………… 236
京都府京都文化博物館 … 30
京都府知事 ……………… 78
京都府無形民俗文化財 249
京都府立図書館 ……… 299
京繍 ………………………… 139
京の底冷え ……………… 72
京の茶室 …………………… 326
京の伝統野菜 …………… 71
京の動物 …………………… 196
京刃物 ……………………… 38
京仏具 ……………………… 238
京舞井上流家元 ……… 323
京町家 ………… 29, 130, 316
京みょうが ……………… 163
京焼・清水焼 …… 39, 238
京野菜 ………… 63, 162, 259
京友禅 ……………………… 139
京料理 ………… 160, 323
曲水の宴 …………………… 121
玉鳳院 ……………………… 93
清滝 ………………………… 83
清水寺 ………… 287, 318
桐原水 ……………………… 20
金閣寺 ………… 12, 177
銀閣寺 ………… 12, 81, 127
銀座 …………………… 14, 295
空海 ………… 284, 307
空也 ………… 248, 268
空也供養の道場 ……… 268
空也上人立像 …………… 36
空也上人像 ……………… 314
空也の滝 …………………… 31
供華 ………………………… 244
くじ改め …………………… 193
久志塚 ………… 73, 186
くじ取り式 ……………… 99
櫛祭 ………………………… 255

クジャク……………197
九条ねぎ……………163
九条山浄水場ポンプ室…82
薬子の変……………210
具足小路……………344
恭仁京……………108
熊谷直実……………294
熊野神社……………221
鞍馬寺…49, 151, 202
鞍馬の火祭…50, 195
車折神社……21, 178
黒谷……………115
鍬山神社……………102
蹴上……………83
傾斜鉄道……………79
慶長伏見地震………192
芸能……………44
芸能神社……………21
毛島……………271
月真院……………222
検非違使……………179
蹴鞠……………187
元王朝……………308
源氏と平氏…………288
源氏物語……………142
建春門院……………293
玄宗皇帝……………122
源智上人……………313
遣唐使……………166
建仁寺…94, 124, 136,
248, 281
玄武……………8
剣鉾差し……………45
建礼門院……………293
恋占いの石……………24
仔犬図……………135
鯉山……………253
光縁寺……………222
合格祈願……………192
皇嘉門大路…………110
高山寺……118, 248
麹座……………227
康勝……………36
康正……………319
荒神棚……………169
後宇多法皇…………11
神足……………77
革堂……………42, 91
革堂図子……………268
幸野楳嶺……………236
公弁法親王…………218
弘法さん……………67
光明寺……………229
孝明天皇……………184

菁薬図子……………268
高遊外……41, 145
光琳……………138
御影堂……………28
小枝橋……………310
護王神社…56, 178, 307
五花街……147, 246
子方屋……………46
五月一日経…………278
古今和歌集…………40
古渓宗陳……………329
御香水……20, 333
御香宮神社…96, 255, 334
五穀豊穣……………192
後西天皇皇子………218
五山の送り火
……103, 254, 263
御朱印めぐり………88
五重塔……………119
呉春……………280
御所水道ポンプ室…82
御所人形……………239
御所八幡宮…………19
後白河上皇…………221
後白河法皇…11, 211
後醍醐天皇…………308
五大力尊仁王会……49
古高俊太郎…………216
国家安康……………126
古都……………337
事始め……………45
琴引浜……………273
ことわざ……………172
近衛家煕……………215
近衛信尹……………241
五芒星……………179
小町寺……………26
後水尾天皇…114, 215
御用菓子……………260
惟喬親王……………290
金戒光明寺
……27, 120, 220, 222
金剛薩埵坐像………234
金光寺……………314
金剛能楽堂…………245
金剛流……………144
欣浄寺……………234
金蔵寺……………25
金銅鳳凰……………286
今日庵……………329
金春流……………144
金平糖……………261
金碧障壁画…………135

西院……………111
斎王……………252
西行……25, 313
西行桜……………25
西郷隆盛……………312
西国三十三所………91
最古の畳……………124
最澄……………313
西芳寺(苔寺)………232
西明寺……………119
嵯峨……………111
嵯峨釈迦堂…………42
坂田藤十郎…………296
嵯峨天皇……………210
嵯峨人形……………239
嵯峨院……………133
阪本敏三……………277
坂本龍馬……………117
前祭……53, 152
桜図・楓図…………135
佐々木盛綱…………318
細雪……………339
先竿……………247
茶道……………58
佐野藤右衛門………85
鯖寿司……………159
さらびき茶…………164
サル……………198
沢村栄治……………277
早良親王……………22
山紫水明……………80
三十帖冊子…………284
三条大橋……304, 321
三条小鍛冶宗近……37
三條實美……80, 183
三条通……………30
三千院……218, 225, 285
三千家……141, 243
三段池ラビハウス動物園
……………205
産寧坂……………275
三宝院……24, 123, 318
サンロレンツォ市場…344
四円寺……………10
市街電車……………87
式正料理……………161
始業式……………323
茂山家……………44
四国八十八ヶ所霊場…118
鹿ヶ谷かぼちゃ……259
鹿ヶ谷かぼちゃ供養…62
地主神社……………221

さ行

357

さ行

刺繍釈迦如来説法図 ···· 282
時宗 ····································· 314
四条傘鉾 ···························· 193
四条烏丸 ···························· 152
慈照寺 ···················· 12, 127
四条派 ······························· 137
四神相応 ······························ 8
詩仙堂 ······························· 64
地蔵菩薩 ·············· 36, 153
地蔵菩薩立像 ·············· 292
地蔵盆 ······························ 153
時代風俗行列 ·················· 56
時代祭 ··············· 56, 256
真如堂 ···························· 324
持仏堂 ···························· 317
終い弘法 ···························· 57
終い天神 ···························· 57
島津源蔵 ·············· 17, 301
清水六兵衛 ···················· 138
注連縄切り ···················· 193
下鴨神社 ·······51, 54, 66,
100, 150
蛇綱 ································· 104
酬恩庵 ···························· 231
修学院離宮 ········· 32, 114
十三まいり ····················· 149
集書院 ···························· 302
周文 ································· 280
十輪寺 ···················· 25, 173
十六羅漢の庭 ·············· 231
綜芸種智院 ···················· 307
数珠供養 ···························· 48
聚楽第 ·········12, 113, 213
寿老人 ···························· 169
じゅんさい ························· 71
淳仁天皇 ·························· 187
如庵 ································· 331
生花 ································· 244
正覚庵 ···························· 156
正月料理 ···························· 59
松花堂昭乗 ···················· 241
城下町 ······························· 14
鐘馗 ································· 130
松琴亭 ···························· 232
聖護院 ······························· 81
聖護院かぶ ········· 63, 259
聖護院きゅうり ·············· 162
相国寺 ······························· 94
相国寺瑞春院 ·············· 340
勝持寺 ······························· 25
祥子内親王 ···················· 252
清浄華院 ························· 220
常照寺 ······························· 49
精進料理 ···························· 58

渉成園 ···························· 134
浄蔵貴所 ························· 290
浄土宗 ··············· 120, 313
浄土庭園 ························· 132
城南宮 ·······101, 121, 335
湘南亭 ···························· 232
城南流鏑馬列 ·············· 256
障壁画 ···························· 137
正法寺 ······························· 25
上品蓮台寺 ········· 34, 278
正面町 ···························· 269
青蓮院 ···················· 34, 218
殖産興業 ···························· 17
如拙 ································· 280
白河 ································· 10
白川 ································· 266
白河法皇 ···························· 74
白川女献花列 ·············· 256
白川夜船 ···························· 72
白峯神宮 ························· 187
白味噌 ···························· 158
真壁造 ···························· 316
新京極通 ···························· 16
神功皇后 ···························· 53
神幸祭 ··············· 99, 255
神護寺 ·······34, 119, 287
真珠庵 ···························· 320
真宗大谷派 ······················ 28
真盛豆 ··············· 166, 261
神泉苑 ···························· 133
新選組 ·······15, 115, 216
寝殿造庭園 ···················· 132
新徳寺 ···························· 222
真如堂 ······························· 42
神馬 ································· 204
親鸞 ···················· 43, 73
水火天満宮 ···················· 180
ずいき祭 ························· 195
瑞饋祭 ···························· 255
瑞光院 ···························· 257
随心院 ···························· 234
水墨画 ···························· 280
水力発電所 ······················ 83
菅原道真 ···180, 219, 224
杉本家住宅 ···················· 230
すぐき菜 ························· 163
朱雀 ································· 8
朱雀大路 ························· 110
朱雀門 ···························· 209
直違橋 ······························· 76
すすき祭 ···························· 73
崇徳天皇 ··········· 186, 187
洲浜 ································· 260
墨染 ···················· 83, 269

角倉素庵 ············· 37, 215
相撲 ································· 187
聖アグネス教会 ·············· 128
征夷大将軍 ···················· 179
棲霞寺 ···························· 224
精華町 ···························· 249
清閑寺 ···························· 312
清浄歓喜団 ···················· 166
清少納言 ························· 142
青女の滝 ···························· 31
精大明神 ························· 187
舎密局 ··············· 79, 310
晴明神社 ························· 179
青竜 ································· 8
清流園 ···························· 134
清凉寺 ··············· 224, 285
世界遺産 ························· 123
世界最大級の両生類 ···· 196
関ヶ原合戦 ···················· 214
赤山禅院 ························· 198
石峰寺 ······························· 23
夕佳亭 ···························· 232
雪月花の三庭苑 ·············· 318
雪舟寺 ··············· 26, 311
雪中雄鶏図 ···················· 135
節分 ································· 250
節分祭の追儺式 ·············· 125
セツロシイ ························· 265
説話画 ···························· 278
千家 ································· 309
千家十職 ························· 243
善哉 ································· 26
千手観音立像 ·············· 292
千少庵 ··············· 232, 309
染色技法 ························· 321
千田貞暁 ···························· 78
煎茶道 ···························· 242
禅寺の方丈建築 ·············· 228
千灯供養 ··········· 105, 153
千日詣り ···102, 149, 262
泉涌寺 ···························· 122
千利休 ·······41, 141, 309
千姫 ································· 342
千本ゑんま堂 ···················· 98
千本釈迦堂 ········· 62, 129
千本通 ······························· 16
千本鳥居 ························· 101
禅林寺 ···························· 127
曹源池庭園 ······················ 33
双龍図 ······························· 35
雙林寺 ···························· 313
即成院 ···························· 294
尊攘派 ···························· 183

た行

大覚寺
　……31, 118, 235, 317
大饗料理……58, 258, 323
待賢門院……293
豊太閤花見行列……49
大黒……130
醍醐寺……49, 118, 124,
　278, 282
醍醐天皇……9
醍醐水……20
大書院……314
大政奉還……116
大仙院書院庭園……233
退蔵院……93, 280
大徳寺……41, 124
台所……263
大日山……86
大涅槃図……324
台盤料理……258
大仏殿……126
大幣神事……52
大報恩寺……122
平清盛……11, 294
平重衡……293
平重盛……293
平資盛……294
平忠盛……74, 294
平親範……218
平将門……268
平宗盛……293
平基盛……293
平康頼……313
鷹狩……187
高木文平……87
高瀬川……266
高野……213
高野川……97
鷹山……193, 253
高山彦九郎……321
建勲神社……56, 181
竹内栖鳳……236
竹送り……104
竹伐り会式……52, 151
武野紹鷗……41, 328
糺の森……54, 150
忠盛燈籠……74
橘逸勢……241
田中源太郎……17
田中神社……197
棚倉の居籠祭……249
田邊朔郎……86
谷崎潤一郎……339

俵屋宗達
　……37, 136, 281, 320
丹後魚っ知館……205
タンゴスジシマドジョウ
　……196
炭山工芸村……238
丹波亀山藩……214
檀林皇后……185
知恩院
　……120, 126, 220, 342
ちご餅……65
智積院……135
池亭記……306
茅の輪……52, 191
茶室……232
茶人……309
茶漬け……170
茶道家元……141
茶道具……243
茶の湯……167, 244
チャップリン……246
茶碗師……243
中尊寺経……278
長興院……93
長五郎餅……66
鳥獣人物戯画……135
重陽神事……154
勅撰和歌集……40
月延石……267
月読神社……223
附博覧……47
辻咄……303
辻廻し……193
露の五郎兵衛……303
鶴下絵三十六歌仙和歌巻
　……320
庭玉軒……331
庭湖石……317
哲学の道……81, 177
手づくり市……54
鉄人……277
寺と女……171
天下の名石……24
天使突抜……269
天誅組……15
伝統菓子……167
伝統的工芸品
　……38, 140, 238, 321
天然記念物……271
天満宮……180
伝源頼朝像……34
天文博士……179
天文法華の乱……192
天龍寺……33, 94

天龍寺船……308
当尾の里……225
十日ゑびす大祭……55
陶器供養……156
陶器まつり……54
陶工……138
東寺……67, 119, 129,
　285, 319
等持院……281
等持寺……212
登天石……267
東福寺
　……94, 156, 308, 311
東華菜館……128
東林院……93
螺鈿山……193, 253
通り庭……29
徳川家光……13
徳川家康……13, 14, 283,
　309, 342
徳川城使上洛列……256
徳川慶喜……116
特別保全修景地区……275
土佐稲荷……312
土佐藩邸……312
土佐光起……320
都市改造……13
戸島……271
百々町……269
鳥羽殿……11
鳥羽伏見戦跡……310
鳥羽伏見の戦い……310
鳥羽法皇……11
鳥羽離宮跡公園……291
富岡鉄斎……21
伴氏社……178, 219
巴御前……155
豊国神社……94, 123, 182
豊臣秀吉……13, 66, 113,
　126, 182, 213, 283
トラ……202
どら焼……67, 260
トラりん……128
鳥居形……254
団栗辻子……268
屯所……15, 115

な行

中井弘……78
長岡京……9, 108
長岡京市……274
長岡天満宮……180
中京郵便局……30, 299

な行
は行

長沢芦雪 ……………… 235
長谷信篤 ………………… 78
中根金作 ………………… 85
中原親能 ……………… 211
中村歌右衛門 ………… 296
中村大三郎 …………… 236
流れ橋 …………………… 76
枷辻 …………………… 176
長刀鉾 …………………… 53
泣不動縁起絵巻 ……… 220
鳴き龍 …………………… 35
抛入花 ………………… 244
夏越祓 …………………… 52
名古曽滝 ………………… 31
梨木神社 ……………… 183
夏目漱石 ……………… 338
七卿落ち ……………… 183
七草粥 ………………… 159
奈良国立博物館 ……… 282
奈良時代 ……………… 278
南禅寺 …………… 81, 228
南禅寺山 ………………… 75
南天 …………………… 68
南蛮寺 ………………… 212
新島八重 ……………… 155
二階堂行政 …………… 211
にぎはひ草 …………… 215
西賀茂船山 …………… 194
錦市場 ………………… 344
錦天満宮 ……………… 180
錦の水 ………………… 344
西御座 ………………… 344
西陣 …………………… 275
西陣織 ………………… 139
西の庭 ………………… 315
西八条殿 ………………… 12
西本願寺
……… 43, 57, 123, 260
西村治兵衛 ……………… 87
二畳 …………………… 328
二条城 …… 43, 116, 137,
217, 316
棟昆布 ………………… 160
日本映画発祥の地 …… 301
日本銀行京都支店 …… 30
日本近代医学発祥之地
……………………… 297
日本三景 ……………… 273
若一神社 ………………… 74
如意ヶ岳 ……………… 194
如意宝珠 ……………… 284
如意輪観音坐像 ……… 234
女紅場 …………… 46, 302
鶏鉾 …………………… 253

人形供養 ……… 48, 156
人形塚 …………………… 73
仁和寺 …… 118, 129, 177,
229, 284, 285, 287
ぬけ参り … 157, 262, 311
塗師 …………………… 243
ねじりまんぼ …………… 79
ねねの道 ……………… 177
涅槃会 ………………… 324
念字門 ………………… 313
能 ………… 44, 143, 245
野兎図 ………………… 235
納所 …………………… 176
乃木神社 ……………… 101
野宮神社 ………………… 21
野々村仁清 …… 37, 138
野間玄琢 ……………… 297
野村克也 ……………… 277

は行

売茶翁 ………………… 145
灰屋紹益 ……………… 215
白馬奏覧神事 ………… 251
幕末 …………………… 15
土師氏 ………………… 208
橋弁慶山 ………………… 53
長谷川等伯 …………… 135
畠山重忠 ……………… 291
秦氏 …………… 77, 208
八条宮智忠親王 ……… 215
八大神社 ……………… 270
二十日ゑびす大祭 …… 55
初釜 …………… 45, 167
バッタリ床几 …………… 29
八方にらみの龍 ……… 35
鳩餅 …………… 165, 200
花傘巡行 ………………… 99
花傘祭 ………………… 255
花かんざし …………… 146
花供曽 ………………… 324
花供養 ………………… 156
花鎮めのまつり ……… 50
鎮花祭 ………………… 249
花尻の森 ……………… 272
花の御所 ……………… 113
花の寺 …………………… 25
花の天井 ……………… 226
花の庭 ………………… 318
はなびら餅 …… 67, 167
花まつり ………………… 98
花山天文台 …………… 131
花山法皇 ………………… 11
はねず踊り ……………… 50

浜岡光哲 ………………… 87
鱧 ……………………… 61
原在中 ………………… 237
原派 …………………… 137
針供養 …………………… 48
番組小学校 …………… 302
繁昌神社 ………………… 55
比叡山 …………… 75, 314
檜扇 …………………… 325
干菓子 ………………… 261
東本願寺
……… 28, 57, 123, 134
東山天皇 ……………… 114
東山三十六峰 …………… 75
東山殿 …………………… 12
日暮門 ………………… 123
毘沙門天 ……………… 169
毘沙門堂 …… 218, 257
悲田院 ………………… 294
左大文字 ……………… 254
美福門院 ……………… 293
ヒマセ …………………… 70
火祭 …………………… 98
日向大神宮 …………… 311
百度打ち ……………… 104
百萬遍知恩寺
……… 120, 220, 313
白虎 …………………… 8
白虎おみくじ ………… 109
表具師 ………………… 243
美容水 ………………… 333
平等院 …………………… 27
平等院鳳凰堂 ………… 286
瓢鮎図 ………………… 280
平岡八幡宮 …… 185, 226
平野神社 ………………… 49
びわこ疏水船 …………… 82
琵琶湖疏水 …… 78, 81, 83,
84, 85, 86, 87
琵琶湖疏水記念館 …… 84
風信帖 ………………… 284
風神・雷神 …………… 36
風神雷神図屏風
……………… 136, 281
吹き寄せ …… 167, 261
不空羂索観音立像 …… 292
福王子神社 …………… 185
福知山 …………………… 14
福知山藩 ……………… 214
福禄寿 ………………… 169
藤戸石 …………… 24, 318
藤戸の戦い …………… 318
藤森祭 ………………… 251
藤森神社 … 101, 204, 251

伏見…………14, 115, 295
伏見稲荷大社……55, 101,
　109, 199, 223
伏見街道………………76
伏見九郷………………255
伏見酒蔵の町並み……275
伏見城………182, 342
伏見線…………………298
伏見人形………………239
伏見宮…………………217
伏見祭…………………255
歩射神事………………251
峰定寺…………………229
藤原公任………………31
藤原薬子………………210
藤原定家………………240
藤原俊成………………240
藤原佐理………………241
藤原為家………………240
藤原仲成………………210
藤原冬嗣………………210
藤原三守………………307
藤原道長………………220
藤原基経………………210
藤原保昌………………290
藤原良房………………210
補陀洛寺………………234
普茶料理………………346
仏牙舎利………………315
仏師……………………319
筆供養…………48, 156
舞踊公演………………47
不動明王像……………279
船形……………………254
船鉾……………………53
ブブヅケ………………170
ブルーノ・タウト……39
古田織部………………330
古本まつり……54, 120
文化庁…………………276
芬陀院…………………311
文屋康秀………………40
平安京……8, 9, 108, 110,
　113, 174, 184, 306
平安宮…………………209
平安時代……11, 31, 111,
　155, 179, 306, 317
平安神宮……43, 56, 131,
　184, 195
平安遷都…119, 133, 208
平安奠都千百年紀念祭…56
平家納経………………278
へそ石…………24, 174
扁額……………………80

ペンギン………………205
弁慶石…………………267
法皇……………………11
報恩講…………………57
法界寺…………………282
法観寺…………………292
宝鏡寺…………………269
方広寺…………………126
法金剛院………………22
法住寺殿………12, 221
宝生流…………………144
方丈……124, 228, 231
放生会…………………191
法勝寺…………………212
法成寺………212, 220
北条時政………………211
北条義時………………291
忘筌……………………332
宝相華迦陵頻伽蒔絵塼冊子
　箱………………………284
祇園の居籠祭…………249
棒鱈……………………63
法然院………81, 339
法然……………………313
蓬莱庭園………………231
蓬莱豆…………………250
鳳林承章………………215
法輪寺……48, 149, 292
戊戌年…………………287
細川勝元………………315
細川ガラシャ…155, 274
北闕型都市……………306
法勝寺…………………10
布袋……………130, 346
布袋尊…………………169
仏舞……………154, 249
骨正月…………………59
法螺貝…………………151
法螺貝餅………67, 165
堀川……………………266
堀川ごぼう……………63
ポルトガル国印度副王信書
　………………………283
本阿弥光悦…37, 241, 320
本膳料理………58, 161
本尊毘沙門天…………202
先斗町………147, 246
本能寺………27, 112
ホンモロコ……………196

ま行

舞妓……46, 146, 247

舞妓さんちのまかないさん
　………………………46
磨崖仏…………………225
跨げ石…………………185
松上げ…………………104
松尾芭蕉………………237
松ヶ崎…………………254
松ヶ崎西山……………194
松風……………167, 260
松島・厳島……………273
松平容保………………222
松平定綱………………309
松永久秀………………112
松永貞徳………………318
松尾大社
　……18, 100, 109, 226
祭と行事………………188
曲直瀬道三……………297
まねき…………143, 322
まねき上げ……………45
魔除け…………………130
丸小餅…………………159
丸竹夷二押御池………175
円山応挙………………237
円山公園………291, 313
万願寺とうがらし……163
卍字くずし……………346
曼殊院………64, 218, 279
饅頭食い………………130
曼荼羅山………………194
万灯流し………………191
萬福寺……23, 248, 346
御阿礼神事……………150
御蔭祭…………………150
御金神社………………55
神輿洗…………………99
御幸……………………77
水まつり………………96
店出し…………………247
御禊神事………………150
御手洗井………………324
みたらし団子…………166
御手洗祭………100, 191
御寺……………………122
御戸代会神事…………151
味土野ガラシャ大滝…274
水上勉…………………340
水無月…………………52
ミナミイシガメ………196
南座……………45, 322
南座の顔見世…………143
南能舞台………………43
源実朝…………………315
源融……………………224

ま行
や行
ら行
わ行

源義経 19
源義仲 155
源頼朝 11, 211
源頼政 27, 186
壬生 15, 115
壬生大路 110
壬生寺 27, 105, 125, 194
三室戸寺 22, 119, 225
宮川町 147
三宅八幡宮 19, 200
都七福神まいり 149, 262
都をどり 47, 147, 246
宮崎友禅斎 37
宮津 14, 274
宮津藩 214
ミュージアム鳳翔館 286
妙雲閣 308
妙光寺 281
妙心寺 35, 126, 280, 287
妙傳寺 322
妙・法 254
妙法院 283
妙満寺 126, 318
妙蓮寺 93
三好長慶 112
三善清行 224
明兆 280
麦代餅 167
向日神社 121
無言詣り 157, 262
武蔵坊弁慶 290
虫払定 151
武者小路千家 141
夢窓疎石 33
村井吉兵衛 17, 301, 314
村上天皇 9, 248
紫式部 142
紫野 111, 124, 213
村田珠光 41
無鄰菴 85
室町時代 12, 227, 233
室町通 16
室町幕府 212, 308
明治古都館 128
明正天皇 114
木造建造物 129
木造建築 28
木造楼門 28
餅上げ力奉納 49
以仁王 290
桃山時代 135

桃山様式 123
森寛斎 236
門前菓子 200

や行

ヤイカガシ 148
屋形 46
薬師三尊像 319
薬師如来 313
薬師如来立像 292
薬師仏 36
役者看板 45
厄除け・魔除け 68
八坂氏 208
八坂神社 43, 74, 99, 109, 125, 157, 250, 270, 333
安井金比羅宮 186
やすらい祭 50, 195, 255
矢田寺 62, 194
奴島田 247
柳谷観音 95
流鏑馬神事 150
山県有朋 85
山國神社 102
山科義士祭 257
山科区 257, 311
山城国一揆 192
大和猿楽四座 144
倭文 323
山南敬助 216
山鉾 253
山鉾巡行 53, 152
山・鉾建て 193
山本嘉兵衛 242
山本覚馬 87
山脇東洋 297
有清園 134
由岐神社 96, 195
遊行上人縁起絵 314
楊貴妃観音 122
楊谷寺 95
洋風建築 299
要法寺 203
陽明門 209
養林庵書院 286
横山華山 236
与謝蕪村 136, 237
慶滋保胤 306
吉田神社 102, 125, 250
吉田山 75
吉野太夫 155
善峯寺 225

淀城 113, 309
淀藩 214, 309
四方まいり 149

ら行

ラーメン街道 64
来迎院 294
ライトアップ 96
羅漢堂 286
落語 143
楽水苑 133
洛中法華二十一ヵ本山 10
楽百年之夢 80
羅城門 110, 119
利休七哲 309
離宮八幡宮 121, 227
陸援隊 15
立華 244
龍華苑 133
龍光院 332
龍安寺 132, 177, 281, 315
了徳寺 62, 73
了頓図子 268
臨済宗 124
るり渓 273
霊元天皇 114
冷泉家 230, 322
冷泉為相 240
檸檬 341
恋愛成就 192
蓮華王院 127
鹿王院 281, 315
鹿苑寺 127
六斎念仏 153
六地蔵巡り 153
六勝寺 10
六孫王神社 178
六道珍皇寺 194, 292
六道まいり 92
六波羅 111
六波羅蜜寺 36, 105, 122, 248
廬山寺 22, 142, 250
六角獄舎 297
六角堂 42, 174
路面電車 298

わ行

わかさスタジアム京都 277
若宮八幡宮 19

ワグネル……………39
和気清麻呂……………178
和気広虫……………307
綿座……………227
渡辺始興……………235
和田義盛……………291
わら天神……………92
割れしのぶ……………247
吾唯足知……………80
をけら詣り……………157

わ行

参考文献

『遊びをせんとや』
『イラスト京都御所』
『意外と知らない京都 京の歴史と文化をひもとく』
『折々の京ことば』
『桂離宮・修学院離宮』
『京都ことこと観音巡り―洛陽三十三所観音巡礼』
『京都情報百科』
『京都御所 大宮・仙洞御所』
『京都の地名を歩く』
『京都ふしぎ民俗史』
『京都ひろいよみ 京都新聞ダイジュスト vol.1～10』
『京 天と地と人』
『京のご利益さん』
『京の史跡めぐり』
『京の伝承を歩く』
『京の学塾 山本読書室の世界』
『京の門』
『京を発掘！出土品からみた歴史』
『古代地名を歩く～京都・滋賀～Ⅱ』
『千年の息吹き 上・中・下』
『西国三十三所 草創1300年記念』
『西国四十九薬師霊場』
『史跡探訪 京の七口』
『史跡探訪 京の西山』
『新・都の魁』
『僧医外来へようこそ』
『続・京のご利益さん』
『日本人の忘れもの 知恵会議』
『能百番を歩く 上・下』
『世界遺産 元離宮二条城』
『福ねこ お豆のなるほど京暮らし』
『美術家の墓標』
『琵琶湖疏水の散歩道』
『平安京年代記』
『掘り出された京都』
『歴史散歩 京に燃えた女』
『技と美の庭京都・滋賀 植治次期十二代小川勝章と巡る』
（京都新聞出版センター）

『ニッポン風物詩』（IBCパブリッシング）

『[決定版] 京都の寺社505を歩く上 洛東・洛北（東域）・洛中編』
『新・京都の謎』
『そうだ！元気をもらいに、山の阿闍梨さまに会いに行こう。』

『日本人なら知っておきたい！[図解]神道としきたり事典』
『イラスト版けっこうお世話になっている「日本の神様」がよくわかる本』
『起源からご利益まで！「日本の霊山」がよくわかる本』
『京都のご利益徹底ガイド』
『京都奇才物語』
『京都魔界巡礼』（PHP研究所）

『貨幣の日本史』
『マラソンと日本人』
『朝日日本人物』
『貨幣の日本史』
『マラソンと日本人』（朝日新聞出版）

『あらすじとイラストでわかる神道』
（イースト・プレス）

『平家物語（二）』
『岩波日本庭園辞典』（岩波書店）

『京都の歴史8・古都の近代』
『京都の歴史2・考古』（京都市）

『琵琶湖疏水』（サンブライト出版）

『古都』
『祇園の女―文芸芸妓礒田多佳』
『雁の寺・越前竹人形』
『新潮世界美術辞典』
『檸檬』
『祇園の女―文芸芸妓礒田多佳』（新潮社）

『新東寶記』（真言宗総本山東寺）

『揺れる動物園 挑む水族館 ～存在意義を問い続けた130～』
（ダイヤモンド社）

『日本建築史基礎資料集成』（中央公論美術出版）

『新選組資料大全』（中経出版）

『京都の市電 昭和を歩く―街と人と電車と―』
（トンボ出版）

『坂本龍馬關係文書 第一、第二』
（日本史籍教會）

『ご縁がつながり運がひらける日本の神さま大全』
（フォレスト出版）

『川魚完全飼育ガイド』（マリン企画）

『みんなが知りたい！世界の「絶滅危惧」動物がわかる本』（メイツ出版）

『あなたの願いを叶えてくれる神社・お寺すごいご利益全ガイド』（ロングセラーズ）

『お寺と神社　素朴な疑問が解ける本』
『常識として知っておきたい　日本の三大宗教　神道・儒教・日本仏教』
『京都・伝説散歩』（河出書房新社）

『京の川』
『角川日本地名大辞典　26 [1]』
『日本史辞典』（KADOKAWA）

『図説日本建築の歴史』（学芸出版社）

『わが国水力発電・電気鉄道のルーツ』
（かもがわ出版）

『（令和4年度）京都府産茶の生産・流通状況等に関する資料』
（旧京都府茶業統計）

『〜文化財と歴史を歩く〜京都歴史散策マップ33　蹴上山科北西』
（京都市・（財）京都市埋蔵文化財研究所）

『琵琶湖疏水と京都の産業・企業』
（京都商議所観光産業特別委員会）

『日本書紀（中）』
『日本書紀（上）』（教育社）

『京の名水』（京を語る会）

『京都大文字五山送り火』
『京都の洋館』（光村推古書院）

『日本後紀　中』
『続日本後紀　下』（講談社）

『日本人が知らない　神社の秘密』（彩図社）

『隅田八幡鏡：日本国家の起源をもとめて』
『大阪「映画」事始め』（彩流社）

『コンサイス日本人名事典』（三省堂）

『京の医史跡探訪』（思文閣出版）

『京都・奈良の世界遺産　凸凹地形模型で読む建築と庭園』（実業之日本社）

『日本庭園史大系　室町の庭（三）』（社会思想社）

『落語「通」入門』（集英社）

『七福神信仰事典』
『日本全国獅子・狛犬ものがたり』（戎光祥出版）

『古寺を巡る6清水寺』
『落語　昭和の名人決定版』
『日本国語大辞典』（小学館）

『日本建築史図集』（彰国社）

『エリアガイド56　京の祭』（昭文社）

『風景をつくる』（昭和堂）

『幕末維新京都史跡事典』
『新選組資料集』
『続 新選組資料集』（新人物往来社）

『京都　知られざる歴史探検　上・下』
（新泉社）

『日本の作家5　天才作家の虚像と実像　在原業平　小野小町』（新典社）

『水族館へようこそ』（神奈川新聞社）

『写真でわかる釣り魚カラー図鑑』
『カラー版　一番よくわかる神社と神々』
『知っておきたい　世界と日本の神々』
（西東社）

『フィールド探索記　日本のサンショウウオ46種の写真掲載 観察・種同定・生態調査に役立つ』
『カメ大図鑑 潜頸亜目・曲頸亜目』
（誠文堂新光社）

『ものの見方が180度変わる古事記』
(総合法令出版)

『京響と仲間たち〜京都市交響楽団ガイドブック』
『谷崎潤一郎の京都を歩く』
『カメラ歳時記　京の365日　下巻』
『古寺巡礼京都　妙心寺』
『古寺巡礼京都　曼殊院( )1878年
『新版古寺巡礼　京都4　三千院』
『新版古寺巡礼　京都40　東本願寺』
『茶室露地大事典』
『松尾大社〜神秘と伝承〜』
『京の365日　上』
『京響と仲間たち〜京都市交響楽団ガイドブック』
『谷崎潤一郎の京都を歩く』
(淡交社)

『京の祭と歳時記12ヶ月』(竹内書店新社)

『水上勉全集1』(中央公論社)

『金栗四三─消えたオリンピック走者』
(潮出版社)

『新訂版　全国 五つ星の手みやげ【近畿/中国 編】』(東京書籍)

『上方ことば語源辞典』(東京堂出版)

『京都の地名由来辞典』(東京堂出版)

『寺社建築の歴史図鑑』(東京美術)

『神社のどうぶつ図鑑』(二見書房)

『會津藩廳記録』(日本史籍協會)

『神社検定　公式テキスト1 神社のいろは』
(扶桑社)

『1日1ページ、読むだけで身につく日本の教養365』(文響社)

『決定版柳田国男全集』(文豪e叢書)

『平安神宮大鳥居造営誌』(平安講社本部)

『世界大百科事典　第2版』(平凡社)

『魔界の人　川端康成(下)』(勉誠出版)

『在原業平　雅を求めた貴公子』(遊子館)

『金栗四三の生涯』(洋泉社)

『昭和京都名所図会 1 洛東 上』(駸々堂出版)

京のかたな旅2022(ホビージャパン)

京都に於ける日本画史(京都精版印刷社)

『「禅─心をかたちに─」』(日本経済新聞社)

『特別展　開館120年記念美のかけはし』
『特別展　嵯峨御所　大覚寺の名宝』
『特集陳列　生誕300年与謝蕪村』
『特別展　妙法院と三十三間堂』
『特別展　仁和寺の名宝』
『開山無相大師650年遠諱記念「妙心寺」』
(京都国立博物館)

『特別展「日本仏教美術名宝展」』
(奈良国立博物館)

『京都画壇巨匠の系譜・幸野楳嶺とその流派』
(滋賀県立近代美術館)

『国宝風神雷神図屏風』(出光美術館)

『特別展「智積院の名宝」』(智積院)

『平等院』(平等院)

.... ウエブサイト ....

京都市歴史資料館いしぶみデータベース
文化庁・国指定文化財等データベース
花山星空ネットワーク会報「あすとろん」
文化遺産オンライン

ほか、古典資料、論文、各社寺・施設の公式
ホームページ、駒札など

解説執筆

池坊中央研究所

ジャーナリスト	井戸 洋
文筆家	井上 由理子
編集者	岩澤 亜希
美術評論家・美術史家	太田垣 實
歴史作家・京都ジャーナリズム歴史文化研究所代表	丘 眞奈美
霊山歴史館学芸課長	木村 武仁
京都雑学エッセイスト	黒田 正子
元宇治市歴史資料館館長	坂本 博司
元京都新聞論説委員	十倉 良一
奈良女子大学大和・紀伊半島学研究所古代学・聖地学研究センター協力研究員	前川 佳代
フリーライター	松村 麻也子
フリーライター	三谷 茂
フリーライター	村岡 真千子
庭園史家	町田 香
元京都新聞編集委員	山本 啓世

史実調査	井原 悠造、佐々木 教雄、古田 紀子、丸毛 静雄
校閲	山村 純也（株式会社らくたび）
イラスト	潤 亮助
編集協力	清塚 あきこ、古田 紀子
写真協力	化野念仏寺、天橋立観光協会、安楽寺、池坊総務所、今宮神社、恵比須神社、延暦寺、柏屋光貞、上賀茂神社、岩船寺、祇園甲部歌舞会、北野天満宮、貴船観光協会、京丹後市観光公社、京都古書研究会、京都市上下水道局、京都漆器工芸組合、京都市文化市民局文化財保護課、京都市文化市民局元離宮二条城事務所、京都商工会議所、京都水族館、京くみひも工業協同組合、京都府漬物協同組合、京のふるさと産品協会、金竹堂、宮内庁京都事務所、鞍馬寺、護王神社、御香宮神社、笹屋伊織、三千院、島津製作所、下鴨神社、酬恩庵、相国寺瑞春院、株式会社松竹、城南宮、神護寺、精華町教育部 生涯学習課、清浄華院、晴明神社、大覚寺、田中神社、丹嘉、協同組合炭山陶芸、天龍寺、東映太秦映画村、二條陣屋、百萬遍知恩寺、琵琶湖疏水記念館、藤森神社、伏見稲荷大社、平安神宮、豊国神社、法輪寺、萬福寺、妙心寺、武者小路千家官休庵、無鄰菴、八坂神社、安井金比羅宮、吉田神社、離宮八幡宮、龍安寺、六波羅蜜寺、廬山寺
協力	京都商工会議所

第20・21回 **京都検定 問題と解説**

発行日	2023年6月2日　初版発行
編　者	京都新聞出版センター
発行者	前畑　知之
発行所	京都新聞出版センター
	〒604-8578　京都市中京区烏丸通夷川上ル
	TEL. 075-241-6192　FAX. 075-222-1956
	https://www.kyoto-pd.co.jp/
印刷・製本	株式会社ITP

ISBN978-4-7638-0778-6 C0026 ¥1800E